储强胜◎主编
朱婷　孙北平◎副主编

悦读·阅美
共享·共生

粤港澳大湾区视域下珠海市初中语文『师生阅读』共同体的建设与实践

中国文联出版社

图书在版编目（CIP）数据

悦读·阅美　共享·共生：粤港澳大湾区视域下珠海市初中语文“师生阅读”共同体的建设与实践 / 储强胜主编. — 北京：中国文联出版社，2022.1
ISBN 978-7-5190-4786-3

Ⅰ. ①悦… Ⅱ. ①储… Ⅲ. ①阅读课—教学研究—初中 Ⅳ. ①G633.332

中国版本图书馆CIP数据核字（2022）第274447号

编　　者　储强胜
责任编辑　刘　旭
责任校对　吉雅欣
装帧设计　刘贝贝　李　娜

出版发行　中国文联出版社有限公司
社　　址　北京市朝阳区农展馆南里10号　　邮编　100125
电　　话　010-85923025（发行部）　010-85923091（总编室）
经　　销　全国新华书店等
印　　刷　北京米乐印刷有限公司

开　　本　710毫米×1000毫米　1/16
印　　张　15.25
字　　数　248千字
版　　次　2022年1月第1版第1次印刷
定　　价　45.00元

编 委 会

主　编：储强胜

副主编：朱　婷　孙北平

编　委：赵克婴　温远萍　陈　璐　王亚元　张　芬

王　焕　陈玲梅　丁世民　金培忠　尚　辉

穆艳芳　夏　菲　虞　佳　龙阳胜　覃家新

前言

本书缘起于粤教教研〔2021〕3号文件《广东省教育厅关于公布2021年广东省基础教育教研基地项目名单的通知》，经过自主申报、地市教育局审核推荐、专家评审、公示等程序，珠海市初中语文学科被评定为“广东省基础教育初中语文学科教研基地”（2021—2024年）。

统编教材总主编温儒敏教授一直倡导：语文教学“应当把阅读放在首位”，“阅读教学除了学习知识，提高能力，还有更重要的，是培养高尚的读书习惯，把阅读作为一种基本的生活方式”。一直以来，珠海市初中语文以“阅读”为主题，实行“教师示范、区域组团、全市推进”的模式，探索开展“粤港澳大湾区视域下珠海市初中语文‘师生阅读’共同体的建设与实践”活动，探究初中语文学科青年教师成长规律与培养路径，形成了可操作、可推广的样本。本书集结了珠海市的一批热爱读书的初中语文教师，他们从个人、团队、校际、区域等不同层面，分享了“阅读共同体”建设的积极探索与实践。这些师生阅读成果在全市发挥了积极的示范、引领和辐射作用。

本书分“区域论坛、学校同频、工作室频道、名师之音、青年凤鸣”等章节，多角度、较全面地介绍了珠海市初中语文“师生阅读”共同体的建设与实践成果。

“区域论坛”一章，香洲区、斗门区的两位语文教研员，不约而同地将研究目光凝聚在名著阅读领域，从课程化研究和区域化发展的角度，分享了两区是如何落实初中语文名著阅读教学的。

“学校同频”一章，珠海市八所中学分享了他们构建师生“阅读共同体”的思考与实践，有的以“海·阅”读书活动、开展青春诗会，营造书香校园氛围；有的创新阅读活动模式，将图书馆作为阅读展示的前沿阵地；有的倡导活动体验式阅读，开展亲子阅读、图书漂流等活动，促进学生有效阅读空间的建设；有的使家长成为学生的最佳阅读指导“合伙人”，注重课外家庭阅读质量的提升；有的同课异构“共读名著经典”，开展校际教学交流研讨活动；有的从校本课程研发、写作课程探索、名著课程实践等不同维度，构建“以文育美，读写共生”的共同体文化内涵；有的制作别开生面的剪报栏，利用国旗下讲话的机会谈读报感受。

“工作室频道”一章，四位珠海市名师工作室主持人，分享了工作室建设的阅读理念、读书活动的具体案例、工作室成员的读后心得等，构建新型的阅读生态圈，打造良好的工作室内部读书氛围，引导教师专业阅读与成长。

“名师之音”一章，由深耕珠海教育一线的八位名师联袂打造，他们积极探索善读的三个层次，倡导“五个一”读书研修法，追寻“逆向阅读”的强光，努力成为学生阅读的摆渡人。作为爱书人，他们在光怪陆离、色彩斑斓的书的世界里放歌，眺望着另一种生活。

“青年凤鸣”一章，由十二位青年教师分享他们的读书体验。阅读是一束微光，唯有照亮自身，方能烛照学生；阅读又如一盏青灯，伴随着暖暖书香，唤醒学生的美好心灵。教师作为学生阅读路上的“牧羊人”，笑看学生思维火花的恣意摇摆，与学生一道找寻水草丰美的牧场。作为青年教师，他们更多的是俯下身来，与学生一起共读乐写，让读书成为日常最好的修行。

广东省基础教育初中语文学科教研基地（珠海），正在努力地通过完善体系、建强队伍、健全制度、整合资源、强化研究、开展活动，不断提升教研工作的针对性和实效性，为广东基础教育高质量发展提供强有力的专业支撑。本书挂一漏万地展示了珠海市一批青年教师前期在初中语文教学中的一些思考与实践，虽稚嫩但可贵。在此特别感谢广东省教育研究院初中语文教研员冯善亮老师对珠海市初中语文教学教研的关心与指导，感谢珠海市教育研究院对珠海市初中语文教师成长给予的支持与关爱，感谢广东省基础教育初中语文学科教研基地（珠海）秘书处朱婷、孙北平、陈璐、张芬、王焕、王亚元老师在本书的组稿及审校方面付出的辛勤劳动，感谢所有参与此书编写的老师们，为本书的诞生所付出的辛苦与努力。

本书在编写过程中力求清晰全面，但难免存在疏漏，敬请广大读者批评指正。

目录

第三章　工作室频道

第四章　名师之音

第五章　青年凤鸣

第一章

区域论坛

基于教师阅读的初中语文名著阅读区域性教学实践研究

珠海市香洲区教师发展中心　赵克婴

语文课程标准《义务教育课程标准（2011年版）》强调“读书”在语文学习和思想文化修养中的关键作用，要求高度重视培养学生阅读的“兴趣、习惯、品位、方法和能力”。新课程在阅读教学实施建议中指出：“要重视培养学生广泛的阅读兴趣，扩大阅读面，增加阅读量，提高阅读品位。提倡少做题，多读书，好读书，读好书，读整本的书。关注学生通过多种媒介的阅读，鼓励学生自主选择优秀的阅读材料。加强对课外阅读的指导，开展各种课外阅读活动，创造展示与交流的机会，营造人人爱读书的良好氛围。”新课标指明了现今初中语文教师的阅读教学方向，在一线课堂，重视学生的阅读素养的提升，引导学生从课内阅读扩展到课外阅读，从浅阅读延伸到深阅读。

“统编本”初中语文教材于2016年9月开始进入一线课堂，当前使用的统编本初中语文教材编写组对名著阅读部分作了重要调整，将其纳入教材“三位一体”阅读教学体系中。教材总主编温儒敏教授一直倡导：语文教学“应当把阅读放在首位”，“阅读教学除了学习知识，提高能力，还有更重要的，是培养高尚的读书习惯，把阅读作为一种基本的生活方式”。这体现了教材编者希望在教材层面把课外阅读提升到和课文阅读同等重要的地位，把读书活动纳入到正式的语文课程之中，使读书活动成为语文课程的重要组成部分。阅读经典名著，阅读整本书成为全面提高学生语文素养的一个关键。

在新课标和“统编本”教材推广使用的影响下，“名著阅读教学”“整本书阅读”等研究受到广泛关注，名著阅读教学的重要性不言而喻。在香洲区初中语文教学中，大部分教师重视名著阅读教学，但落实的效果并不理想。调查显示，香洲区初中语文教师自身对名著阅读的态度和对名著阅读教学的认识存在问题：第一，阅读状态不理想，读书氛围不浓厚，缺乏读书的热情。很多语文教师从未翻阅名著或根本不重视名著阅读，自然不能对学生的名著阅读进行针对性指导，这在很大程度上影响了学生阅读名著的热情。第二，名著阅读教学带有极大的随意性。不少学校学期教学计划中没有安排名著阅读教学的课时，教师觉得语文课时有限，正常的课内教学任务都完成不了，根本没有时间进行名著阅读教学。第三，缺少有效的教学方式。实际教学中，真正意义上的名著阅读教学课少之又少，大部分所谓的名著阅读教学课只是让学生坐在教室里利用课堂时间读名著而已，或者利用教辅读读背背应付考试。由此可见，最能体现语文学科特点的初中语文名著阅读教学，最能培养提高学生语文能力的初中语文名著阅读教学，在实践中基本是名存实亡了。

如何改变这一现状？教师的专业阅读是教师智慧实践的重要来源。著名教育家苏霍姆林斯基说：“一些优秀老师的教育技巧的提高，正是由于他们持之以恒地读书。”“新教育实验”发起人朱永新教授说：“教师的读书不仅是学生读书的前提，而且是整个教育的前提。”统编语文教材总主编温儒敏教授说：“要教好语文，首先语文教师就要多读书。”可见，要落实好初中语文名著阅读教学，首先要从教师阅读入手。

基于此，香洲区开展的读书活动以区域教研主题活动的形式，组织香洲区语文教师精心阅读“统编本”语文教材推荐的经典名著，在此基础上，开展一系列扎实有效的教师读书分享活动和名著阅读教学课例研讨活动等。通过活动，提高教师阅读名著的兴趣，加深教师对文本的理解，帮助教师掌握有效的名著阅读教学方法，从而以教师的读书热情点燃学生的读书热情，以教师的专业解读引导学生的高效阅读，来实现教师素养与学生素养的共同发展。

同时，依托课题研究落实课标和统编教材关于名著阅读的基本要求，并结合教师自身的教学实践开展研究，从而提高区域初中语文教学质量。在具体的活动开展上，我区以教师阅读这一个独特的切入点，“以读攻读”，着力解决初中语文名著阅读教学这一难点问题，组织语文教师开展多形式的读书分享活动，促使教师真正进入读书、教学、研究合一的状态，提升教师团队的读书氛围和研读名著的能力，激发教师的教学激情和创造力，有助于从根本上提高教师开展名著阅读教学的能力水平，从而探索基础教育教师专业素养的提升路径。

一、以区教研活动为载体开展读书活动

为进一步提高学生的阅读能力，培养学生阅读兴趣，提升教师阅读教学水平，香洲区一直坚持开展初中语文名著导读研讨课系列活动。通过多次教研活动的开展，辐射全区语文一线教师，促进老师们在实际工作中对名著阅读教学的读、教、研，让每一次的教研活动落到实处，逐步提升香洲区语文教师的阅读教学能力。

2017年9月27日下午，香洲区名师工作室及参与香洲区初中语文名著阅读教学研讨活动中来自东方外语实验学校的两位教师分别选择名著进行授课，何英老师讲授《西游记》，吴斌老师讲授《朝花夕拾》。何英老师别出心裁，以“寻找典型人物”的游戏方式，结合文本从孙悟空的“哭”引导学生对《西游记》众多的人物形象有了突破性的解读。吴斌老师则从毛泽东对鲁迅先生的评价（即九个“最”）入手，让学生带着疑问阅读名著，最后他给学生做了一个详细的阅读计划，让学生能够在规定时间内完成阅读并有所收获。在两节课中师生互动充足，课堂气氛活跃，思维得到发散，真正做到学有所得。

公开研讨课结束后，两位授课老师对自己的课堂情况作了简单说明，提出自己对于课堂教学设计的思考以及欠缺之处。何英老师主要以激发兴趣、指导阅读方法，“窥一斑而知全豹”为目的，吴斌老师则希望让学生在了解人物的前提下走进阅读。参与评课的老师也积极发表自己的观点，从教学设计、授课环节、课堂效果、师生互动等方面进行认真细致客观的评价，让授课老师能从中进行反思，也对今后的名著导读授课有更多的认识和启发。

在随后的11月1日上午教研活动中，东方外语实验学校何英老师和十三中龙阳胜老师分别执教了一节《西游记》名著导读课。何英老师巧设“游戏猜猜猜”环节，激发阅读兴趣，引导学生感知人物、情节、环境，新颖而有趣味；龙阳胜老师将周星驰《西游·伏妖篇》的视频片段引入课堂，同样吸引学生眼球，激起了学生读原著的欲望。

公开课后，参与听课的老师认真听取了两位授课老师的教学构想，一起进

行评课交流。省教育研究院冯善亮老师首先对香洲区开展的初中名著教研活动给予了充分的肯定，然后对两节公开课做了细致的点评，并且提出了名著导读的建议：①以老师读带动学生读，引导学生“海量阅读”“连滚带爬地读”，养成读书习惯；②抓住三个关键点“体验—分享—提升”，“分享”是核心，要让学生获得成功体验，增强阅读信心，从而改变阅读习惯；③阅读教学要回归本源、回归作品，重视过程、重视积淀。在最后的活动分享中大家分享了自己的体会：“原著进课堂，书上作批注”“阅读方法在阅读过程中体验、生成”“技巧永远是雕虫小技”“兴趣来自成功的体验”……

通过有组织的区域教研活动，改变初中语文教师群体的读书氛围，探索激励全区教师阅读的方法和机制，探讨名著阅读教学的基本策略，从而实现有效落实初中语文名著阅读教学的目标。

二、构建教师读书会，建设区域教师读书共同体

开展教师读书会，建设区域教师读书共同体是我区读书活动落地的另一有力措施。从2019年开始，香洲区开始开展教师读书会，全区范围不同学校的老师们在同一时间同读一本，每月固定一次进行集中分享、探讨。既促进了老师们的阅读活动，也提升了老师们的文本解读和问题探究的能力。活动开展至今，读书会成员越来越壮大，老师们都获益匪浅。

例如对《哦，香雪》一文，邓竞艳老师的分享：

《哦，香雪》体现了铁凝在八十年代初期对于现代文明的思考，作者借“台儿沟”这一闭塞落后的地方，展现了传统农业文明受到城市工业文明冲击后的迷茫和惶惑。巨大的文明落差除了带给山村人以期待，也让他们陷入种种矛盾、冲突之中。铁凝借香雪这一形象表达了他们对现代文明的憧憬，香雪在火车站用鸡蛋换取渴望已久的文具盒，既体现了乡下少女的淳朴、可爱，又展示了她对现代文明的向往。而她最终获得大学生赠予的文具盒和其可期的未来，也让我们看到了，尽管城乡有着巨大差距，但二者是亲近的，矛盾、冲突是可调和的。

小说以人性美为底色，无处不透露着人性的纯真、善良与美好。以香雪和凤娇为代表的台儿沟的姑娘们还没有学会势利和算计，还葆有善良、淳朴的天性，这也是偏僻闭塞的农业文明在蓬勃、优越的现代文明面前弥足珍贵的东

西。这篇小说可以说是质朴、纯真、美好的代名词。孙犁也对这部作品大加赞赏，他说：“这篇小说从头到尾都是诗，它是一泻千里的，始终一致的。这是一首纯净的诗，即是清泉，它所经过的地方，也都是纯净的境界。”

小说语言明快秀丽，如同一首意味盎然的乡土田园诗，作品富有抒情色彩，呈现出明显的散文化倾向。作者将抽象的情感化为具体的物象，文中的“火车”“自动铅笔盒”都具有鲜明的象征意义。“火车”无疑指向城市文明，是现代文明的隐喻。而“自动铅笔盒”这一意象更是理解小说的关键。自动铅笔盒在小说中的反复出现表明，它不再被视为一件普通的学习用品，而是在文中执行主题性象征功能。这个铅笔盒实际上就是知识神圣价值的物态化，是铁凝的文化启蒙冲动，更确切地说，是其高扬知识冲动的一种投射。关于这一点，当我们结合另一文本，即铁凝的创作谈《我愿意发现她们》，会看得更清楚。铁凝在创作谈中写道：“希望读者从这个平凡的故事里，不仅看到古老山村的姑娘们质朴、纯真的美好心灵，还能看到她们对新生活强烈、真挚的向往和追求……还有别的什么？……能唤起我们年轻一代改变生活、改造社会的强烈责任感吗？也许这是我的奢望。”铁凝的自述表明，身处八十年代前期启蒙为主导的文化语境中，她是自觉地抱着改变生活、改造社会的强烈责任感来写作的。在小说中，香雪对新生活的强烈、真挚的向往和追求，集中体现在她对知识的化身——铅笔盒的执着向往和追求上。因此，她对铅笔盒的占有就不是一种简单的对物的占有，而是一个乡村女中学生对启蒙精神的文化归属认同和对启蒙者的身份资格认同。为知识正名、恢复知识的神圣性是文化启蒙的重要任务之一，而呼唤人道主义、呼唤美好心灵的回归，同样是文化启蒙的题中之义。用铁凝自己的话说，就是“要看到古老山村姑娘们质朴纯真的美好心灵”。

这篇小说入选了冀教版、鲁教版、北师大版、北京版、粤教版和沪教版六种版本的教材，可见大家都不约而同地认可了它的教学价值。我认为该小说的教授重点应该在主题解读、人物形象、艺术手法和语言品析四个方面，那么根据我的解读，我设计了如下教案：略。

第二课时可以设计一个比较阅读，从诗化小说的特征出发，与孙犁的《荷花淀》进行比较。两者都是以片段式的画幅把故事连缀起来，描写环境注重意境，描写人物注重写意，语言也是含蓄蕴藉。在阅读时抓住诗化小说的特点，环境意境化、人物写意化、情节片段化、语言含蓄化。最后可以设计一个续写小说，若干年之后，经受文明洗礼的香雪又会如何呢？抑或她最终还是回归传统文明，回到了小山村?

曾文锋老师的分享：《哦，香雪》——一首轻轻吟咏的赞美的诗：

这是著名女作家铁凝的成名作。是一篇短篇小说。

小说的开篇交代了故事发生的背景：台儿沟，大山深处的一个小村庄，“一心一意地隐藏在大山那深深的褶皱里，从春到夏，从秋到冬，默默地接受着大山任意给予的温存和粗暴”，作者用比喻和拟人的修辞，形象生动地写出了台儿沟的渺小、闭塞和落后。

这种闭塞和落后终于被两根延伸过来的铁轨打破了，它是工业文明对保守落后的农业文明的冲击。因此，哪怕列车只在小小的台儿沟站停留一分钟，却给此地人们的生活带来了翻天覆地的变化。

小说一共写了三次“一分钟”的停车。

第一个“一分钟”，写台儿沟的姑娘们仅仅是观望、打听新鲜事物，对外面未知的世界充满了好奇。这是故事的开端。

第二个“一分钟”，台儿沟的姑娘们开始抓紧时间和车上的乘客和和气气地做起了买卖，她们渴望拥有外界先进的文明和生活方式。这是故事的发展。

第三个“一分钟”，着重写香雪为了换到一只装有吸铁石的自动铅笔盒而被列车带出了三十多里，然后在暗黑的夜里沿着铁轨徒步走回来。这是故事的高潮和结局。

小说通过这三个“一分钟”，刻画了一群台儿沟姑娘。她们是一群天真烂漫、活泼向上、对未知世界充满无限好奇、淳朴善良又厚道的姑娘。

在这群姑娘中，形象最为突出的是故事的主角——香雪。她有着台儿沟姑娘们许多共同的特点，但也有着属于自己的特质——“清纯”，小说是这样来描绘她的外貌的：“她是那么信任地望着你，那洁如水晶的眼睛告诉你，站在车窗下的这个女孩子还不知道什么叫受骗”，“你望着她那洁净得仿佛一分钟前才诞生的面孔，望着她那柔软得宛若红缎子似的嘴唇，心中会升起一种美好的感情”；这是多么单纯而又美好的一个姑娘啊，让人不由得心生怜爱之情；她“有求知的渴望”，她“敏感、自尊、渴望摆脱贫穷”，在公社中学上学，当父亲做的木头铅笔盒遭到女同学一遍又一遍的盘问时，她“忽然明白了同学对她的再三盘问，明白了台儿沟是多么贫穷。她第一次意识到这是不光彩的，因为贫穷，同学才敢一遍又一遍地盘问她”，小说通过细腻的心理描写，展现了一个敏感自尊的姑娘，因为渴望摆脱贫穷，她向火车上的人打听的全是跟学习相关的东西。她“变得勇敢而刚毅”，从她独自走三十里夜路就可以看出来。

作者还善于通过对比手法来凸显香雪的这些特质。

首先是拿台儿沟的姑娘——凤娇与香雪对比。她俩同样天真、单纯、对未知的外部世界充满了好奇。但凤娇在乎的是别人家头上戴的“金圈圈”，手腕上戴的“手表”等物质上浅显的东西。她像这个年龄段的女孩一样，情窦初开，喜欢北京来的男乘务员“小白脸”。而作为村里唯一的初中生，有一定文化修养的香雪一心在乎的是“人造革书包”“北京的大学要不要台儿沟的人”“配乐诗朗诵”“自动开关的铅笔盒”等与知识挂钩的、精神层面的东西，在同样关注外界文明中，香雪更多的是对知识的渴求、对尊严的维护、对现代文明的热切向往。

其次是拿香雪最初看火车的胆怯和后来得到自动铅笔盒后走夜路的勇敢进行对比。初看火车时，她“跑在最前面，火车来了，她缩到最后面去了，她怕它那巨大的车头，车头雄壮地喷着白雾，仿佛一口气就能把台儿沟吸进去”，对于外界的新鲜事物，香雪是好奇的，但同时又是恐惧的。小说也在初“走夜路”这一段渲染了她先前的胆小：“香雪感受过各种各样的害怕，小时候她怕头发，身上粘着一根头发择不下来，她就会急哭起来；长大了她怕晚上一个人到院子里去，怕毛毛虫，怕被人胳肢窝。现在她害怕这陌生的西山口，害怕四周黑黝黝的大山，害怕叫人心惊肉跳的寂静，当风吹响近处的小树林时，她又害怕小树林发出的窸窸窣窣的声音。三十里，一路走回去，该路过多少大大小小的林子啊”。可是，走夜路时，一看到“手中那只闪闪发亮的小盒子”，她“又想到了明天，明天上学时，她多么盼望她们会再三盘问她啊”，于是“她不再害怕，在枕木上一直跨着大步，一直朝前走”“她想到同学惊羡的目光，她弯腰拔下一根枯草，将草茎插在小辫里（娘告诉她这样可以‘辟邪’）。朝着隧道跑去，确切说，是冲去”，香雪在实现自己人生追求的过程中变成了一个勇敢坚毅的姑娘。

作家铁凝创作这篇小说时，“文革”刚刚过去，她并没有像其他很多作家一样把笔触瞄准“文革创伤”，而是大胆积极地面向改革开放后的新生活，她用温柔怜爱的心态平静地接受并不完美的现实，用乐观积极的心态去憧憬去追求美好的未来。

小说的诗意之处，就在于刻画了“香雪”这么一个典型的、唯美的女孩形象，以及她背后一群可爱善良的人们。无论是淳朴天真、善良厚道的台儿沟的姑娘们，还是火车上慷慨送自动铅笔盒给香雪的“女学生”、劝她在西山口住上一夜再回台儿沟的“旅客们”以及热情邀她去亲戚家住的“北京话”，她们都有一颗纯真纯美的心灵。这样的美好人性，让人为之动容，为之感叹，给小说增添了一份浪漫的诗意。

小说的诗意之处，还在于它诗一样的语言。不管是写景还是写人，它的语言都十分细腻，风格多变，时而平静冷峻，时而活泼清新，时而充满爱怜。如第二段写火车“人们挤在村口，看见那绿色的长龙一路呼啸，夹带着来自山外的陌生、新鲜的清风，擦着台儿沟贫弱的脊背匆匆而过。它走得那样急忙，连车轮碾压钢轨时发出的声音好像都在说：不停不停，不停不停！”“贫弱的脊背”在平静的描述中满含着对台儿沟的爱怜，“绿色的长龙”“新鲜的清风”则是对进步文明的褒赞，“不停不停”形象的拟声词则又带有几许俏皮活泼……更难能可贵的是，小说中多处还穿插了作者的咏叹式抒情，使作者的情感表达更为直接鲜明。如文第一个“一分钟”后，“哦，五彩缤纷的一分钟，你饱含着台儿沟的姑娘们多少喜怒哀乐！”“五彩缤纷”是对现代文明的礼赞，“饱含着多少喜怒哀乐”是对渴望冲破保守闭塞落后的台儿沟姑娘们的爱怜；文末的“哦，香雪！香雪！”用反复咏叹，更是直接抒发了对香雪的由衷赞美。这些诗一样的语言，为小说增添了一份纯美的境界，更有力地烘托了主人公香雪的纯美形象。

《哦，香雪》，就是一首轻轻吟咏的赞美的诗。

每一次读书会活动的开展都是在老师们精彩的分享、点评、探究中圆满结束，当记录员把大家分享的点滴记录下来，我们收获的是一笔宝贵的财富。用分享促进读书，用读书丰富分享，在分享中收获，在点评和探究中成长。开展这一活动，使我们逐步组成了一个以促进学生进行名著阅读为根本目的，由一群具有共同教育愿景的语文教育实践者组成的，一个共同协作的教育学习、实践的团队。每一位参与读书会活动的老师们都充满智慧。

附：读书会2019年5月活动记录

5·22读书会会议纪要

一、主讲分享

王倩瑜：从选文的角度进行细致的分类分享，介绍了如何按照主题进行阅读，提供了“求同”“比异”“整合”的思路。

朱婷：根据自己的阅读体验和教学实践出发，梳理了文中七朵玫瑰花。通过学生自编题的展示，展示了学生的阅读情况，学习所得。学生自编题如：你认为幸运是什么？怎样才算幸运？第五段的作用？可见学生平日训练有素。

袁航：从解读目录开始，以《我在白求恩身边》为例，进行阅读感受的分析，语言丰富，有文采。

薛敏：以自己的童年切身经历和大家分享了梁衡的《夏感》，让我们感受到了山西的夏日风情。同时，分享了自己的一篇同题“下水作文”，字里行间充满着真情，很能打动人。

陈璐：以爱要坦荡荡为分享主题，选取自己最有感触的三篇文章进行分享。其中有质疑、有认同、有否定。给阅读带来了另外一种可能性。

李帆：由余光中先生的著名诗作《乡愁》引入，对余光中先生的生平经历进行简单介绍。围绕《乡愁四韵》一诗谈自己的阅读体会，特别是余光中先生诗作中浓厚的家国情怀给人带来的鼓舞。通过朗读诗作，观看先生的最后银幕影像缅怀先生。

唐敏：分享《读书时的“思维碎片”》。1.阅读，须得带有探寻的愿望。从课内读物向外延伸，一旦选定作品，便不是浮光掠影、浅尝辄止，而是应细品深悟，并力求尽读作家作品，以便弥补课内“残篇断简”式的局促。2.坚持记录精彩的、打动自己的文字。3.化记录点滴感悟为自我完整的抒写，读写结合。

黄珠好：《报春花》是一篇写人叙事的抒情散文，借花写人，写的是对母亲的回忆，回忆里的母亲是一个在苦难中养育孩子的勤劳温柔的母亲，报春花则是滋润母亲龟裂的手脚的良药，犹如母亲滋养了孩子的生命，人与花融合为一，全文中散发着淡淡的报春花的馨香，这种托花寄情的写法为全文营造了一种独特的情感氛围，增加文章的情味。这种写法很值得借鉴。报春花是高度浓缩出一种“默默牺牲”精神的花，是一种象征母爱伟大的典型物。借物喻人，托物寄情，其根本是要找到物与人的关联，本质的精神性的抽象了的相似点，在具体的叙事中带入这种关联，让它成为情节的一部分，也成为感情线索的一部分。

邹冬梅：《当我死时》的夸张手法，如“葬我，在长江与黄河之间”，夸张和想象使人震撼。用“白发”和“黑土”色彩上的对比，给人视觉的冲击和情感上的冲击，表达浓厚的情感。“最母亲的国度”副词形容名词是反传统的，虽然不在理中但是它在情中。“坦然”一词写自己的死而无憾，他自己最大的遗憾就是这辈子看不到海峡两岸的统一。把长江与黄河的流水声比作“安魂曲”，作者的这种联想和想象非常值得学习。“纵容”一词用得很好，就是把自己当儿子，把祖国比作母亲，死了以后回到母亲身边的感觉。此外邹老师还解读了自己对《乡愁四韵》中“四韵”的理解，《醉汉》《茅台》两诗构思上的新颖和独特。

二、共同研讨

赵克婴老师进行小结，赞赏了主讲老师的用心，在阅读深度上给大家打开了思路，希望在座的大家能够畅所欲言。

邹冬梅老师以个人的阅读体验，从文化的高度进行阅读分享，同时展示了自己的阅读拓展材料，实在是大家学习的榜样。其中，“做到读者和教师的眼光分开”，“从教学角度进行阅读”“阅读要以点带面”等理念，都是很值得学习的。每一篇目的讲解都具体，可操作性强，如从《鹤》学语言的文雅，《绿毛龟》学用词，尤其叠词的使用。最后，还作了阅读推荐，可以读读男作家的散文，如《巩乃斯的马》，可以读诗歌，洛夫、艾青都是不错的选择。还有其他老师从自身作为母亲的角度，从自己的听后感受出发，从自己阅读体验的转变进行了阅读分享。

三、依托课题开展落实读书活动，形成区域张力

以教研促读书，用读书会强化读书，依托课题开展落实读书活动，是我区语文教研工作的一个重点。以读促读，以读促教，以读促研，由此而形成我区语文教研的区域张力。依托课题《基于教师阅读的初中语文名著阅读区域性教学实践研究》将区域学科教研活动与教师具体教学行为有机结合进行实践研

究，在具体实践中将形成初中语文名著阅读教学的策略，开发一系列具有独创性的教学案例，其成果可以为名著阅读教学理论的研究做出贡献。

通过区域教研活动，组织语文教师自身高质量阅读初中语文教材推荐名著，来推动、落实初中语文名著阅读教学。以课题研究为载体，为本区初中语文教学培养骨干教师队伍，为本区初中语文教学的发展奠定坚实基础，探索基础教育教师专业素养的提升路径。

在课题的开展和实施过程中，我们首先通过问卷完成香洲区初中语文教师阅读名著现状的调查，要求全区公办、民办语文老师都参与，获得最真实的教师阅读现状的数据，为后面有针对性的区域教研提供有力支撑；接着组织教师静心阅读名著，做读书笔记，撰写名著欣赏和研究论文，开展教师读书分享活动。同步开展名著阅读教学课例研讨活动，开发一系列具有独创性的教学案例，总结初中语文名著阅读教学的策略。

课题的着力点在“以读攻读”：以组织教师自身开展名著阅读来攻克、解决初中语文名著阅读教学难以落实这一难题。一是探讨如何以区域教研活动的形式，组织初中语文教师的名著阅读活动，提升教师的读书质量，以达到提高教师指导学生读书能力的目的。二是探究如何把教师自身的阅读体验和阅读成果运用到名著阅读教学活动中去，从而提高初中语文名著阅读的教学效果。由此真正地把教师阅读落到实处，引导教师反思自身阅读实践，养成与学生分享阅读体验的习惯，从而提升自己指导学生阅读名著的能力。

四、读，教，研合一，促进区域教师整体素质提升

阅读是运用语言文字来获取信息、认识世界、发展思维，并获得审美体验与知识的活动。它是从视觉材料中获取信息的过程。同时阅读是一种主动的过程，是由阅读者根据不同的目的加以调节控制的思维过程，它包含了理解、领悟、吸收、鉴赏、评价和探究文章的思维过程。

教师阅读与一般意义上的阅读有所区别。由于教师作为教育组织和实施者的身份，尤其是在名著阅读教学被纳入初中语文教学后，其阅读行为是基于教学的阅读。语文教学专家黄厚江表示：教师的整本书阅读其实是一门课程的开发。所以，教师阅读除了获取信息，获得审美体验外，还是一种在阅读中寻找教学资源，确定教学目标，探索提升学生阅读的有效策略和思维方式，从而促

进学生阅读素养提高的，具有较强目的性与计划性的行为。

“统编本”语文教材建构了从教读到课内自读再到课外阅读的阅读学习体系，教材总主编温儒敏主张“让语文教学贴近学生的生活实际，让课堂阅读教学往课外阅读延伸，让课堂内外的阅读教学相互交叉、渗透和整合，连成一体。”名著阅读教学作为语文阅读教学的一部分，是沟通课内外阅读的实施路径。王本华指出：“名著阅读主要是在课堂教学的引领下，有目的、有计划地向课外延伸拓展，最终转化为课堂教学成果。引导学生由课内到课外，由单篇至整本书，学会进行整本书的自主阅读。”初中语文教师作为阅读主体，结合自身已有的知识与方法，通过区域性教研、自主活动等形式，获取知识、提高素养、掌握阅读教学方式并指导学生阅读，逐步引导学生掌握高效的阅读方法，激发学生的阅读兴趣，进而提升学生阅读能力，而师生共读同时又会形成一种合力，促进教师自身教学的改善与提升，从而达到以读促教，以读促研的目的。

用教师的读促进学生的读，用师生的读促进教师的教，在读和教的过程中深化研究，真正做到读，教，研合一，由此来促进我区语文教师整体素质的提升。

名著阅读课程化研究与实施

珠海市斗门区教育研究中心　温远萍
珠海市斗门区赤坎中学　梁惠娜

一、“名著阅读课程化研究”简介

（一）背景

2016年1月，我们刚完成“初中名著阅读‘三课一练’教学模式”的创建，它与“三位一体”指导思想相吻合，有进一步研究的基础和意义。

由此，我们决定在广东省教育科研“十二五”规划2012年度研究项目“提升农村初中生自主阅读能力的研究”的课题成果“初中名著阅读‘三课一练’教学模式”基础上，根据统编教材的篇目、编排、教学要求等，对初中名著阅读教学进行课程化研究，并于2018年顺利通过珠海市教育科研领导小组办公室的批准，成为珠海市教育科研“十三五”规划第三批（2018年度）重点课题。

（二）名著阅读教学理念

“初中名著阅读课程化研究”课题是在新课程思想和统编教材“三位一体”阅读指导思想的指导下，对教育现状的反思与追求，也是时代赋予我们的责任。它首先要解决的是名著阅读教学中教师“无所适从”“无所师从”，又必须尽快解决的教学方式、方法的问题。其次是需要在把学生自主阅读兴趣的激发、阅读习惯的养成、阅读方法的有效性、阅读思维的发展、学以致用能力的迁移、自主阅读能力的提升，以及教师阅读的能动性、个人专业发展之路的选择等内容，纳入同一个范畴研究的“初中名著阅读‘三课一练’教学模式”基础上，根据统编教材选取的篇目、编排、“名著导读”的教学要求等因素，对初中名著阅读教学进行“课程化”的系统研究。再次是构建以12部必读名著阅读过程指导、24部推荐阅读名著阅读指导与汇报、若干部同类课外作品自主阅读推介，以及同类作品阅读复习为核心内容的“初中名著阅读‘三课一练’课程化教学”课程，让学生在教师对必读名著的“教读”中习得阅读方法，并在教师的指导下能与同伴自主选择阅读实践的主题并主动进行阅读实践，与同伴协作完成阅读任务，并分工合作进行阅读成果汇报，使读与写的能力都得到了锻炼与提升；在拓展延伸阅读活动的过程中，学生则可借助课堂上习得的阅读方法和阅读实践中体验过的经验，用之于自主阅读整本的课外书，并且还能从主题、人物、情节等内容及语言特色等艺术手法方面去解读、体悟，达到能与大家分享并向大家推荐阅读（写荐书语），在这个过程中，学生自主阅读能力得到稳步的提升，与《课程标准》提出的“学会读整本的书”“能提出自己的看法”是一致的。学生通过必读名著的“教读”、推荐名著的“自读”、课外同类作品“自主阅读”的系统阅读实践，从会读一本书到能读三本书，甚至达成能读多本课外同类作品的目的。最后，在同类作品阅读复习的“强化练习、举一反三”的训练中，学生还能学会梳理每部名著的知识点和考点，规范答题思路，懂得用不同名著进行对比阅读。“初中名著阅读‘三课一练’课程化教学”让学生走向深度学习，解决了“碎片化”学习带来的“读了不会说”“读了不会写”“读了不会考”等没有真正读懂的问题。

（三）名著阅读“三课一练”课程化设计

1. 初读阶段

每年的寒暑假，我们就在工作计划中布置各所学校安排寒（暑）假的阅读任务，在初读相关名著的基础上，完成“寒（暑）假师生同读一本书”名著阅读征文、学生原创“课本剧”、“向您推荐一本好书”荐书语（可三选一）和“名著阅读命题”等“寒假读书作业”。要求每个语文老师在假期与学生同步阅读名著，对学生的阅读进行指导、跟踪、答疑，并做好名著阅读课程化（四课型）的备课工作。

阅读的书目主要是教材要求阅读的必读名著与推荐阅读名著。初读方法主要以浏览通读和对重要章节进行批注式阅读为主，在浏览的基础上，让学生在阅读中对重要章节的关键情节、人物或者有感触的语段、词句进行圈点勾画，记录自己的阅读感悟和疑问。为开学后的深入阅读打下坚实的基础，也为完成阅读作业收集大量的素材。

2. 研读与汇报阶段

开学后，借助区“教育文化节”平台，各年级以各种可行方式开展名著阅读课程化研讨、交流与展示活动。主要以教材提供的必读、推荐阅读名著为教学内容，每部必读名著和推荐阅读名著分为四个课型（即“三课一练”）及两个阅读实践指导来实施教学，用时约2个月。

阅读指导课：首先强调阅读兴趣的激发，根据学情实际需要来选择导入点和导入方法，以求激发学生好奇心、求知欲，更快更好地把学生带进作品阅读活动中。在激趣和整体感知全书内容的基础上，根据每本名著的体裁、内容和特点，以根据不同类型的作品设计不一样的读书卡作为切入点，教给学生“类”阅读的方法。

阅读实践指导与跟踪：教师在课后继续指导学生运用课上学到的方法阅读该名著，把阅读的任务细化到每一章节，把阅读跟踪细化到每个星期，甚至每一天。利用课前五分钟或者阅读作业来把握学生的阅读进度和效果，并指导学生用读书卡、手抄报、专题班刊的形式，展示自己的阅读所获。其次，老师要组织学生建立阅读小组，在学生自主独立精读、批注的基础上，关注学生同伴互读互研互助提升效率的过程，充分利用教材提供的研读专题（也可以自己提出有兴趣、感悟深的研读专题），以小组为单位开展专题研读活动，指导学生根据所定的专题，对相关资料进行分析、分类，选择自己有兴趣的或认为有研究价值的专题进行研读。

阅读汇报课：教师将组织学生以研读小组为单位，通过“专题研读汇报”活动，让学生进一步掌握必读名著的主题、内容情节、人物形象、艺术特色等，提高学生信息筛选能力、整体概括能力和分条陈述、论证的语文思维及语言表达能力。

拓展阅读实践指导与跟踪：教师在课后引导学生归纳、总结所学到的知识与阅读方法，并运用所学方法阅读教材推荐篇目中的任意一本名著（学有余力的优生可以读完两本）。读完后，教师指导小组长像之前一样，以小组为单位开展专题研读活动，并做好汇报准备工作。

阅读拓展课：教师组织学生先进行推荐阅读作品自读成果展示，再分组进行推荐作品专题研读成果展示，然后通过必读名著与推荐名著的比较阅读，强化对阅读方法的把握，积累相应的知识，拓展阅读视野，享受自主阅读带来的喜悦。最后为学有余力的同学搭建一个阅读展示的平台，以其课外自主阅读的推荐，引领其他同学阅读课外同类作品。

阅读复习课：首先以“知识竞赛”的形式，检查学生对规定时段内阅读的各部名著经典情节、主要人物的熟悉程度，其次再用“思考题答疑”来让学生深入把握名著的内涵、主旨和作者思想感情，归纳作品的艺术特色，然后用3—5个“文段阅读”让学生巩固知识点，达到举一反三、触类旁通、学以致用的目的。最后，让学生尝试命题，来把握题型和答题技巧，强化语文思维。

3. 阅读成果的展示

在师生阅读过程中，我们用多种方式，开展丰富多彩的阅读竞赛，如“寒（暑）假师生同读一本书”名著阅读征文、学生原创“课本剧”剧本评选、“向您推荐一本好书”荐书语评选、名著阅读手抄报评比、名著经典回顾专题班刊评比、名著阅读命题比赛、名著阅读百题知识竞赛、名著阅读现场展演活动、教师名著现场教学比赛、教师名著教学案例比赛等等，尽力给师生搭建阅读展示的舞台，让大家尝到阅读（或阅读教学）带来的乐趣和成功感。

二、具体案例：《傅雷家书》阅读教学指导

（一）《傅雷家书》的学法指导

1. 先给学生做阅读示范：运用“选择性阅读卡”阅读一封信，分别选择不同的话题和不同的批注方式进行选读和精读。

2. 让学生运用“选择性阅读卡”阅读其他家信，从不同的角度感受信中的“父子情深”。

3. 通过引导学生归类专题、探究专题、研讨专题，整体把握、理解《傅雷家书》主要人物形象和主题思想。

（二）阅读教学导图

单篇教读：《傅雷家书》1954年2月10日信

⇩

多篇自读实践：《傅雷家书》1954年8月16日信、1954年3月24日上午信、1954年8月11日午前信、1963年6月2日晚信

整本书自主阅读：运用所学方法，按阅读规划完成《傅雷家书》自主阅

读、小组研读任务

多本推荐作品自读实践：运用所学的方法与知识，自读、小组合作研读《苏菲的世界》《给青年的十二封信》

课外同类作品自主阅读：运用所学方法与知识，自主阅读课外书信类作品（如《给青年诗人的信》《曾国藩家书》等）

（三）课堂教学设计与阅读指导

1. 阅读指导课：“《傅雷家书》阅读指导”教学设计示例

选择性阅读多角度感知

一、教学目标

1. 激发兴趣：利用视频，书中的经典语句、名家点评等资料激发学生阅读《傅雷家书》的兴趣。

2. 学法指导：教会学生运用“选择性阅读”法阅读《傅雷家书》，从多个角度感知信中的“父子情深”。

3. 学法迁移：由一封信的阅读到多封信的“群文阅读”，走向《傅雷家书》整本书的阅读。

二、教学重点

教会学生运用“选择性阅读，多角度感知”的方法阅读《傅雷家书》。

三、教学难点

由一封信的阅读到多封信的“群文阅读”，走向《傅雷家书》整本书的阅读。

四、课时安排

1课时。

五、教学内容与步骤

（一）激趣导入，走进作品

1. 一个优秀的儿子。

展示资料：傅聪弹钢琴的视频、傅聪领奖的照片。

2. 一个爱子心切的父亲。

展示资料：节选自《傅雷家书》的语句。

（1）“孩子不向父亲诉苦，向谁诉苦呢？我们不来安慰你，谁来安慰你呢？这次来信所说的痛苦，我都理会，我很同情，我愿意安慰你，鼓励你。”

（2）“赤子孤独了，会创造一个世界，创造许多心灵的朋友！永远保持赤子之心吧……”

（3）“孩子！要是我们在会场上，一定会禁不住涕泗横流的。但愿你做中国的——新中国的钟声，响遍每个人的心。”

3. 一部不平凡的家书。

展示资料：名家点评。

“这是一部最好的艺术学徒修养读物，也是一部充满着父爱的苦心孤诣、呕心沥血的教子篇。”

——楼适夷（现代作家、翻译家）

（二）作品抢读，掌握学情

1. 分配阅读任务。

第一组：读“1954年2月24日信”；

第二组：读“1954年8月16日晚信”；

第三组：读“1956年1月22日晚信”；

第四组：读“1960年8月29日信”。

2. 读后交流。

你阅读的那封信谈了什么话题？

3. 教师小结。

这部家书谈及的话题很多，涉及“读书求学”“生活细节”“人际交往”“感情处理”等等。

（三）运用方法，试读名著

1. 介绍方法。

选择性阅读的方式有很多：兴趣选择、问题选择、目的选择、方法选择等，今天先尝试把“兴趣选择”与“方法选择”结合在一起，从多个角度阅读《傅雷家书》这部书信体作品。

2. 教师示范。

步骤一：选读名著，选择感兴趣的话题，并圈画与此话题有关的信息，整理在读书卡上。

步骤二：精读名著，选择并运用批注的方式，把阅读感悟记录在读书卡上。

小结：同学们，老师在阅读1954年2月10日信时，选择了“读书求学”和“生活细节”这两个话题的内容进行重点阅读，我边阅读边圈画了关键信息，概括这两个话题的要点；除此之外，我还选择了赏析式批注法和评价式批注法，为我喜欢的、最有感触的句子写上批注。运用“选择性阅读”可以把我不感兴趣的、无关紧要的内容过滤掉，提高我的阅读速度和阅读质量，大家想试一试吗?

3. 学法迁移，自读实践。

（1）教师引导学生阅读1954年8月16日信、1954年3月24日上午信，尝试运用“选择性阅读，多角度感知”的方法，以同桌互助的方式完成读书卡。

（2）让学生运用“选择性阅读，多角度感知”的方法阅读“1954年8月11日午前信”和“1963年6月2日晚信”，从不同的角度感受信中的“父子情深”，独自完成读书卡。

4. 读后交流与展示。

（1）组内分享读书卡，挑选优秀读书卡在全班展示。

（2）小结阅读收获。

（四）课堂小结，引领阅读

示例：同学们，今天我们尝试运用“选择性阅读，多角度感知”法来选读和精读书信体作品《傅雷家书》的片段，在那一封封情意绵绵的书信里，还有多少思念、牵挂和期待让我们感动？质朴的文字背后，诠释着作者傅雷一颗怎样高尚的灵魂？让我们课后一起来继续阅读《傅雷家书》这本书吧！

（五）任务驱动，课外延伸

1. 第一、二周：每天读15封信，大概用两周时间阅读完全书。建议每天选择2封信各做一张读书卡。

2. 第三、四周：小组进行专题研读，并做好汇报准备。

2. 阅读实践指导："《傅雷家书》阅读实践指导"示例

阅读有法研读有伴

一、阅读有法

（一）关注话题，概括要点

《傅雷家书》收录了傅雷先生1954年至1966年5月的186封书信，每天浏览15封书信，边读边关注感兴趣的话题，勾画重要信息，概括话题要点，填写读书卡。

（二）精读佳句，赏析人物，感悟深情

引导学生选择感受最深的或最能表现父子情深的语句进行精读，运用喜欢的批注方式，赏析傅雷的形象，感悟傅雷对儿子的深情。

（三）以"手抄报"的形式展示自己的读书所获

把你了解到的知识点都展示出来（要求内容多样，切合主题；字体规范，版面整洁；插图合理，构思新颖）。

二、研读有伴

八年级的学生还没具备单独研读的能力。所以仍需要以同伴互读、互研、互助的方式，提高阅读效率。再者，《傅雷家书》中谈及的话题很多，更需要学生分任务去梳理，保证在汇报课上不漏掉任何宝贵的细节。关于汇报的专题，老师要指导学生根据《傅雷家书》的主题，对相关资料进行分析、分类，选择自己有兴趣的或认为有研究价值的专题进行研读。老师根据学生选择的不同专题，组织学生以小组合作的形式，共同探究、研讨专题，并选择有代表性的观点进行小组专题汇报。

（一）可以选择教材中提供的专题，也可以小组讨论自行确定研读专题

专题探究参考与指导：

专题一：傅雷的教子之道

探究提示：傅雷给儿子提出的建议涉及很多方面，如生活细节、人际交往、读书求学、感情处理等。请从文中找到各个方面相关的材料，并归类分析、探讨傅雷的教子之道，完成一篇读书报告。

专题二：父子情深

探究提示：这本书是父亲写给儿子的家信，父爱流淌在朴实的文字背后，深沉而温暖。运用选择性阅读的方法，将关注点聚焦在“父子情深”这个话题上，试着去发现那些苦心说教背后流露出的浓浓父爱。还可以摘取精彩片段，进行课本剧表演，更直观地演绎父子之情。

专题三：傅雷的人格魅力

探究提示：傅雷教育儿子的言语中流露出他艺术及文学的造诣、他为人处事的修养、他爱国爱家的情怀，这些都是傅雷人格魅力的折射，使得他瘦弱的身子骨散发出迷人又优雅的光芒。尝试捕捉表现傅雷人格魅力的语句，赏析其形象。

专题四：《傅雷家书》的艺术特色

探究提示：书信是初中生必须掌握的一种实用文体，读《傅雷家书》除了让我们掌握书信的写作格式外，还得学会像傅雷一样灵活运用叙述、描写、说明、议论、抒情的表达方式，自然舒畅地表达自己的建议及想法；学会运用多种修辞手法，让文字更优美，让感情更真挚。请尝试结合具体细节，探讨本书的艺术特色，并给傅雷先生写一封信，选择自己感兴趣的话题进行交流。

（二）专题研读与汇报准备

1. 以学习小组为单位开展阅读实践活动，围绕感兴趣的专题进行阅读、交流，并梳理知识。

2. 小组间互相交流，汇总问题，评选出最具代表性的读书卡和手抄报在全班展示、评比；围绕研读专题做好阅读实践成果汇报准备（时间约为一个星期）。

3. 阅读汇报课：“《傅雷家书》阅读汇报”教学设计示例

《傅雷家书》阅读汇报

一、教学目标

1. 通过“专题研读汇报”活动，了解学生对“选择性阅读，多角度感知”法的掌握运用程度。

2. 通过“专题研读汇报”活动，让学生把握《傅雷家书》话题、傅雷的形象、傅雷对儿子的寄望和感情、本书的艺术特色等，提高学生整体概括能力、信息筛选能力和语言表达能力。

3. 指导学生倾听不同组的观点，学会记录要点，养成做听讲笔记的习惯；

能对不同组的观点进行点评、质疑，发表自己的见解；培养学生小组合作的团队精神、语文思维能力。

二、教学重点和难点

组织学生进行《傅雷家书》“专题研读汇报”活动，引导学生读后思考。

三、课时安排

1课时。

四、教学内容与步骤

阅读实践汇报，反馈学习效果。（不论是教师还是学生做主持人，都必须遵守一个原则：把汇报的舞台交给学生，教师从旁观看和倾听，必要时做好引导）

（一）自主阅读成果展示

1. 以幻灯片的形式展示学生自主阅读的成果。

（1）优秀读书卡（摘抄笔记）的展示。

（2）优秀手抄报的展示。

2. 学生互相点评，评分。

（二）小组研读成果汇报

注意事项：汇报过程中，要特别强调学生用心倾听别人的发言，并把别人的观点记下来，课后整理听课记录，整合知识点，构建自己的名著阅读知识库。

1. 各小组专题研读成果汇报示例。

专题一：傅雷的教子之道

（1）小讲座：傅雷的教子之道。（结合信中具体语段，从“生活细节”“人际交往”“读书求学”“感情处理”四方面探讨傅雷的教子之道，并简述傅雷现身说法的方法）

（2）角色扮演：“傅聪”谈获奖感言。

（3）汇报小结：结合自己父母的教育方式，谈谈对傅雷教子之道的看法。

（4）现场答疑。

专题二：父子情深

（1）语段欣赏：傅雷的爱子深情。（结合关于“盼信、收信、叮嘱、鼓励”的具体语段来赏析）

（2）角色扮演：朱梅馥眼中的父子情。

（3）课本剧表演。

场景一：父子交谈。

场景二：别后思念。

场景三：在京读信。

（4）汇报小结：结合生活、做人、艺术、婚恋等方面的建议，谈谈傅雷对儿子的感情。

（5）现场答疑。

专题三：傅雷的人格魅力

（1）小讲座：傅雷的人格魅力。（从爱国情怀、艺术造诣、求真精神等三个方面阐述）

（2）朗诵展示：写给傅雷的一封信。

（3）汇报小结：从艺术修养和人格修养两个方面，谈谈傅雷的人格魅力对自己的启发。

（4）现场答疑。

专题四：《傅雷家书》的艺术特色

（1）小讲座：《傅雷家书》的艺术特色。（结合《傅雷家书》具体语句简述）

① 书信体：谈谈"书信"这种实用文体的格式与特点。

② 感情真挚：结合具体语段揣摩傅雷的感情。

③ 文字优美，富有哲理：结合修辞、名人事例分析。

（2）朗诵：筛选富有哲理的语句进行小组诵读。

（3）汇报小结：书信体文本在表达情感上的作用。

（4）现场答疑。

2. 教师引导学生小结，归纳傅雷的形象及对儿子的深情，提出需要思考、提升的地方。

示例：通过四个小组的课堂分享，你认识了一个怎样的傅雷？（一个关心孩子、教导有方的父亲；一个对艺术精益求精的学者；一个爱国爱家的赤子）傅雷的人格魅力就是渗透在他的一言一行中，像一盏黑夜中的指明灯，给予我们温暖和方向。

3. 教师让组长利用评价表（表1–1）为其他小组打分，按得分评选优秀读书小组。

表1–1　评价表

<table>
<tr><td colspan="2">汇报小组：</td><td colspan="2">汇报主题：</td></tr>
<tr><td colspan="2">项目内容</td><td>评价要点</td><td>得分</td></tr>
<tr><td colspan="2" rowspan="3">手抄报（15分）</td><td>内容详尽、切合主题（5分）</td><td></td></tr>
<tr><td>字体规范、版面整洁（5分）</td><td></td></tr>
<tr><td>插图合理、构思新颖（5分）</td><td></td></tr>
<tr><td colspan="2" rowspan="3">读书卡（15分）</td><td>概括内容简洁、准确、完整（5分）</td><td></td></tr>
<tr><td>摘抄的句子能照应关注的话题、批注具体又深刻（5分）</td><td></td></tr>
<tr><td>字迹规范、卡面整洁（5分）</td><td></td></tr>
<tr><td colspan="2" rowspan="5">汇报展示（70分）</td><td>汇报材料典型、符合专题的需要（20分）</td><td></td></tr>
<tr><td>对材料的概括、赏析、评价准确、深刻（20分）</td><td></td></tr>
<tr><td>汇报形式多样、新颖（10分）</td><td></td></tr>
<tr><td>汇报小结观点全面、准确、鲜明（10分）</td><td></td></tr>
<tr><td>语言表达流畅、逻辑清晰（10分）</td><td></td></tr>
<tr><td>总分</td><td>100分</td><td>小组得分合计：</td><td></td></tr>
</table>

（三）研读分享，引导提升

教师阅读分享。（老师以一个阅读者的身份分享阅读体验，以“师者”的阅读见解引导学生认识的提升）

（四）积累资料，拓展运用

1. 整理课堂笔记，构建自己的名著阅读知识库。

2. 选择你在阅读《傅雷家书》中感受最深的地方，写一篇读后感，并以“名著阅读经典回顾”为主题，用A4纸制作一页属于你自己的“班刊”。

3. 运用学到的“选择性阅读，多角度感知”的方法，阅读教材推荐的《苏菲的世界》《给青年的十二封信》，或者是自己喜欢的同类作品，并准备推荐给其他同学阅读（写好荐书语）。

4. 按照《傅雷家书》的研读、汇报方式，进行专题研读、汇报。

4. 拓展阅读实践指导："《傅雷家书》拓展阅读实践指导"示例

阅读有法研读有据

一、阅读有法

（一）归纳、总结所学到的知识与阅读方法

1. 请你对《傅雷家书》的知识点（包括作者简介、写作背景、书信话题、作者感情、人物形象、艺术特色）进行进一步的梳理和补充。

2. 请你思考总结，并填写：

（1）阅读《傅雷家书》，我运用的方法是：

（2）我在方法运用中的不足是：

（二）运用所学知识与方法阅读课外读物《苏菲的世界》《给青年的十二封信》（也可以自选其他书信类的作品）

1. 运用"选择性阅读，多角度感知"法把主要信息找出来，写好批注，填读书卡（读书卡参考《傅雷家书》指导课）。

2. 把读书卡（摘录卡）收集的资料进行归类、分析。

3. 与同桌或学习小组的同学一起做好汇报准备，记录好汇报卡、制作手抄报。

二、研读有据

（一）选择研读的专题（方法请参照"阅读实践"）

《苏菲的世界》的研读专题可以参考下面的提示：

专题一：哲学的发展历程

专题二：最感兴趣的哲学家

《给青年的十二封信》的研读专题可以参考下面的提示：

专题一：朱光潜给青年的忠告

专题二：思辨的力量

（二）研读的依据

《苏菲的世界》是探讨生活、探讨哲学的文学作品，阅读过程中要注意摘录要点，理清哲学的发展历程。关注感兴趣的哲学家，了解他们的哲学思想以及他们对后世的影响。

《给青年的十二封信》是书信类作品，作者阐述了青年们所关心，或应该关心的话题，如"读书""修身""作文""社会运动""恋爱""哲理"等等，要引导学生在阅读时关注喜欢的话题，概括话题要点，吸取生活的力量。

5. 阅读拓展课：“《傅雷家书》阅读拓展”教学设计示例

《傅雷家书》阅读拓展

——《苏菲的世界》《给青年的十二封信》阅读展示

一、教学目标

1. 组织学生进行推荐阅读作品《苏菲的世界》《给青年的十二封信》的阅读展示与汇报，了解学生对“选择性阅读，多角度感知”法的运用情况。

2. 引导学生把《傅雷家书》与《苏菲的世界》《给青年的十二封信》（或课外其他“书信类”作品）进行比较阅读，从不同的角度把握好这一类作品。

3. 让学生进行同类型课外读物的推荐，布置学生运用“选择性阅读，多角度感知”的方法进行课后“再阅读”，真正达到学法迁移、学以致用的自主阅读目标。

二、教学重点

组织学生进行《苏菲的世界》《给青年的十二封信》阅读汇报展示。

三、教学难点

1. 引导学生把《傅雷家书》与《苏菲的世界》《给青年的十二封信》进行对比阅读。

2. 课外同类作品的推荐。

四、课时安排

1课时。

五、教学内容与步骤

（一）推荐阅读作品学生自主阅读成果展示

1. 优秀读书卡展示。

2. 优秀手抄报展示。

3. 公布评选结果。

（二）推荐阅读作品小组专题研读汇报展示

1.《苏菲的世界》专题研读汇报示例。

专题一：哲学的发展历程

（1）演讲：《我是谁》。（内容要求涉及《苏菲的世界》里的哲学思想）

（2）思维导图展示：“西方哲学发展历程”。

（3）汇报小结：哲学思想与人生智慧。

（4）现场答疑。

专题二：最感兴趣的哲学家

（1）故事会：你最欣赏或最让你感兴趣的哲学家的故事。

① 苏格拉底

② 柏拉图

③ 亚里士多德

（2）“赞词”创作：为你最欣赏或最感兴趣的哲学家写赞词。

（3）汇报小结：你在哲学家的身上学到了什么？我们要学苏格拉底，做一个正直，永不违背准则的人；我们要学柏拉图，对知识充满热爱；我们要学亚里士多德，做一个善于思考、不迷信权威、敢于质疑的人。

（4）现场答疑。

2.《给青年的十二封信》专题研读汇报示例。

专题一：朱光潜给青年的忠告

（1）小讲座：《给青年的十二封信》内容概说。

① 概述《谈读书》的内容。

② 概述《谈动》《谈静》《谈中学生与社会运动》的内容。

③ 概述《谈十字街头》《谈多元宇宙》的内容。

④ 概述《谈升学与选课》《谈作文》的内容。

⑤ 概述《谈情与理》《谈摆脱》的内容。

（2）特别节目：朗诵朱光潜“真诚的语言”。

（3）汇报小结：朱光潜先生的忠告让我们受益颇多，作为一名青少年，要沉得住心，不能随波逐流，贪图近利。做人做事要对得住天地良心，切勿违背自己的初衷。

（4）现场答疑。

专题二：思辨的力量

（1）小讲座：朱光潜先生谈青年诸个问题。

① 朱光潜先生谈青年“我没有时间读书”的问题。

② 朱光潜先生谈青年“动与静”的问题。

③ 朱光潜先生谈青年“中学生是否要参加社会运动”的问题。

④ 朱光潜先生谈青年“升学与选课”的问题。

⑤ 朱光潜先生谈青年“作文”的问题。

⑥ 朱光潜先生谈青年“轻浮粗率和艰苦卓绝”的问题。

（2）特别节目：对话朱光潜先生。

（3）汇报小结：我们要培养洞察事物真相和思考分析的思辨能力，在思辨中寻找前行的力量，用思辨的力量反省和校正自身。甚至把思辨运用在写作上，多层次多角度地剖析问题，让自己的观点更深入。

（4）现场答疑。

（三）质疑问难，破解谜团

对阅读中有困惑、歧义之处提出疑问并展开研讨，共同解决问题。

（四）比较阅读，巩固升华

请把《傅雷家书》和《苏菲的世界》《给青年的十二封信》进行比较阅读，谈谈它们的异同。（温馨提示：可以从内容、艺术手法、主题思想等方面比较异同）

（五）自主阅读天地（荐书台）

请推荐还可以用“选择性阅读，多角度感知”这种方法进行阅读的课外读物，并谈谈你的阅读体会。

（六）作业布置

1. 请到图书馆借一本“书信类”书籍（或是同学推荐的篇目），利用“选择性阅读，多角度感知”法阅读，并写写荐书语。学有余力的同学针对自己有兴趣或有感触的专题尝试写研读小论文。

2. 整理读书笔记、听课记录，并梳理归纳有关知识点。

参考文献

中华人民共和国教育部制定. 义务教育语文课程标准［S］. 北京：北京师范大学出版社，2012.

第二章

学校同频

悦读阅美，共生共长

——广东实验中学金湾学校附属初中读书活动的开展

珠海市广东实验中学金湾学校附属初中　穆艳芳

何为"悦读"？从主观方面来说，"悦读"是指阅读者喜爱阅读、享受阅读，从客观方面讲，是阅读本身能给读者美好的感受、利于身心发展、满足成长需求等。何为"阅美"？一则注意阅读内容的选择，读美文、读经典，二则"阅美"即"越美"，指心灵之净化、品德之提升。悦读阅美，引导学生亲近美文经典以形成世界之慧眼，研读美文经典以体悟古今智者之慧识，深入美文经典以提升自我境界之慧心。

胸怀波澜壮阔，如大海；心灵蕙雅芬芳，似书香。广东实验中学金湾学校附属初中位于粤港澳大湾区天宝之地，毗邻珠江入海口，地处南海之滨，极目是一片辽远的海域。海的博大、深邃为学校文化增添了得天独厚的自然、人文滋养，为开展学校建设"学习型"校园打开了宏阔的视野，更为构建师生阅读共同体提供了大海"包容、博大、开阔、深邃"等丰富的鲜明意象。我校科组积极寻求师生喜闻乐见的方式构建师生阅读共同体，成为一种善教乐学的良好悦读道路，通过特色教学、精彩阅读活动、多元激励等方式让师、生在阅读的浸染下悦读而美、共生共长，是我们一直奋斗前进的目标。

一、阅读指导设计整体简介

对于初中生的阅读引导，关键在于阅读氛围的营造、课内外推进持续的阅读交流与反馈，通过激励与反馈潜移默化地培养兴趣、提升能力，从而内化阅读信念，养成阅读习惯。办学一年，省实金湾初中语文科组通过以下系列设计和实践构建师生阅读共同体：

1.“悦”“美”氛围，让阅读心境“静”下来

马克思曾说：“人创造环境，环境也创造人。”外部环境对人有着潜移默化、耳濡目染的作用。阅读活动的开展依托学校图书馆、专门的“阅读空间”、班级图书墙、朗诵亭等校园阅读设施，借助全方位、多元化的阅读环境，营造阅读氛围，增强环境熏陶，既能够于视觉层面给予师生置身书海的美感，还可以于精神层面促进学生养成文人的气质。

除相关硬件设施之外，更离不开相关软件的构建——学校自上而下重视阅读并形成自己的阅读引导理念，从“校长赠书”、教学处主办的“读书节”、教师间学习型共读共享活动、师生间共生共长阅读活动，构建了较为系统的阅读实践活动框架，也形成了“学校领导层—学校各部门—教师—学生”推进阅读的层层动力源，而学校致力于建设学习型团队，打造书香校园，要把学校办在图书馆中等办学理念及举措也更是大力引领着各项阅读活动的开展。在书香环境中，老师潜心教学，学生静心阅读。

2. 特色教学，让阅读能力“强”起来

课堂阅读课，除了立足教材，遵循教材“教读课文”到“自读课文”到“课外阅读”的“三位一体”的阅读体系，挑选与课文相关的经典美文进行师生共读，更结合我校导学案式的“先学后教”的教学方式，开展以“疑”为核心的课堂教学，课堂上共同研讨。“以一篇带动多篇、由课内引向课外、从精读走向博览”，师生课堂上共读共研，扩大阅读量，养成阅读兴趣及习惯。

除此之外，充分利用课前3分钟，开展好书推荐、“我喜爱的一首诗歌”朗诵等活动，名著阅读课上由学生提出感兴趣的研讨专题等等，陶冶性情，也拓展了学生的阅读视野，调动了阅读课的课堂气氛。

名著阅读课，通过常规的每周课堂固定时间、固定任务进行师生共读共享，再通过课堂提问来对已布置的名著阅读任务进行反馈及检测，更通过网上阅读打卡活动，亲子共读活动，开发名著校本课程，创意画报等形式开展。

通过阅读兴趣激发、阅读方法指导、文本细探或专题探究、拓展延伸阅读、开展创意阅读活动等方式指导学生，让学生阅读能力强起来。课内阅读共研讨，课后通过专题读书笔记撰写、读后感交流等活动反馈交流，形成教师引导、学生主动探索，师生共享共长的课堂模式，通过高效的阅读课堂实现课内外共生、读写共生、分数与素养共生。

3. 精彩活动，让阅读热情"涨"起来

除了参透课堂教学，以提升学生阅读能力，语文科组还借助学校读书节活动大平台，充分实现阅读"课内外共生"。师生参与其中的活动设计与组织，精心策划活动，在课内学习的基础上进行拓展延伸，在阅读中融入创作、表演、咏唱、交流会、讲座等，可以赋予阅读过程更多的趣味，增强学生个性化阅读体验。

读书节当中的"原创诗歌大赛""名著读书沙龙""青春诗会"，还有语文阅读——"海·阅"读书活动，在课内阅读的基础上，以"写、诵、演、唱"等多种方式，从比赛、登台展示、活动的策划、宣传、组织及志愿服务等各个环节，让学生能根据自己的意愿与能力，展现自我，在阅读实践中培养自己的理解能力、表达能力、合作能力、创新能力等，同时锻炼自己的胆量，提升自己的信心。如此，老师也能在学生的阅读呈现中更深入去了解学生的阅读状况，更准确把握学生的阅读动态。师生在阅读活动中，不仅收获丰富的阅读体验，更收获了合作的快乐。在老师指导下，在阅读内容上选择历久弥新的经典作品或美文佳作来阅读，在阅读形式上选择师生喜闻乐见的形式来表达与分享，让阅读不再单调枯燥，让教学与学习更有活力和趣味，以美之形"悦"读美之文，这是"阅美""悦读"之后的师生共生共长。

4. 多元激励，让阅读习惯"养"出来

建立和完善新颖有效的激励机制，以持续的外部激励来激发其内在的动力是很有必要且有效的。通过学校读书节选出年级优秀读书学生并进行相关表彰，培养读书种子，让阅读种子在学生心中发芽成长。在别出心裁的"省实惊喜"阅读奖励大礼包，选项中就有校长赠书、罗易大师签名等选项供学生选择，以榜样力量激励阅读，培养阅读习惯。借助阅读卡、微信小打卡程序、阅读情况问卷等方式，追踪及分析学生的阅读情况，以实现有效追踪管理和评价。除此之外，学生的阅读读后感，分享交流文字稿及时进行班级分享、年级展示，利用金湾智校、班级家长微信群、学校微信公众号等平台对阅读表现优秀学生及时进行表扬及相关表彰。

阅读活动的开展，邀请家长参与其中或到现场观摩等，激励评价不限于学校，实现"家校共建""家校共生""育人共长"，有利于学校与家庭形成育人合力，提升阅读活动及各类教育教学活动实效。

二、具体阅读活动方案示例

1. 让阅读真实发生——以《骆驼祥子》为例的名著阅读活动

在名著阅读的不同阶段开展有序多样的名著阅读活动，力求通过阅读引领，给予学生相应的指导和帮助，让每一个学生读有所依，读有所思，读有所获，让阅读真正发生。

前期“悦读”启动——激趣。学生分组收集《骆驼祥子》的以下内容：写作背景、作者背景、相关的短视频或话剧影视作品、名著的评价、相关的名著图片。五个板块的内容在老师的指导下精选后在班级内进行“悦读”展示。小组代表为大家介绍自己的收集成果。通过这一个活动让全体同学对《骆驼祥子》有初步的了解，激发学生对阅读整本书的兴趣，开始进行阅读。

中期“阅美”探求——鉴赏。在学生开始阅读名著后，有序推进阅读指导。

（1）开展“创意画报比赛”

从以下几个角度进行创作：画出书中的你印象最深刻的情节场景并为其配文字、梳理文中的人物关系画出人物关系图、选择你最喜欢的人物为他创作一张名片等，让学生真正走进书中的人物和情节中。

（2）“沉入文本，品味细节”

带领学生关注文本中突出的人物描写、环境描写、语言特色、人物形象等，引导学生学会圈点勾画，批注阅读。进行“阅读之星”评选，激发学生批注阅读的动力。

（3）专题探讨，论文写作

先引导学生自主选题，选择书中最感兴趣的话题拟写论文标题，要求切入点小、思路清晰、有新意。教师收集筛选后，指导学生进行修改，并给学生列出可以选择的论文选题，主题类如《祥子的爱情抉择》《论祥子奋斗失败的社会因素》，艺术特色类如《〈骆驼祥子〉中的“京味儿”语言赏析》，创新类如《小福子的命运之我见》《虎妞的爱情悲剧》《〈骆驼祥子〉中的民俗特色》等等，学生选择自己感兴趣的论题进行小论文写作，推动学生进行整本书更有深度的、多角度的阅读。

后期“共享共生”——拓展。读完名著后，再开展序列活动让经典融入欢乐多彩的校园生活。小组选择自己最喜欢的情节进行话剧创作，并在班级中进行话剧表演。以班级为单位在校园举行课本剧展演，一起创造名著阅读的难忘瞬间。组织学生进行故事续写、仿写、改写，开展校园创作大赛，评选出创作之星。最后拓展阅读茅盾的《林家铺子》、路遥的《平凡的世界》，了解在不同时代背景下中国人民的奋斗历程，进行阅读分享交流会。

综上，名著阅读的活动设计我们力求做到“跟踪”好学生的每一个阅读阶段，让阅读真实发生，让学生真正能在活动中学习不同的阅读策略，领略名家经典的风采，更重要的是，在个性化思考的活动中，不断形成自我思考的能力，自主阅读的习惯。在阅读活动中培养成就感，培育思考力，培养终身学习的能力。

2.“海·阅”读书活动

依托学校得天独厚的地理环境，本读书活动主题为“海·阅—循海而行，向海阅读”，并确定本活动的口号，如“纳百川之流成江海，学千古之典蓄文才”“读千古美文，做少年君子”“和大海相伴，与书香同行”，以调动师生参与热情。

（1）活动准备阶段

安排相关人员并明确准备工作：活动指导老师1人，负责规划行走线路，确定阅读内容，制作标语，后勤保障，指导学生选书、阅读方法、技巧，和“阅享馆”联系借读事宜；徒步引导1人；阅读指导1人；诵读引领1人；摄影1人。确定活动参与人员为海读部落成员，七年级共约30人，并提前要求各成员查阅与“海”相关的阅读读物——书籍、诗歌，如《老人与海》《海底两万里》，诗歌《面朝大海春暖花开》《风轻云淡的日子》《大海》《致大海》等。

（2）活动进行阶段

第一，阅读行走。成员们携书沿海徒步中，吹海风，览海情，触摸海的脉搏，感受心灵悸动，用30分钟，凝心聚力，完成海边2.5公里的阅读行走路程。然后，海边赠书、签名。

第二，阅读栖息。首先，在海边“阅享馆”开展阅读活动，阅读时间为40分钟，并设定阅读目标，如选读自己最感兴趣的文段、诗歌，记录、批注、等待分享、交流，老师巡回指导。其次，进行海边诵读、师生互动阅读，包括个人分享阅读心得、出声朗读，老师范读，面海个人诵读、集体诵读经典文段、经典诗歌。最后，给大海留言，制作阅读漂流瓶，互赠或漂流。

（3）活动后续阶段

以本活动为契机，激发同学们的阅读热情，全体成员定下在2周内完成《海底两万里》或《老人与海》的阅读目标。两周后，以相关形式作阅读反馈，如利用学校“朗读者”亭，录制经典语段，作为有声读物在班级分享。如在班级开展故事会，讲述海边的故事、老人与海的故事、海底两万里的故事。

总结记录好本次活动过程，收集本次活动中视频、图片、有声读物、文字材料汇编成册，在微信公众号、学校宣传栏等平台展示分享，以激起更多的阅读共鸣。

依托学校地理优势，“海·阅”读书活动旨在提高学生参与“师生阅读共同体”热情，激发学生阅读兴趣，进一步提升学生生命阅读体验、沉潜阅读，养成良好的阅读习惯、坚定终身学习信念。以广阔的大海、天地、书籍为伍，陶冶性情，舒展生命。行走于海边，耳目浸染大海之声色，阅读于海畔，心灵驰骋书海之疆原，循海而行，向海阅读。

3. 读书沙龙

在现代生活被声影产品所充斥的背景下，青少年对阅读的意义、阅读的内容与方法等各方面有着不少的困惑，“我与阅读”主题读书沙龙将提供这样一个平台，让他们与同龄人或年长者倾诉、交流、共同探讨，寻找属于自己的答案。同时，利用榜样效应，为青少年的阅读发挥引领的作用。

活动前准备：

（1）设计了学生阅读调查问卷，广泛收集在校学生的阅读情况、现阶段他们对阅读存在的困惑，以及想要探讨的话题等。通过较为专业的数据分析，整体上掌握我校学生的阅读现状、阅读困惑，也从中确定探讨的话题。

（2）采用自荐或推荐的方式，由学生选出自己认可的学生（阅读种子）、家长、老师代表，作为台上嘉宾。

（3）了解与确定所邀请的嘉宾，确保思想的多元性。

（4）根据活动目标，反复与嘉宾沟通，确定展示的内容与方式。

整个读书沙龙活动共分为三个主要环节，其中在活动的开场、环节一与环节二之间穿插名著知识竞答，以营造现场氛围提高学生积极性。

环节一，活动主持人与4名学生嘉宾围坐台上，围绕对自己有较深刻影响的阅读经历进行分享交流。从小切口引领学生去思考、去寻找阅读对自己的意义。学生所分享的阅读故事，尽量体现当下学生真实且多样的阅读经历，让现场的学生们既从自己的同龄人身上看到自己的影子，同时看到不同，引发思考。

环节二，亲子阅读交流。2名家长嘉宾及其孩子围坐台上，主持人引导他们分别对营造怎样的阅读氛围、如何营造，亲子阅读遇到的困难等方面进行交流。所邀请的家长对家庭亲子阅读有着不同的培养方式和风格。一种是开放式培养，不规定孩子的阅读地点、时间、书目、阅读任务等，更注重氛围的熏陶和日常随时随心的阅读闲谈。一种是引导式培养，在孩子的成长过程中，注重培养孩子阅读方面自我规划的能力，引导孩子养成个性化的阅读体验与思考。启发大家对亲子阅读的现状与方式进行思考。

环节三，“阅读，你怎么看？”现场互动问答。所有的学生、家长、教师嘉宾围坐台上与现场学生和家长观众进行互动交流。此环节是本次活动的核心环节，前面两个环节也为此起到了很好的蓄势作用。学生现场与台上嘉宾提问交流，台上嘉宾们对问题注意从不同的身份、角度思考分析，并对提问者进行耐心的分析交流，避免单向灌输。

此次活动是我们努力构建阅读共同体的重要实践，同时也收获良多，我们发现了许多优秀或潜在的读书种子，讨论了学生的多种阅读困惑，启发了学生、家长、老师更多的思考与探索，在更多人的心里播下了阅读的种子。

4. 原创诗歌大赛&青春诗会

诗歌有着优美的语言与意境、韵味深长的内涵和朗朗上口的节奏韵律，诗的美与情，仿佛一条深巷，幽美而神秘。在学校读书节中策划设计诗歌专题阅读活动，包括原创诗歌大赛及青春诗会。

（1）创作技术指导

原创诗歌大赛开启之前，老师们结合了七年级上册第二单元的《黄河颂》专门开设一课《诗歌创作》讲解了现代诗的特色及创作技巧。

（2）构建师生阅读创作共同体

老师推荐相关的诗歌读目，并为班级图书角添置了《艾青诗选》《你是人间四月天》等诗集，利用阅读课阅读、语文课前诗歌分享“最喜欢的一首诗”，课后写诗小练笔、小组合作诗歌创作、课堂小组探讨与交流。大赛以“我的青春”为主题，组织学生进行诗歌创作，分享各自原创诗歌，甚至开展班级“青春诗会”，为活动的后续开展奠定基础。

（3）遴选与激励评价

经过学生个人创作、班级推选、校级评比，最终分别评比出一、二、三等奖，并进行班级公布，年级表彰，形成学校公众号推文进行展示与激励。

（4）青春诗会共享青春

通过前期的诗歌阅读与创作，学生自选作品，以朗诵、吟诵和唱诵等多种形式，组织排练节目，通过初选，遴选出优秀节目举行校级“薪火传承，激扬青春”青春诗会。诗会活动包括学生团体诵、个人诵、师生同诵、亲子朗诵等多种形式，特邀家长朋友到现场观摩。青春诗会包括“师道永续匠心传承”“尺素传情钟鼓道志”“红日初升其道大光”三个篇章，以诗会友，以诗共情。

（5）师生共同赏读诗歌，演绎创作诗的灵动与美

在老师的指导下共同品味诗、享受诗的美，提升自己的审美情趣，是最美的“悦读”，因“阅美”而悦，因“悦读”而美。通过“青春诗会”活动的开展，学生以喜欢的形式表达诗之美，深入理解了诗韵的同时更高涨了对诗歌的热情。师生家长不仅共同感受到了诗歌之美，更感受到了省实金湾学子的才华与热情、青春与担当，实现师生间、家校间共享共生共长。

通过美文经典的遴选、“导学案”等有效阅读教学资源的甄别与建构，课内外阅读活动的设计，语文组重视学生在悦读经典过程中的主体性、积极性，启迪学生文化自觉，另一方面重视教师自身的角色调整。教师在课堂上引而不发、引路指向，重在激发学生的“知而合一”“悦读致远”。通过师生共研课文、共读名著、共创诗歌、共享阅读成果、共参与活动，重构平等对话、教学相长的师生关系，形成具有开放性、体悟性、交互性的师生育人共同体。尤其是阅读活动，更加入家长的参与，构建“学生、家长、教师”三位一体的阅读共同体。

“悦读以乐读”师生阅读共同体建设实践

——珠海市金鼎中学读书活动的开展

珠海市金鼎中学 夏 菲

我校在近年一直积极探索师生阅读共同体的建设与实践。在这个过程中，我们以语文学科组为主，各语文备课组为主要实施小组。让教师和学生在阅读的过程中，能够体会到阅读的乐趣，从而使得学生能够真正提升语文核心素养。同时，语文教育改革的不断深入，也对老师本身的发展提出了更高的要求，因此我校语文组在促进老师专业发展的过程当中，也通过教师阅读来切实有效地提高我校教师的专业能力、教育教研能力以及个人修养素质。

在整个过程中，我们以语文课堂为主战场，以课外活动时间作为补白方式，通过课堂的群文阅读、平台展示、课后的阅读活动，师生共同参与，为我校营造良好的阅读氛围，建设我校高效的师生阅读共同体，搭建了坚实的架构。

一、依托教材，课堂活动进行单元主题式的群文阅读

自2016年统编版语文教材开始使用，我们发现本次语文教材的编写和以往的以及其他版本的教材相比，它集中体现了社会主义核心价值观，语文核心素养以及中华传统优秀文化浸润等极具时代性和社会指导性的特点。将六本教材进行整理后我们发现，每本书分为六个单元，而每个单元所呈现的主题是不一样的（表2–1）。

表2–1　统编版中学语文教材各单元主题

	第一单元	第二单元	第三单元	第四单元	第五单元	第六单元
七年级上册	四季之景	亲情之爱	童真意趣	人生之舟	自然之爱	想象之翼
七年级下册	杰出代表	家国情怀	凡人真事	中华美德	哲理之思	科幻探险
八年级上册	社会变迁	生活碎片	山川之美	情感哲思	文明印记	情感志趣
八年级下册	民俗文化	学科求真	养性怡情	思想光芒	山水风光	情趣理趣
九年级上册	诗歌品鉴	思想之光	山水名胜	少年视角	思想之光	明清小说
九年级下册	诗歌鉴赏	人情风貌	传统名篇	谈论文艺	戏剧风采	古人生活

同时，我们也能发现，统编版教材为改变从前重阅读结果，轻阅读过程的现状，因此在构建统编本之时，就强化“三位一体”的阅读教学体系。教读课文为学生阅读的例子，这些例子是学生阅读的工具，是为了教授学生阅读文章的能力。使得学生能够成功跨过教材与课外阅读的桥梁，从了解掌握到内化吸收，最后形成阅读能力，提升语文学科素养。而群文阅读正是为培养这样的能力提供了极大的助力。在这个过程中，对教师和对学生的阅读能力都提出了极高的要求。

因此，我们需要有行之有效的群文阅读策略。

1. 围绕同一主题，以课本为基础进行文本选择，呈现师生共读基本态势

结合每单元的同一主题，我们可以围绕这一单元主题进行同主题内容的拓展。例如在七年级上册的第一单元中收录了朱自清先生的《春》，那我们便可广罗和“春”有关的诗词文章。诗词类的可选择：《春日》朱熹、《钱塘湖春行》白居易以及《绝句》杜甫；同时，我们还可选择同样写春的文章，《北平的春天》周作人、《春游颐和园》沈从文、《醉太阳》丁立梅。这一项我们以备课组为单位，由备课组先行阅读和分析，而后由老师们选择阅读难度与学生的学情相当，亦可作为学生阅读素材积累的文章。

2. 同一主题下的对比阅读，激发学生深入剖析文本

群文阅读作为学生提升语文核心素养的重要有机组成部分，拓展与积累都是为了进一步内化阅读能力，同时让学生利用已有的知识和经验去解决新的问题，在分析和比较中使得学生明确阅读思维的发展方向，从而完成能力的迁移。在同一主题下的对比阅读，在现有的阅读能力基础上进行迁移，也能降低学生的畏难情绪。

例如，同样是朱自清先生的《背影》一文，我们亦可选择龙应台的《目送》、杨绛的《回忆我的父亲》、阿城的《父亲》，从文章的主题、手法，文中父亲形象的塑造、主题等方面进行对比，加深学生对于文本的理解和阅读能力。

群文阅读的可持续性发展需要学生对学习产生兴趣作为基础，能够让学生以自主、合作以及探究的方式投入到学习中去。因此我们可以在课堂上组织一些参与性强的语文小竞赛或者“读书心得分享会”等活动，让学生能够在这个过程中积极思考并投入到其中。

二、创新课堂外的阅读活动模式，个性补白语文文本与知识间的留白

以组织教学形式展开的语文阅读活动，往往给予学生束缚感以及任务感，应试环境下的“追求正确”，使得部分学生无法在课堂上进行个性化的解读。然而，语文文本与知识之间会留有空白，学生可自行利用资源与思考来对这个过程进行解读，以此来帮助学生理解，唤醒学生的思维潜能，拓展其思维空间。

1. 课本剧展演

课本剧在语文学科教学的过程当中有着激发学生学习兴趣，全方面提升学生语文综合素养的能力，同时在统编版教材九年级下册的第五单元中，还重点设计了就课本剧编演的活动探究单元，要求在本单元中“阅读中外优秀剧本选段，在此基础上，自主选择合适的剧本，分配角色，合作排练，尝试戏剧演出”。由于课本剧的展演不是一个一蹴而就的事，从选择文本到改编剧本，揣摩其人物描写细节，探求人物心理和作品主题。可以作为语文课堂上行之有效的组织教学形式，同时，它也可以是一个能够让学生广泛参与的活动。

剧本创作是校园课本剧的基础，是整个课本剧活动最关键的一环。首先，我们先以班级为单位进行课本剧内容的选择和创作。在这个过程中需要各班语文科任老师带领学生了解喜剧的基本知识，明确课本中适合展演和改编的内容。

以我班参加课本剧展演活动为例，我让学生们通览全书，选择他们觉得适合进行剧本创作的课文，在作品创作和选择中给予他们充分的自由。于是，学生们选择了《邹忌讽齐王纳谏》《隆中对》和《变色龙》，都是故事性较强的篇目。接着，为了让学生对戏剧知识有一个更详细的了解，我专门上了一节

戏剧知识的课，让学生充分了解戏剧相关知识和改编的原则和方法。让学生阅读完三篇文章后，结合所学知识，再次进行选择，《邹忌讽齐王纳谏》高票当选。接着，我带领学生进行《邹忌讽齐王纳谏》的剧本创作，尝试删改与创新一定的剧情，既不是照搬照抄，也不是天马行空的想象。在这个过程中，学生的创作热情得到了极大的激发，为了能够更好地完成创作也能够积极地去拓展和思考。

各班完成自己的剧本创作后，将剧本上交。我们首先对呈现出来的剧本创作进行一个评价。在以往的课本剧展演过程当中，我们总是关注于最后呈现的舞台，而对一开始的作品创作有所忽视。因此，我们先对各年级各班的剧本创作进行评价，以及修改指导意见，就剧本改编进行评奖。使学生重视表演前的文字创作部分。

当剧本确定下来后，演员、布景、道具、服装等就要进行分工。为更好地还原剧本中所呈现的内容，学生会积极主动地去查询相关资料，教师可以组织学生去图书馆，利用图书馆资源以及电子图书馆资源，考究各道具、布景和服装。

以《邹忌讽齐王纳谏》展演为例，我组织学生根据剧本，确定场景数，以及服装数量。接着带相关负责的学生到图书馆，阅读相关书籍，或在电子图书馆上查询相关资料，学生查阅了当时的丝帛画作，以及沈从文的《中国古代服饰研究》基本确定了当时服饰样式。而后，在学生排练的过程中，也要鼓励其他学生积极配合，勇于表达自己的意见，在课本和剧本创作的基础上，呈现出更加完美的演出。

同时，课本剧的展演很多时候流于“看热闹”，缺乏系统的评价机制。而无效的评价机制，才是使得活动无法持续性且有提升地进行的重要原因，学生也无法得到长久的提升。在表演结束后，评委老师要针对剧本、表演进行多维度立体的评价，引导学生对自己的表演进行总结，及时改进。

最后，可以将优秀的课本剧进行录制和剪辑，成为优秀的教学素材留存下来。

2. 图书馆作为阅读展示的前沿阵地

图书馆除了提供阅读资源以及借阅服务，同时也是一个可以作为学生阅读成果展示的空间。平时各类竞赛以及优秀作品的展示，我们在进入图书馆的大厅空地部分，两旁设置展示架，展示学生优秀的手抄报、作文，同时，课本剧展演的优秀剧本也可以作为成果展示放在这里。从而使得教师和学生在参与到学校各项活动的过程中，有积极性和参与感。

同时，我们以月为单位，征集书单，进行主题式阅读引导。以月为单位，设置每个月不同的阅读主题，按照阅读主题征集阅读书单以及推荐理由，要求学生一定要进行原创，注明书名、作者和出版社。并将每月征集到的最优书单，放到图书馆的电子屏幕进行展示，同时将书单的推荐书目进行整理，作为本月推荐书目。使得图书馆真正成为教师和学生学习的一部分，激励教师和学生自主阅读。

首先，我们用微信公众号的推送，让师生的阅读成果走到大众视野中。公众号作为现如今的一个重要咨询获取渠道，同时也是我们教师把握信息时代特点，积极利用新技术，新手段，建设开放、多样、有序的语文课程体系的一个重要抓手。我们以周为单位，配合每月的主题式阅读进行征文，每周在公众号上传两篇，并开放留言区和讨论区供学生和家长进行点评和讨论，使得优秀文章不再局限于展示，而是成为了教师、学生、家长沟通和思维碰撞的一个平台，引导学生学习由被动转为主动。

接着，我们广泛开发视频号。市区每年都会进行经典诵读的竞赛，而竞赛的相关内容往往局限于小部分的学生群体，使得学生活动成为了少数人的学生活动，我们开发视频号，每周上传学生的诵读和活动视频，让参与其中的学生收获成就感，同时也较好地激励了更多的学生参与其中。

3. 阅读活动月整合语文阅读活动，打造学校浓郁阅读氛围

在新时代的环境要求下，学生通过多样化的阅读，可以与文本形成共鸣，挖掘出文本与情感的内涵。在师生共读的氛围下，在各项有机活动的激励和参与下，学生化被动为主动，在阅读活动中得到能力与精神的升华，使得学生在自由阅读的方式下获得发展，为其未来的成长助力。同时教师在整个活动月的过程参与，也能够有效地促进教师的专业发展。

（1）阅读书单征集

以“新青年”为主题，制作一份六本书的阅读书单。可手绘手书，也可以进行电子排版，师生共同参与，同台竞技。要基于师生真实阅读和真实感受，每本书不少于50字的阅读推荐。征集后，进行筛选和评价，获奖的书单展示在图书馆以及公众号。

（2）非虚构作品现场创作会

学生以“响”为题，限时一小时，现场创作一篇不少于800字的非虚构作品。教师阅读聂鲁达的诗歌《如果白昼落进……》，写一篇不少于2000字的作品。获奖的作品将展示在校刊上。

（3）文化庙会

全体学生参与的文化主题庙会活动，以四到六个人为一组完成挑战，并将摊位设置为以下几个部分：文学常识竞赛、飞花令、猜灯谜、对对联等阅读活动。

（4）“一本好书”展演会

各班选择一本非课内必读名著的书籍，以各备课组为单位进行指导，整理其主要内容，自选表演形式，展示书籍的主要内容和主旨。充分发挥学生在阅读过程当中的二次创造。

（5）教师读书沙龙

由语文组统一阅读书目，同时根据自身兴趣与阅读口味，在提供推荐书目的基础上，每个成员自主选择适合自己阅读以及自己喜欢阅读的书籍。利用每周教研时间，教师们从成长感悟、读书心得、教学实践等方面准备发言稿，畅谈自己的想法。书写自己与阅读的故事。

经过一系列的探索和实践，我校在硬件上逐步完善了图书馆、读书角以及展示板的装修和设置。同时，在软件上，我们通过一系列的行之有效的活动，使得阅读、写作、分享，不再仅仅局限于学生活动，在这个过程当中，师生共同成长和进步。

参考文献

[1] 邱麟. 中学优秀语文教师专业成长的研究［D］. 西安：陕西师范大学，2013.

[2] 臧华. 巧用图书馆，提高中学生的读写能力［J］. 中学课程辅导（教师通讯），2021（1）：87–88.

[3] 张敬邻. 也说“阅读与中学语文教师专业发展”［J］. 中学课程辅导（教师通讯），2014（2）：3–4.

［4］徐正敏. 群文阅读在初中语文中的应用策略［J］. 学周刊，2021（27）：97–98.

［5］施晓兰. 深入文本，提升初中生语文阅读素养的有效策略［J］. 基础教育论坛，2021（16）：50–51.

［6］杨素素. 图书馆在中学生课外阅读中的服务研究［J］. 科学大众（科学教育），2020（6）：24.

［7］徐云芳. 初中生名著有效阅读与策略探究［J］. 课外语文，2021（15）：51–55.

［8］陈曦. 基于学科育人的初中语文课本剧教学案例研究［J］. 课外语文，2021（6）：111–112.

［9］周水洁. 从中学生阅读特点看中学图书馆对中学生阅读的作用［J］. 参花（上），2020（12）：119–120.

［10］王春艳. 课本剧如何运用于中学语文教学中的研究［J］. 散文百家（新语文活页），2021（1）：105–106.

［11］杭起义. 阅读是教师专业发展的源头活水——我的读书生活与专业成长［J］. 教学月刊·中学版（语文教学），2017（9）：58–61.

［12］庄灿林. 用微信公众号平台促进语文教学打造语文教学新天地的策略探究［J］. 考试周刊，2021（58）：60–61.

［13］彭措. 试论中学语文教师自主发展和专业成长的途径［J］. 语文天地，2019（1）：17–19.

［14］洪嫒嫒. 对初中语文课本剧辅助教学的思考［J］. 语文天地，2021（7）：71–72.

［15］马丽. 群文阅读教学在初中语文教学中的应用策略［J］. 新课程，2021（21）：108–109.

师生深度共读，提升阅读素养

——珠海市九洲中学读书活动的开展

珠海市九洲中学　虞 佳

德国哲学家亚瑟·叔本华在他的著作《论读书》中这样写道："读书其实不是用自己的大脑，而是用别人的大脑来思考。坚持不懈地读书，不是借用别人，而是将别人的思想注入我们的大脑。"从一个人长期的终身学习角度来看，阅读生活实际贯穿了人的一生。

珠海市九洲中学以"低负高效"为核心办学理念，根据学生的个性，制定了师生深度共读的语文学科阅读方案，致力于在师生有限的课内外学习生活中，通过开展师生深度共读，获取更有效的阅读信息，用有限的精力，提高阅读质量，采撷书中的精华，并且把阅读的收获、认识和体会，运用到日常的工作、学习生活中。

一、师生深度共读，提升阅读素养

1. 第一阶段——"师生一起读起来"

教师跟学生一起阅读必读名著，各班在原有的"图书角"的基础上，建立阅读小组，利用每天自习课，自主阅读，配合《名著周周练》，完成对章回内容的梳理。学生利用周末或平时的课余时间阅读推荐书目中的名著，一个月内阅读总量不得少于2本，多则不限。各班语文老师每周2—3次，利用语文辅导课时间了解学生的阅读进度，并进行相应的阅读指导。同时，语文教师播放名著相关背景资料的视频或者由名著改编的优秀影片让学生欣赏，促进对作品的理解与体悟。在此基础上，以小组为单位制作读书手抄报。

2. 第二阶段——“思维导图画起来”

思维导图是思维的可视化，即将思维以导图的形式表现出来，形象地展示思维的过程，可以增进记忆力、理解力、创造力。在名著阅读中使用它，可以使学生对作品的理解和分析可视化。这不仅可以克服记忆方面的缺点，还可以调动学生的积极性，激发学生的创造力，帮助学生理解作品的内容、结构。

它的绘制要求不限，鼓励学生按照自己对名著的阅读感受和思考来确定思维导图的核心关键词。建议学生可以在阅读名著的时候，边读边绘，以作者简介、主要人物、主要场景等为分支，梳理情节脉络、分析人物形象，分析作品主题等。

思维导图还可以用于不同名著之间的对比阅读。增强阅读分析、理解能力，能进一步提升语文素养，给学生带来更丰富的阅读体验。

3. 第三阶段——“名著分享动起来”

根据名著阅读的计划安排，班级举行“名著分享你我他”专题口语交际活动课，让学生分析名著中的人物、名著作者的创作逸事奇闻，个性化地解读名著创作的思考等。要求人人参与，并以“我读……”为题，完成读书的体会与收获。

4. 第四阶段——“名著情节演起来”

在阅读开始之前，班级组建阅读小组，每组选定展演的名著及具体情节，要求：尽量忠于原著，可以对剧本进行简单的艺术处理，力争小组成员全员参与，要有课件背景及相应的背景音乐，表演时可以自制道具、服装。

繁忙的初三备考，并没有影响到学生的阅读热情，他们不仅积极阅读名著，还掀起了一股读名著的热潮，同时，学生能够在老师的引导下，深入思考，紧密联系学习、生活实际对人物做了独到的分析。师生共读，互相交流，彼此都能充分感受到名著在人物塑造方面的独特魅力及给人的精神享受。学生的阅读展示呈现出他们对于名著的阅读理解，他们自制的精美课件，充满自信而不乏幽默的课堂展示，更是彰显了初三学生的实力和水平。通过名著阅读系列活动的开展，不仅让紧张的初三备考生活丰富多彩，而且激发了学生阅读的兴趣，还使学生提高了听说读写思的语文实践能力。

二、珠海市九洲中学初三语文备课组虞佳老师开展读书活动的具体案例

从整本书阅读到单篇小说阅读

——拓展性、探究性阅读案例描述

一、案例描述

该案例以共情作为情感依据，以师生共读为阅读方式，以教师的“名片”、学生的“思维导图”，师生进行各自阅读分享，旨在研读统编教材必读外国文学、中国现代文学作品，再到阅读优秀的外国文学、中国现代文学作品，通过中外文学作品的对比阅读和勾连，使师生都能更好地理解作品的主题及现实意义，人物形象、艺术特色等方面，激发学生的阅读兴趣，培养学生的良好阅读习惯，对学生的拓展性阅读和探究性阅读有指导作用，从而提升语文素养。

二、案例节选

（一）阅读准备

1. 资料准备。

名著《简·爱》《骆驼祥子》《娜塔莎》（选自《战争与和平》）。

2. 课前预习。

（1）师生同看：《战争与和平》的简介视频。

（2）师生同读：《娜塔莎》复印版资料（选自《战争与和平》）。

（3）根据名著《骆驼祥子》1—7回内容，制作阅读名片。

（二）阅读流程

1. 准备阶段。

（1）阅读内容：

① 师生寒假同读《简·爱》。

② 师生开学后同读《骆驼祥子》《娜塔莎》（节选自《战争与和平》）。

（2）要求：

① 师生每天阅读一章内容。

② 教师根据自我阅读后，给学生设置阅读题目，学生完成打卡。

③ 师生根据各自阅读情况，制作章节名片。

2. 翻转学习。

学生在阅读过程中，从主题分析、表现手法（侧重人物形象分析、社会背景分析、对比分析）等方面提出思维导图的核心关键问题。结合核心问题，完成思维导图。

核心问题示例：

（1）论“女权”在《简·爱》中的体现。

（2）夏洛蒂·勃朗特与简·爱。

（3）祥子命运与社会背景的关系。

（4）《简·爱》《骆驼祥子》与《战争与和平》中的女主人公的形象对比分析。

3. 专题汇报。

（1）共情式导入。

寒假的时候，老师跟同学们一起阅读了统编教材必读名著的最后一本，堪称世界文学经典之一，曾被多次搬上舞台和银幕的，“勃朗特三姐妹”中最著名的夏洛蒂·勃朗特的《简·爱》，阅读过程中，我们常常通过QQ，来彼此分享阅读感受，探讨阅读过程中的思考，今天这节课，就让我们面对面，再次开启整本书《简·爱》阅读分享之旅，感受阅读的魅力和快乐。

（2）整本书《简·爱》阅读。（师生共读，互相展示阅读成果）

① 教师展示阅读成果——以名片的形式，展示《简·爱》的关键字，如图2-1。

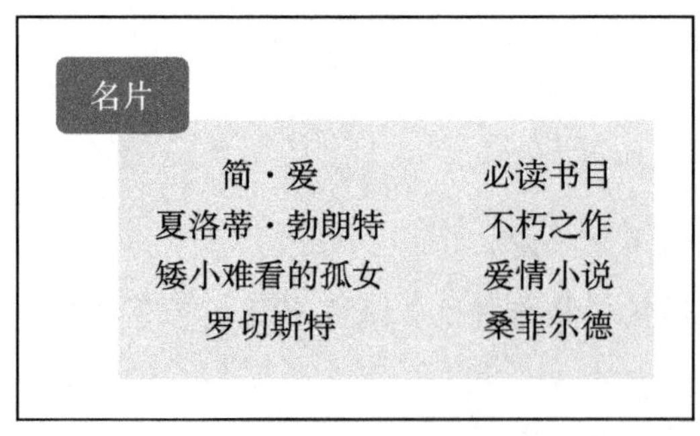

图2-1 《简·爱》关键字

② 师生共情分享：

学生就名片上的哪个关键词提出疑问，由其他学生猜测答案，教师评判，达到师生阅读的共情体验效果。

③ 学生展示阅读成果——以思维导图的形式，展示《简·爱》的阅读成果。

A生：将简·爱的成长经历与《神曲》的结构进行类比分析。

B生：按照时间顺序，以简·爱的生活地点为关键字，梳理文章情节、分析人物形象，从而归纳主题。

C生：以简·爱与罗切斯特的爱情发展为角度，梳理情节、分析人物形象、分析写法。

D生：以《简·爱》中的金钱观为关键字，梳理简·爱对金钱的具体表现，分析人物性格，从而深挖正确的价值观对人成长的作用。

E生：从性别角度入手，将人物分为“男性”和“女性”，男性以行为表现为划分依据，女性以精神品质为划分依据，归结出如何的性格才是最人生最有意义。

F生：以初中阶段名著中出现的女性形象为角度，分析了“简·爱”“小福子”“丽达”“沈琼枝”“安妮”（课外自主阅读《安妮日记》），这几位女性形象的异同。

（3）部分阅读《骆驼祥子》第1—7回。（师生共读，互相展示阅读成果）

① 教师展示并讲解自己的阅读名片（图2–2）。

② 学生展示并讲解自己的阅读名片（图2–3）。

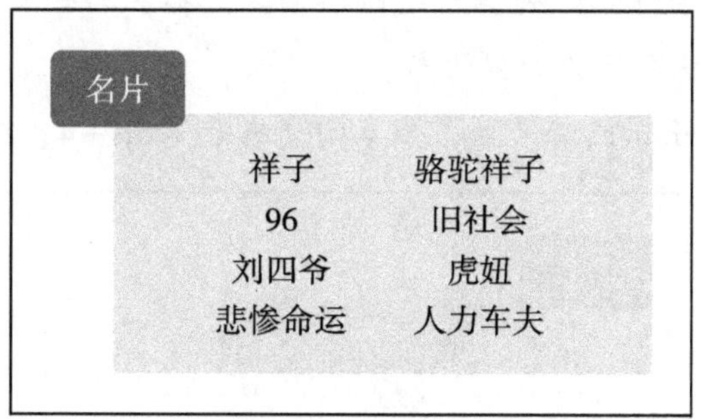

图2–2 教师阅读《骆驼祥子》名片

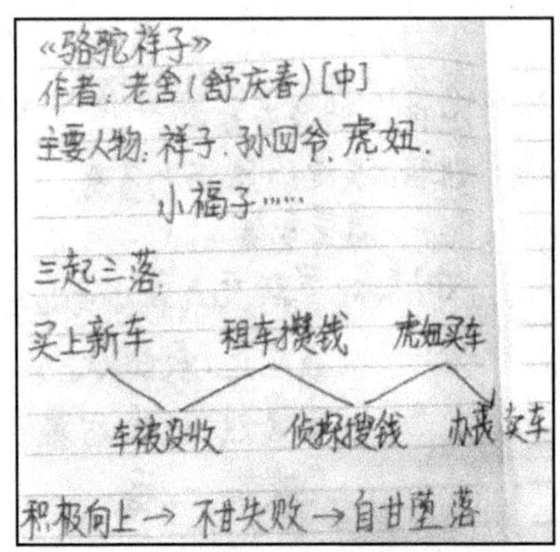

图2-3 学生阅读《骆驼祥子》名片

③ 师生互评阅读名片。

④ 师生共同总结阅读名片的要素。

A. 教师版：人物、背景、标志性的事件（概括）、价值、意义等。

B. 学生版：作者、主要情节、主要性格。

（4）单篇阅读：《娜塔莎》（节选《战争与和平》）。（师生共读，互相展示阅读成果）

① 检查自读成果，学生概括节选的三个片段的内容。

第一片段：娜塔莎第一次参加一位要人家举办的大型舞会前的兴奋、激动与焦急的心情。

第二片段：娜塔莎在盛大舞会上的心理、与安德烈公爵相遇并双双在心里埋下爱情的种子。

第三片段：已经许配给安德烈的娜塔莎因为孤独与寂寞，受美男子阿纳托尔的诱惑而背叛安德烈后的心理状态。

② 师生互动，出示阅读名片，分享阅读感受（图2-4、图2-5）。

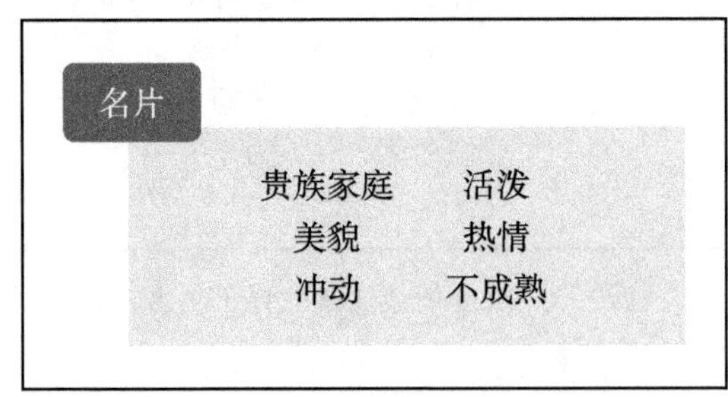

图2-4 教师阅读《娜塔莎》名片

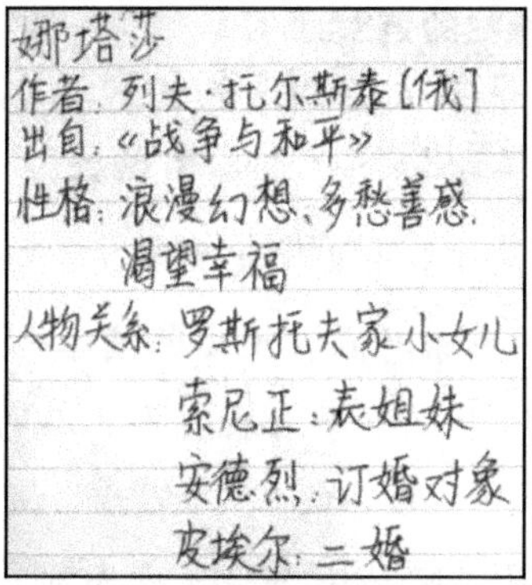

娜塔莎
作者：列夫·托尔斯泰[俄]
出自：《战争与和平》
性格：浪漫幻想、多愁善感、
渴望幸福
人物关系：罗斯托夫家小女儿
索尼亚：表姐妹
安德烈：订婚对象
皮埃尔：二婚

图2–5　学生阅读《娜塔莎》名片

分享的角度：节选的内容、人物的形象塑造、刻画人物的方法、环境（场景）描写、背景分析等角度。

（5）阅读发现。

俄国作家巴别尔说：“人一生其实不用读太多的书，有个七八本便足矣；但是，为了找到这七八本最值得读的书，则必须先读完两三千本。”这节课我们从整本书阅读到部分阅读再到单篇阅读，我们会发现不论是外国文学作品（小说），还是中国的文学作品（小说），还是节选的文学作品（小说/叙事性强的文本），在阅读时都要紧密围绕着“人物”“情节”“环境（场景）”“主题”“叙述角度（人称）”“结构”等要素入手，从语言建构与运用、思维发展与提升、审美鉴赏与创造、文化传承与理解的角度，去感知文学作品，体会阅读的魅力，在书中成长。

（三）拓展阅读

1. 以本节课的发现作为每天名著阅读的切入点，开始阅读《四世同堂》《战争与和平》，做好思维导图及阅读名片，完成阅读打卡。

2. 从阅读的作品中，设计探究问题，完成小论文。

让我们读懂“老王”

——群文性、类型化阅读案例描述

一、案例描述

该案例收录了杨绛的《老王》、仇士鹏《老王》、沈轶伦《麻雀的气性》等一组文章。群文选择来自时文，一定程度上拓展了学生的阅读视野，也可激发学生去阅读时文，适应平时的阅读主对象。

二、案例节选

（一）阅读目标

1. 快速阅读三篇文章，勾画出文中描写老王的语句，概括出文章的主要事件，并尝试概括"老王"的形象特点，说出阅读体会。

2. 学习三篇文章如何借平凡小事来表现平凡人的伟大，并尝试运用到自我的写作中。

3. 以阅读为平台，联系实际，感悟生活中的真善美，为小人物写一段发自内心的文字。

（二）阅读过程

1. 阅读导入。

初中三年，6本语文书的阅读和学习，我们认识了很多人，有父亲母亲，有伟人名人，当然也有平凡的小人物。这些人伴随着我们成长，同时，在不经意间，他们总是成为了我们中考试题中的常客，那么，今天的这节课就让我们走进这群人中最不起眼的一类人，探究一下他们成为命题人香饽饽的原因。

让我们来重温一下语文书中的这群人，说说他们为什么成为经典，让我们难忘。

2. 温故知新。

写人类文章以表现人物为主，通过对人物的刻画或是对与人物相关事件的叙述，展现人物的风采，赞颂人物优秀的品质、性格或是精神等。

写人类散文既有一般记叙文的普遍特征，也有它的独特性。首先要注意的一点，写人类散文中的人物不同于小说中的人物，文学作品中的人物一般是虚构的，经过了艺术加工的。而写人类散文的一个重要特征就是以情感人，所写内容都是真人真事。下面对写人类散文的一些重要题型进行提示。

（1）要善于分析人物描写，探究人物品质。人物描写的方法主要有：外貌描写（也可称为肖像描写）、对话描写（也可称为语言描写）、动作描写、心理描写等。此外还有细节描写、侧面描写等。分析人物描写时一般可分为点手法、略分析、上高度三个步骤。点手法就是先要明确是何种描写；略分析是对描写的内容结合语境进行分析，分析时要抓住关键性词句，看它们表现了人物怎样的特点；上高度指的是要答出人物描写所体现出的人物的情感或是性格特征，也就是答案一定要指向文章的主旨。

（2）要了解文章的一些基本写作手法和写作风格等。

（3）要善于把握作者对所写人物所持的情感态度。要突出所写人物的精神品质。如果文章是以第一人称写成的，而文章并不是我写的“自传”，这种情况下在概括主旨时要注意还要写上“我”对主人公所持的情感态度。

（4）对文章内容要在理解的基础上有自己的独特见解。（主旨或者感悟）

3. 阅读与交流。

（1）速读杨绛的《老王》、仇士鹏《老王》、沈轶伦《麻雀的气性》等一组文章，勾画出文中描写“老王”的语句，尝试概括文章“老王”的形象特点，小组讨论阅读后的体会。

教师引导学生进行认真阅读勾画，小组交流阅读体会。（结合群文阅读表进行）

① 学生展示。

学生结合群文阅读表展示本小组成果。

② 同伴评价。

请同伴点评，形成思想的碰撞。

（2）分享与赏析。

① 请同学们小组合作找出文章中你最有感触的语句加以赏析，注意语句写了什么，用了什么手法，为什么感染了你。

② 评价这些句子写作角度和方式的异同之处，学以致用。

③ 小结：发现身边的“老王”。

身份：小人物（社会上没有地位、不出名、没有影响的人）。

手法：典型事件、细节描写、侧面描写、环境描写、“我”的视角（优于小人物的旁观者）。

主题：关注底层人物、弘扬人性美。

4. 拓展与延伸。

平凡是生活的本色，不凡是生命的追求。每一个平凡的奋斗者，都是卓越的追梦人。无论什么职业，无论处在何方，只要有追求、有闯劲、有奋斗，任何人都可以在梦想的舞台上展现人生价值。

习近平总书记曾经饱含深情地说过：快递小哥、环卫工人、出租车司机，这些平凡的小人物，还有千千万万的“老王”，他们都是美好生活的创造者、守护者。因此，以这些人物作为中考文学作品阅读考查的主人公，通过同学们对他们的细微点滴处的品味，让大家明白日子再苦、再累，也能绽放属于你的光彩。在你阅读之时，在你做题之际，也能洞悉生活之真，弘扬人性之美，感悟生命的可贵。

以阅读为平台，联系实际，感悟生活中的小人物的伟大，为这些小人物写一段赞颂词，作为祖国的未来，你有什么要写的呢，请抓住生活的小事，写写你眼中的那个小人物吧！

附：

表2–2　群文阅读表

文章题目	主要事件	小人物形象	感受和启示
杨绛 《老王》			
仇士鹏 《老王》			
沈轶伦 《麻雀的气性》			

参考文献

［1］中华人民共和国教育部制定. 义务教育语文课程标准［S］. 北京：北京师范大学出版社，2012.
［2］张宏莉. 思维导图助力名著阅读——以阅读《简·爱》为例［J］. 中学生阅读（初中版），2019（19），42–44.
［3］褚树荣，黄会兴. 开卷有益：整本书阅读与研讨［M］. 上海，上海教育出版社，2018：15，20.

在活动与体验中将阅读进行到底

——珠海市前山中学读书活动的开展

珠海市前山中学　朱婷

“活动体验”是苏教版高中语文教材中提出的一种学习方式。根据其内涵和学习要求，结合具体的学习材料，开展丰富多彩的语文课堂实践活动。在活动中体验、思考、探究，侧重在综合性活动中提高语文素养。活动体验就是“引导学生围绕专题的人文内涵和学习要求，结合具体学习材料，开展丰富多样的语文实践活动，在活动中体验，在活动中思考，在活动中探究，侧重在综合性活动中提高语文素养”，突出学生的体验，就能有效地引导学生高高兴兴地学，有利于全面提高学生的语文素养；突出学生的体验，才能充分发挥语文课程育人的功能。

基于此，结合我校学生实际学习情况和阅读水平，我校语文科组从2016年开始探究采用活动体验的方式来推动全校的语文阅读教学工作，采用多种形式的活动，以活动为主导打开学生阅读的大门，激发学生阅读的兴趣，在此基础上进一步进行体验、分享和感悟，逐步引导学生的阅读走向深入。

一、欲善其事先利其器——教师读书活动的开展

书籍是人类进步的阶梯，女作家毕淑敏曾说：“清风朗月，水滴石穿，一年几年，一辈子读下去，书就像微波，从内到外震动我们的心。”读书是一项精神功课，对人有着潜移默化的感染力。

作为老师，能够做好表率，有意识地阅读，调动学生阅读的欲望。有意识地跟学生分享阅读本书的原因、阅读时的心得，可以摘取片段和学生一同探

讨，久而久之，学生的阅读欲望也会被激发出来。

1. 教师读书会

学校读书活动的开展首先是教师读书活动的开展，只有当教师全面系统地读懂读透了文本之后才能更好地指导学生的阅读。在系统地学习了活动体验式理论的基础上，我校紧跟香洲区教研员赵克婴老师的阅读教学步伐，号召和鼓励学校青年教师积极参加香洲区“语香读书会”，通过定期参加读书会活动，老师们在自己读有所感，读有所悟，读有所思的基础上进行会内的分享、交流，以一本书、一篇文章为依托，结合自己的阅读体验和感悟进行拓展，通过区内不同学校老师之间的相互交流，让老师们思想碰撞，加深对阅读的感悟。通过一次次活动的展开，思想的碰撞让老师们的阅读能力、文本解读能力大大提升。

附：薛敏老师在香洲区语文教师读书会上的分享

梁衡的《夏感》是一篇优美的散文，是他作为中央报纸的记者驻节在黄河流域时写的自己亲密接触的夏。在诗人作家笔下，夏并不是一个受到青睐的季节。也许，春的百卉萌发能给人一种再生的愉悦，春的万象泰和又能使人的情思得到畅快的释放吧。而作者却认为“春”是开始，夏刚好是一年中的旺季，是该被赞颂的拼搏、奋斗的季节。

《夏感》一文以饱满的热情大声赞美这个春与秋之间的黄金的夏季。在作品开始，作者一直称夏天是金黄的，但结尾却说黄金的夏季，显然，结尾时的夏季更显得宝贵了。金黄表示色彩，而黄金却正表现出夏的珍贵，它象征着夏季的旺盛活力、磅礴之势和劳动者们在夏季创造出的热情洋溢的生活。

基于区读书会，我校语文科组结合学校实际开展了校内读书会，组织本校语文科组老师开展读书分享会，并以语文科组为核心辐射其他科组老师。每一期的读书活动分享由科组老师共同选定阅读书目，定期定时阅读同一书目，分享交流。在交流的过程中明晰并内化形成个人对书目的认知，同时积极组织老师开展课堂实践教学研究。

2. 依托课题，深化教师阅读

以我校语文科组朱婷老师的“活动体验式名著阅读教学研究与实践”课题为依托，带动学生和老师们共同阅读。活动体验式名著阅读教学在教学中不仅要求学生积极思考，而且要求学生亲自经历和感悟，这样的学习过程不仅是知识增长的过程，同时也是身心和人格健全发展的过程。通过这一课题的探究一方面提高学生名著阅读质量，另一方面在一定程度上激发学生阅读名著的兴趣，唤醒名著阅读教学课堂的活力。

在具体的课题实施过程中，作为活动开展主体的教师要首先熟读文本，在熟读的基础上展开研讨、体验，进而精心设计活动，积极营造体验氛围，并且适时引导学习方法，适当评价学习结果。教师在教学过程中有意识地创设情境以及引导鼓励，充分调动学生个体的阅读兴趣，使教学内容与认知结构相联系，并加以内化、体认和感悟，从而实现学生内心自主性精神的生长。

本课题组成员覆盖初中阶段三个年级，每学期每个年级的两位老师确定本学期的主要阅读书目和自主阅读书目进行阅读任务的布置和阅读分享的展开，每学年的第一学期的10月和12月，第二学期的4月和6月固定为语文科组的名著阅读教学月，除开展多种形式的学生名著阅读成果汇报外，科组老师根据课题要求积极研讨，进行教学设计，开展同课异构，积极教研探讨，推动阅读教学落实。除老师的课堂教学展示外，积极邀请其他科组对本学期阅读书目感兴趣的老师和家长走进课堂和学生一起进行阅读分享，例如在共同阅读《红星照耀中国》一书时，朱婷老师所在的班级就邀请了历史老师和政治老师同步阅读，并在课堂上进行分享交流，效果甚好。

二、授人以鱼不如授人以渔——学生读书活动的开展

1. 学生读书会

新课程标准认为：“阅读教学是学生、教师、文本之间的对话的过程。”学生个体作为阅读主体与文本作者心灵的直接对话。也就是说阅读教学应该强调学生的主体性，让学生在主动探究中获得，通过生成性教育，引导学生质疑问难，研究探讨，让学生在学习的过程中，善于发现问题、思考探索，在智力发展的阶梯上，不断迈上一个个新台阶。学生读书会的开展让学生在读中感悟，从读中体验，循环往复，螺旋上升。学生首先通过自己的读去感知文本，设身处地地进入作品，想作者之所想，感作者之所感。而在分享的过程中通过同伴之间思维的碰撞，再加上自己的独特认知体验，进一步与作者在作品中传达的情意达到相通契合，从而更深层次地感悟到作品的妙处与意蕴情致，进而

产生新的情感与认知体验。

基于我校学生读书实际情况，语文科组的老师们结合班级特色定期策办学生读书会。例如曾小娜老师把全体学生分成几个阅读小组，每个小组6—8人。推荐读书篇目，学生任意选择想阅读并分享的1—2本书。用2—3周的时间进行阅读，然后利用综合课开展读书会分享。分享会上学生按小组上讲台分享读书心得，形式可以多样：幻灯片讲解、表演、诗歌朗诵、演讲等。分享完后设置观众互动环节，可以是知识问答、疑问讲解、谈说感悟等。每次读书会后评选出“最优分享小组”和“最佳听众”，调动学生参与的积极性。

朱婷老师所在的年级将每周二的中午时间作为语文阅读分享课，每周分享一篇文章，参会的学生以自愿为原则，每人都要对所读的篇目进行分享。在学生的分享中锻炼和培养学生的语言组织能力，在共同探讨的过程中培养了学生的思辨能力，同时通过分享、交流、思辨让学生对文章的认识也更加深入全面，学生普遍反映中午一小时的分享收获颇丰。

2. 师生共读，跟踪指导

名著的阅读不应该仅仅是学生的阅读，更是老师的阅读，没有老师的指导，学生的阅读无法进行，而老师的指导必定是建立在教师充分阅读的基础上。无论是阅读的规划还是阅读过程中的指导，阅读过程的释疑，阅读活动的设计，教师必须熟悉名著的内容并形成一定的提炼，所以教师的阅读一定要先行。这也是一个语文老师必需的修行。读万卷书才能著锦绣文章，才能丰盈灵魂，师生共读，带领孩子们做一个幸福的读书人。

王英晓老师在引导学生阅读《儒林外史》时，在每天布置任务的基础上，让学生采用人物+事件+点评的方式做故事梗概或者思维导图，并且利用每堂课前5分钟让学生上来，或分享故事或人物故事猜猜猜或者提疑问难，分享的学生用抽签的方式随机，这样避免了有些人侥幸不阅读，而同学的分享也加深了其他同学的阅读印象。在整本书阅读结束有设置名著验收课，分为表演、知识竞赛、辩论等环节，通过活动进行阅读的收尾，这样阅读的效果扎实而有效。

徐诗扬老师所在的初一年级语文备课组，基于我校初一学生的阅读现状，老师们在日常的阅读指导过程中，重点以培养学生在阅读中进行规范化批注的思路展开。具体而言就是让学生明确如何进行批注，并将批注成为日常阅读的习惯。在《老王》一课的阅读教学活动中，徐老师首先让学生在整体把握文章内容的基础上，自主独立进行该段的批注式阅读。当学生掌握一定的批注角度后，徐老师又引导学生进行“复批”，通过借助资料查阅、同伴问询等自主或合作探究的形式将自己的阅读行为进一步深化。通过初次批注，学生对文段已有一定的理解性成果。而进入“复批”环节，通过补充自己的批注，老师适时提供理解性支架和问题答疑，引导学生进入头脑风暴从而激发个体进行深度思维活动，进一步进入沉浸式的阅读思考行为。通过“初批”到“复批”的阶段演变，学生已逐步达到对目标文本深度学习的目的。

毛春露老师在布置班级阅读任务时，针对一些情节或者人物关系比较复杂的书目，要求学生运用思维导图的方式来辅助阅读。比如读《钢铁是怎样炼成的》《水浒传》等书时，要求学生按照人物和事件等角度来绘制思维导图，梳理文章脉络。除了绘制思维导图，毛老师还根据阅读实际需要引导学生画插画、做旅游攻略等。比如在学习游记单元后，让学生为本单元的每一篇课文绘制旅游攻略，这样既复习了游记的基本知识，又能总结本单元各篇文章的重点内容，用趣味的方式展示自己学习本单元后的收获。

三、借助合力打造书香氛围

1. 亲子阅读——家长合力

毕淑敏说：“让孩子爱上阅读，必将成为你这一生最划算的教育投资。”陪伴孩子阅读和孩子共读是一笔最宝贵的财富。作为初中段的孩子，叛逆似乎成为了他们的代名词，但实际上孩子们的逆反很大程度上是因为迷茫而不知所措，表现在语文学习上许多孩子在阅读时因为缺少沟通和交流而无法深入，在文本的选择上容易走向轻松化、浅层次化，对于需要深层次理解的文本望而生畏。孩子的阅读时光不仅仅是校内阅读时光，家庭阅读更是孩子阅读的主要阵地，孩子的阅读除了老师的指导外，更需要家庭的引导和交流。基于此，我校初一初二语文备课组在深入研究，广泛调查我校学生实际情况的基础上积极开展亲子读书活动，每学期选定一本书作为亲子阅读书目，引导家长和孩子共读一本书，通过阅读时的亲子交流促进亲子关系的和谐，也触动孩子阅读的深入。

朱婷老师所在的班级在初二年级开展《傅雷家书》亲子阅读，首先是任务的布置——蓄势，朱老师利用家长会的契机，让孩子们提前写好了一封给家长的信，家长会上参会的家长读信并给孩子回信，朱老师收好家长给孩子的回信后并未第一时间将回信发还给学生，而是保留到亲子阅读结束后的汇报展示课时发还给孩子们当堂打开读信。借助家长会的写信、读信、回信环节，朱老师巧妙地让学生掌握了书信的基本格式，也让家长和孩子进行了一次心灵交流。接着是活动的开展——积累，朱老师利用班级家长微信群发布亲子阅读活动书目及活动要求，结合学生实际和家长情况，合理安排好亲子阅读时长，让家长和孩子开展阅读。读书活动结束后是紧跟着的汇报——展示，朱老师根据预设提前准备好课件和教学设计，并邀请了相关家长进班同上一节课。通过课堂的展示，让家长和孩子之间有更加和谐的沟通，促进亲子关系融洽的同时也让孩子对阅读文本内容的认知更加深入。

2. 图书漂流——学校合力

我校图书管理员将学校的图书进行统一分类整理后，挑选出一部分适合用于学生读书漂流的书籍置于校园阅览室展开图书漂流，每位参与漂流的学生按照章程借书还书记录，每学期末根据学生实际读书情况来评选“校园读书之星”进行表彰。

在基于我校图书馆图书漂流活动的基础上，曾小娜老师所在的班级也开展了图书漂流活动，根据学生读书情况来评选“读书之星”。曾老师首先动员班级同学，每人分享自己认为可读性强的图书3—5本，将书放到班级图书角，进行图书漂流。每本书的首页粘贴一张“读书随想”，供借阅书籍的同学留言，书本的第二页记录漂流的轨迹。接着组织好学生填写图书借阅记录，鼓励学生写读书笔记和交流阅读心得。按照学生的有效阅读情况，公布学生的篇目，形成你追我赶、一起阅读的浓厚读书氛围。

3. 比赛激励——共赢成长

我校将每年的4月和10月定为读书活动月，读书活动月期间通过开展课本剧表演、经典诵读比赛、优秀手抄报展示、优秀读后感展示等活动形成校园读书合力，推动学生积极阅读。其中唐静老师组织初二年级学生表演的课本剧《邹忌讽齐王纳谏》和曾小娜老师组织初一年级学生表演的课本剧《心声》获香洲区优秀课本剧展演一等奖，朱婷老师组织初一学生表演的课本剧《走一步，再走一步》和薛敏老师组织初一学生表演的课本剧《羚羊木雕》获香洲区优秀课本剧展演二等奖。

寻找最佳阅读指导“合伙人”

——基于家校合作的学生阅读指导实践及案例分享

珠海市第十三中学　龙阳胜

珠海市第十三中学历经五年的实践探索，逐渐走出了一条成效初显阅读推广的道路。学校以校园文化建设为依托，创设便于学生阅读的环境；以阅读常规课为切口，加强对学生的阅读指导；以课题研究为驱动，提升教师的阅读研究及指导能力；以家校合作为保障，培养学生良好的阅读习惯。

课外阅读的主阵地归根结底在于课外的家庭。除却在校上课时间，学生在学校内能自主进行阅读的时间并不多，学生的课外家庭阅读就成为教师需要突破的重点。初中生的学习很大部分还停留在他律的阶段上，因此找好课外阅读的“合伙人”，指导学生的阅读实践就成功了一半。为了保障学生的阅读质量，科组教师开展家校合作，动员家长参与到学生的阅读指导与督促中来。通过协助阅读登记、亲子阅读、读书分享等多种形式的合作，给学生营造积极的阅读环境，逐步培养学生的阅读习惯，保证学生读有所思，读有所得。

一、开好家长会，做好阅读动员

虽然教师经常会利用QQ或微信家校群与家长进行沟通，但效果最好的是线下举行的家长会。因为这是一个比较正式的场合，家长的参与度也非常高。教师要提前并精心做好准备。具体的动员方法主要是：

（1）汇报孩子语文学习成绩动态，并引导家长认识到成绩不理想的原因在于读书少。

（2）从成绩和升学这两个痛点出发，再结合国家教育改革的方向，从学生个人发展成才的根本层面重申阅读的必要性，引起家长重视。

（3）分享阅读有益于学业及促进个人成长的成果案例汇报给家长，增强家长的信心，强化对阅读问题的重视。

（4）在进行家长动员后要趁热打铁，在家长被充分调动后推荐提前准备好的阅读书目，对家长进行简单的购书指导。

在平时的学业反馈中，教师也要反复强调阅读的必要性，让家长既感受到迫切性，又怀有孩子能实现提升的希望。

二、开展家庭督促，做好阅读登记

为了保证学生的阅读时间，教师要布置精而少的书面作业，阅读作业要成为每日常规作业。教师可以制作阅读登记本或是借助“阅读助手”等线上平台，对学生每日的阅读情况进行动态跟踪。学生每日填写阅读的书目、阅读时长、阅读页数，以及阅读的感悟或是摘抄。学生每天完成阅读后由家长进行签名确认或者是阅读平台上进行登记。

教师每周定期对学生阅读情况进行反馈，表扬阅读时间长、阅读品质佳的同学及其家长，对一些阅读落后的同学进行提醒。

通过家校合作，学生在每天的阅读生活中逐渐养成阅读的习惯，把阅读当作每天必修课来完成。逐渐累积的阅读数量也会对学生产生正向的刺激作用。由于家长工作或其他原因，有时学生的阅读登记没能及时做好，教师可以据此灵活调整阅读登记的时效，给予补录的机会。

三、拓宽家长的参与渠道，做好评优表彰

除了日常的阅读登记，教师还可以创新活动形式，拓宽家长参与阅读指导实践的渠道，创设更多的条件让家长参与到班级的阅读活动中来。每个班级都会有素养高、阅读习惯好的家长，教师可以通过平时的交流来挖掘其中的优质家长资源。比如笔者曾邀请家长进课堂，进行《红星照耀中国》的阅读分享会、在假期举行亲子共读《傅雷家书》等活动，都取得了比较理想的效果。

为了保证基于家校合作的阅读得以持续有效地开展，教师还要在每学期末进行阶段性的总结，将本学期的阅读情况以翔实的数据告知家长，对学生以及家长进行公开的表彰。

让家长尽可能多地参与到阅读指导实践中，可以增强他们对活动的认同感和支持力度；总结表彰则让家长也体验到成就感和荣誉感。这对于鼓励家长持续地参与家校合作具有积极的意义。

四、家校合作阅读指导实践特色案例

悦读者的相遇

——《红星照耀中国》读书分享会

一、活动背景

《红星照耀中国》是统编新教材八年级上册名著导读中必读作品。这是一部纪实性作品，其中涉及了大量中国革命史实及背景知识，虽然八年级学生开始在历史课中接触中国近现代史，对作品相关的时代背景有一定的理解，但其中涉及错综复杂的政治军事经济形势分析，还是容易让学生产生畏难心理。而且由于学生生活在和平时代，普遍对这一历史时期缺乏感性认识，和情感的联结。不少学生反映“读不进”和“读不懂”。

二、活动目的

1. 以家长个性化的阅读体验激发学生的阅读兴趣，树立好阅读的榜样。

2. 通过家长和学生的阅读交流，增进学生对作品的理解，给予学生人生启迪。

三、活动构思

1. 与家长提前沟通，选定两位家长，并通知家长阅读《红星照耀中国》，并结合自己的阅读感悟形成读书报告。

2. 学生整理总结阅读中的典型及共性问题，用于与家长交流。

3. 举行读书分享会，家长进课堂进行读书分享后，由学生提问与家长进行互动交流。

四、活动过程概况

首先进行阅读分享的是刘睿的妈妈蔡凤女士。现在供职于一家台资企业的她以和台湾同事讨论国庆大阅兵的故事开启她的分享。刘睿妈妈表示她很后悔自己没有早点读一读这本书，因为如果早点读了这本书，她便可以理直气壮地说服她的台湾同事：红军就是那么好，共产党就是那么伟大——这是一个外国记者的真实、客观的评价！

紧接着，刘睿妈妈和同学们分享了几个她印象深刻的红军领导人物。她说她最喜欢的是毛主席，因为毛主席很热爱读书，在诗词方面更是有很深的造诣。她认为，诗词可以提升人的涵养。她还特别给我们分享了毛主席在早期写的一句诗“孩儿立志出乡关，学不成名誓不还”，并勉励同学们以“学不成名誓不还”的信心与气魄投入到现阶段的学习中。

“西安事变”是刘睿妈妈在书中比较喜欢的一个情节。刘睿妈妈认为，在西安事变中，共产党把国家与人民的利益放在首位，主动促进了共产党与国民党之间的合作，体现了共产党高瞻远瞩的历史性目光。同学们也应该放长远目光，着眼于民族和国家的未来而认真学习。

李伊的妈妈尹曦澜女士则作了“勿忘初心”的主题分享。有着丰富职场经验的她侃侃而谈，史实细节信手拈来，用幽默风趣的语言深入浅出地介绍了本书写作的社会历史背景。李伊妈妈指出，斯诺勇于探索，不畏艰险地去采访红军，将真正的事实公之于众的这种精神值得大家学习。此外，李伊妈妈还分享了她对书中描写的毛泽东和朱德的印象，她还以高度凝练的语言概括了朱德的生平和人格魅力，教导同学们要向朱德将军一样既优秀又要谦虚、忠诚，高调做事，低调做人。

随后，李伊妈妈进行小结：在当时条件艰苦，环境恶劣的情况下，支撑共产党取得胜利的就是坚定的信念，而拥有坚定信念的基础便是先要拥有意愿，拥有理想和初心，知道自己要干什么。李伊妈妈进而指出，现在同学们普遍存在三大共性问题：不爱学习、不爱写作业、理想缺失以及拿来主义，而解决的方法便是找到初心，为之全力以赴。因为我们现在都还处于青少年的时期，我们有梦想，现在可以努力；没有梦想，现在可以寻找。

家长们分享完后，交流环节开始了。同学们纷纷举手，就原著的内容以及阅读心得提出了许多问题，两位家长都一一耐心从容地回答。从中我们可以发现，两位家长在回答中对书中的内容如数家珍，对于哪怕一些再小的细节也理解得十分透彻，这正是同学们所需要学习和改进的地方。

五、活动效果/评价

今天和两位家长一起上了一节阅读课，主要是家长分享自己的阅读感受，这让我实在是新奇不已，因为从未有一节课是与家长一起上的。

我发现她们讲的点是我从未发现过的，也就让我重新读懂了书的内容，因为家长懂的比我们多，比我们更加了解当时的背景，就能更确切地看懂与体会作者写的意思。贴心的李伊妈妈还介绍了当时的故事背景，让没读懂书的我似乎有一些了解书中的意思了。

——学生　朱哲仪

聆听了两位妈妈的阅读心得，我觉得这次收获很大。相对家长们而言，我们距离书中的那个时代更遥远，我们用现在的思维去理解当时的生活、行为多少会有些不能理解。但通过家长们的分享，我更能理解当年他们某些事为什么这么做，为什么要做。感谢两位家长在百忙之中挤出时间为我们分享她们的心得。

——学生　李伊

感谢龙老师给机会让我去班级分享，这种创新的做法很好，不只带动了学生读书还带动了家长共同成长；孩子们思维活跃，积极发言参与，老师们在学生中建立了很高的威信，这是一个和谐的班级，快乐的团队。

——学生家长　李伊妈妈

今天很荣幸参加了龙老师举办的“悦读”分享会，我有机会重回学堂和我的女儿刘睿坐在同一间教室，读同一本书，并讨论了书中的故事，这是我和刘睿一段美好而又难忘的记忆。

刘睿升入初中以来，在语文龙老师的影响下爱上了阅读，我发现每读一本书，她的思想就会有一定的升华。我原来一直以看杂书来打发时间，很少阅读名著，刘睿在看书的过程中很喜欢和我分享她的想法，为了理解和跟上她的步伐，在她的推荐下我也阅读了一些书，我喜欢和她一起交流和讨论的美好时光，我们有了很多思想上的共鸣。感谢“悦读”，让我和我女儿的心走得很近，让我对生活依然充满了热情。沈从文先生说“阅读是门槛最低的高贵”，我们不求黄金屋，不求颜如玉，愿腹有诗书气自华！

——学生家长　刘睿妈妈

六、教师活动反思

这是我第一次邀请家长进课堂开展阅读分享的尝试，效果出乎意料的好。两位家长前期的认真阅读和精心的准备让这次读书分享活动充满惊喜。两位家长结合职场体验的个性化解读和分享重新激起了学生们的阅读兴趣——原来这本书还可以这样去读。而这些分享又都是学生平时没有接触的，令他们感到新奇的。尽管我此前已给他们上过激趣导读课，但家长的分享则从不同的维度再次作了非常积极的激趣。

两位家长的分享涉及了长征、西安事变等作品中的重要史实，分析了由中国共产党领导的红色革命取得成功的原因，赞赏了斯诺追求真理的勇气，可以说是将整本书的重点内容都勾勒出来了。难能可贵的是，两位家长还联系学生现阶段的思想及学习状况，以作品中流淌的红色基因对他们进行价值引导。家长的分享完成了一次全面的别开生面的授课。

这次的读书分享会时间持续了近两个小时，但学生始终都在认真聆听。他们在与家长的互动交流中更是迸溅出了很多思想火花。而家长从在家阅读到站到台前来分享，也为学生树立了一个绝佳的榜样。在阅读的推广与指导上，我们不妨多调动家长资源，充分相信家长，让家校合作为学生的人生铺就明亮的阅读底色。

共阅读，共成长

——《傅雷家书》亲子共读活动

一、活动背景

《傅雷家书》是统编新教材八年级下册名著导读中必读作品。学生们进入青春期后，与家长的矛盾日益增多，作为教师，我也曾当过多次亲子矛盾调解人。我发现很多问题是由于亲子之间缺乏沟通与交流导致的。为了减少亲子之间的矛盾，我决定以班级的“悦读”计划为契机，结合名著教学的内容，在寒假发起了“亲子共读”的倡议，让家长和学生共同阅读有关亲情与教育的名著《傅雷家书》。

二、活动目的

充分激发学生的阅读兴趣，营造共同阅读的家庭氛围，让亲子寻找共同交流的语言密码，进一步促进亲子关系的融洽，实现在家庭中共读共成长的目标，激发班级学生多读书，读好书。

三、活动构思

1. 撰写《假期“亲子共读”计划倡议书》，制作《“亲子共读”记录表》，布置亲子假期阅读作业。

2. 学生和家长利用假期阅读《傅雷家书》，并做好亲子共读记录。

3. 开学后老师收取《“亲子共读”记录表》，并评选出优秀的亲子共读案例，通过公众号平台进行总结和展示。

4. 期中家长会对被评为优秀亲子共读案例的学生和家长进行表彰。

四、活动要求

1. 家长与孩子阅读同一本书，并共同完成亲子读书记录4个，以及1篇有关亲子阅读活动的感想。家长与孩子共同完成的读书笔记每则字数不少于500字，阅读活动感想不少于300字。

2. 亲子共读时请拍摄照片记录美好的瞬间，并以原图的形式发送给老师。

表2-3 “亲子共读”记录表

<table>
<tr><th>日期</th><th></th><th>阅读章节</th><th></th><th>阅读时长</th><th></th></tr>
<tr><td rowspan="4">家长的读书笔记</td><td colspan="5">我感受最深的一些句子</td></tr>
<tr><td colspan="5"></td></tr>
<tr><td colspan="5">我的感想/批注</td></tr>
<tr><td colspan="5"></td></tr>
<tr><td>亲子互评
（孩子填写）</td><td colspan="5"></td></tr>
<tr><td rowspan="4">孩子的读书笔记</td><td colspan="5">我感受最深的一些句子</td></tr>
<tr><td colspan="5"></td></tr>
<tr><td colspan="5">我的感想/批注</td></tr>
<tr><td colspan="5"></td></tr>
<tr><td>亲子互评栏
（家长填写）</td><td colspan="5"></td></tr>
</table>

五、活动成果（部分）展示

学生刘睿的共读感想：傅雷对傅聪的照顾，可谓是事无巨细，小到生活习惯行为，大到品格心理艺术文化方方面面。从中可见傅雷对傅聪要求之高。举止行为等等细节方面体现了一个人的品格，而大多数孩子都是父母的镜子。傅聪的温文尔雅、文明有礼，必定是傅雷严格教导的。傅聪的光鲜亮丽的背后，是傅雷的循循教导。由此可见，一个人会成为什么样的人，必定和他的父母以及成长环境息息相关。然而像傅聪这样优秀的家庭，是较少的，所以许多人受不到这样的高明的教育，这虽然不公平，但是世界上没有什么是绝对公平的，当然也没有什么是生来就不可逆转的。我们可以在文学的世界里成长，受文学的熏陶，成就自己更好的人生。

家长刘睿妈妈的共读感想：看书的时候，不断地联想到自己。我曾经是一个懵懂的孩子，而如今是一个孩子的母亲。傅雷对于我来说犹如夜空中的星星，那么遥远、高不可攀。我多么渴望有这样一位父亲，我的孩子看了这本书，她是不是也渴望有这样一位父亲呢？从傅雷的妻子朱梅馥女士的信中，我感觉她一定是一位温婉、善良、包容、坚韧的女性，她也有一定的文学和艺术造诣。傅雷对傅聪的教育非常严格，傅聪出国留学后傅雷写信跟他忏悔，觉得自己在教育傅聪时犯了很多错。在这个傅雷专政的家庭，我相信傅聪的母亲在丈夫和儿子间肯定起了很多润滑和疏导的作用。而傅雷敢于承认自己的错误，并向孩子道歉。他在信中写道：“我高兴的是我多了一个朋友，儿子变成了朋友，世界上有什么可以和这种幸福相比的？”这是对儿子怎样的爱，这又是具有怎样高尚的情怀？相比之下，我是多么的惭愧和无地自容！虽说傅聪有非常高的天赋，但千里马常有，而伯乐不常有，也是因为傅雷慧眼识人，才挖掘和培育出了优秀的傅聪。

我想我不可能再投胎有个如傅雷一样的父亲，但是我是不是尚可努力朝朱梅馥这样的女性看齐？我无法达到她那样的水平，但我尚可为孩子努力创造良好的学习环境；我尚可以身作则，加强自身学习，让自己更进一步；我尚可以从今天起做一个爱学习的人。感谢《傅雷家书》让我深刻地认识到为人、为母的不足。

文慧婷的共读感想：十分感谢龙老师所举办的这个活动，让我们在阅读后可以与父母一起交流，分享自己的阅读感受。可以说，这次活动使我们都收获到了很多。平时在家里，妈妈也会阅读，爸爸也会阅读，弟弟也会看书。虽然一家子都看书，年龄层不一样，看的书也不一样，自然也就无法交流和沟通。但是这次亲子共读的活动，让我跟妈妈一起看书，在看完书之后，我们两个人会一起交流，一起谈自己在阅读时的感受，一起谈自己印象中傅聪、傅雷、朱梅馥是怎样的人，他们之间相处的方式是怎样的。当我们分享着从书生所收获的启示的同时，年龄所带来的距离便消失了。这对于我们而言都是一个美妙的瞬间。

家长文慧婷妈妈的共读感想： 首先非常感谢龙老师举办了这次读书分享活动，我才有幸在寒假与孩子一起阅读了这本名著。本书中，傅雷先生对孩子的点滴要求，如对人生的教导，生活经验的传达，如到别人家做客时的礼节等等都让我印象深刻。傅雷教导傅聪要常书信往来，做一个感恩之人，对长辈要敬重，不一而足。在这些细节的背后，我看到了一位不厌其烦，无微不至的父亲。作为一位母亲，我也结合书中的内容对自己进行了反省。我自己对孩子的教育缺少了一些科学的方法和沟通技巧。阅读这本书，让我认识到教育的不简单，自己为人父母还是要继续多学习，寻找更好的与孩子沟通的方法。

伍真源的共读感想： 亲子共读这个活动可以促进亲子间的感情。亲子阅读是维系亲子关系的一条纽带，也是父母与子女之间的感情交流。每天父母陪子女读读书、开开玩笑，在增长知识的同时还可以增进交流和感情。

伍真源家长的共读感想： 这个假期，老师发起了让家长与孩子共读一本书的活动。带着任务，我与孩子开始了亲子阅读的第一本书《傅雷家书》。这是一部充满着父爱的教子篇，家书中父母的谆谆教诲，孩子与父母的真诚交流都溢于字里行间，给了我强烈的感染与启迪。我不是一个合格的母亲，对孩子期望很高，但却对他没有耐心，缺乏信心，还总是会说一些泄气的话语打击孩子。这对于现在正处于青春期的孩子来说是非常反感的，所以我们母子的关系非常糟糕。共同阅读《傅雷家书》，给我们搭建了一个相互沟通的平台。我渐渐明白了：教育孩子不是你说他就要听的那种绝对服从的模式，而是彼此之间通过真诚交流来达到教育的效果。

突然觉得孩子似乎又长大了，要走的路还很长，如果亲子阅读能够带给我们彼此好的交流、氛围，我愿意一直陪他阅读下去。书是人类进步的阶梯，让我们带领孩子，陪伴孩子，共同攀登成长的阶梯，和孩子一起享受成长的快乐。

最后感谢老师指引，我找到了走进孩子内心世界的钥匙——亲子共读。通过共同阅读，找到了与孩子沟通的正确方法，同时，也提高了自身的文化修养，相信我自己会继续阅读下去。

六、教师活动反思

本次的假期亲子共读活动让我再次感受到家长在阅读推广实践上的力量。《傅雷家书》是一部苦心孤诣的教子篇，除却其中有关艺术、文学的讨论，要基本读懂并不太难。又因为它是由一通通家书组成，给了家长更多阅读选择的自由。初中二年级是亲子矛盾多发的一个时期，让亲子共读这本流动着汩汩舐犊之情的名著，是最合适不过的了。

在共读任务上，我设置了摘录与批注、亲子互评、写共读感想的基本任务。任务比较简单，让学生和家长有话可说。这次活动在阅读上的突出效果是家庭阅读氛围的创设。看着家长们传过来的一张张照片，亲子凝神静读，画面朴素而又美好。在共读感想中，我也窥见了阅读不动声色的力量。有不爱看书的家长每天被孩子提醒阅读，逐渐突破；而孩子也在每天催着家长阅读的过程中反观自己学习畏难怕难的毛病，有所领悟。那些平时不爱阅读的孩子也在家长的感染和带领下，认认真真地读书和写批注。

在阅读那些成果时，我发现共读成了亲子交流的一个绝佳的平台。平时剑拔弩张，不愿交流的母子，在阅读中卸下了彼此的盔甲，通过共读记录本进行无声的交流。儿子借着书中的句子抒自己不被理解之苦，母亲由傅雷的教子之道反思自己的教育方式。从这个意义上说，《傅雷家书》的共读活动确是让亲子实现了共同的成长。

阅读，为建设书香校园而努力

——珠海市第十中学读书活动的开展

珠海市第十中学　覃家新

国家主席习近平曾说过，“读书可以让人保持思想活力，让人得到智慧启发，让人滋养浩然之气”。近年来，习近平总书记在多个场合强调读书的重要性，倡导全社会要加强读书学习。珠海市第十中学在谢晟校长为首的领导班子的带领下，学校强力打造以“善”文化为核心的教育体系，大力推进书香校园建设，不断丰富学校办学内涵，提升学校办学品位。

为此，学校持续开展丰富多彩的读书活动，例如，开设读书课、举办读书月活动、为师生购买学习的书籍、举办三校共读经典名著同课异构课堂教学研讨活动、举办经典朗诵会和经典阅读演讲比赛、评选书香家庭和书香少年、与省内外对口帮扶学校开展读书征文活动、新生入学前开展亲子共读征文活动、编印亲子共读优秀征文专刊、开展备课组集体备课专业阅读分享及评议活动、年度备课组推荐师生阅读书目活动……以经典伴随学生成长，以阅读促进专业成长，通过亲子共读、师生共读、备课组共读等形式，建设书香校园。

一、科组、教师个人读书活动简介

（一）每一学年组织教师进行共读一本书的活动

为了提升教师的自我研修水平，促进教师的专业成长，语文科组牵头，组织全体教师进行共读一本书的活动。活动以备课组为单位，由备课组内老师共同推荐书目，然后进行为期一个学期的读书活动。各个备课组按计划完成阅读，并完成一篇不少于1500字的读后感，然后分期分批进行交流和分享的活动。活动成果统一汇总到学校教研室。

（二）每学年举办一次“共读名著经典”的校际同课异构教学交流研讨活动

为加强学校的文化建设，推动学生的整本书阅读，让学生在名著经典中汲取更多的智慧，也为了加强校际交流、提升课堂教学水平、促进书香校园建设，语文科组举办“共读名著经典”的校际同课异构教学交流研讨活动。到目前为止，已成功开展了两期“三校同课异构活动”：第一期是2019年10月18日举办的致敬建国70周年《红星照耀中国》名著导读同课异构教研活动，十中、文园中学和珠海金海岸中学三校共同参与；第二期是2021年5月19日举办的“共读红色经典，传承革命精神”——致敬中国共产党建党一百周年珠海市三校同课异构名著（《红岩》）阅读研讨活动，十中、文园中学和珠海明珠中英文学校三校共同参与。

（三）举办阅读经典作品，规范汉字书写比赛

每一学年的第一个学期，国庆前夕，语文科组组织全校学生进行“阅读经典作品，规范汉字书写”的现场书法比赛。活动以经典的作品为书写蓝本，重在引导学生在认识经典作品的基础上，重视汉字的规范书写，从而培养学生对国学——书法艺术的兴趣。活动经过班级自由练习，到初赛选拔，再到全校现场比赛，层层推进，让校园吹起了一阵阵规范汉字书写和热爱书法艺术的国学之风。

（四）我阅读，我朗诵。每一学年的第二个学期，学校开展“我阅读，我朗诵”的活动

此活动在初一年级进行。在阅读经典作品的基础上，初一年级学生举行了阅读经典的朗诵比赛。结合语文综合实践活动，年级安排“经典咏流传”“爱国诗文朗诵”等主题诵读活动。2021年5月，初一年级朗诵比赛的主题是致敬建党100周年爱国诗文朗诵比赛，学生全员参与。

（五）我阅读，我演讲

此活动在初二年级期间进行。初二年级举办阅读主题演讲比赛。活动要求全年级同学在充分阅读推荐的名著的基础上，配合八年级语文教材上的演讲单元的学习活动，引导学生提炼观点，撰写和修改演讲稿，经过小组演讲比赛和班级演讲比赛（初赛）的选拔，最后进入到整个年级的演讲比赛（决赛）。2021年5月，我校初二年级举办了“我和保尔”的演讲比赛。活动全员参与，精彩纷呈。

（六）我阅读，我写作

此活动在初一、初二、初三年级间全面落实。每一个学期进行至少一次阅读名著后写读后感的作文作业。教材里推荐的必读书目、选读书目或语文老师推荐的其他书目，都是我们语文老师布置学生阅读的对象。阅读任务布置了之后，要求学生在做好阅读批注的基础上，完成写读后感的作业。作业较为优秀的，在全班甚至全年级中印发展出，甚至推荐选登到学校的公众号平台上，供更多的读者学习。

（七）发挥学校“拾贝”文学社的作用

文学爱好者借学校“拾贝”文学社的平台，定期开展阅读活动，定期上交作品。在语文科组老师的带领下，文学社社员发挥了巨大的引领作用，40余名文学社成员定期开展读书活动，以此带动周边同学，人人读书，读好书，营造浓郁的读书氛围。文学社员把同学们平时学习生活中的优秀作品征集汇总起来，择优录用，在拾贝文学社刊物上发表。

（八）开展校际征文活动

语文科组每年开展对口支援学校读书征文活动。今年寒假，我们已经与云南怒江傈僳族自治州兰坪白族普米族自治县河西乡九年一贯制学校、珠海明珠中英文学校开展寒假亲子共读征文活动。征文要求孩子和家长在共读名著后，各写文章来参加活动。获奖作品则刊登在学校的拾贝文学社刊物专刊《拾贝·亲子共读》上。

（九）教师个人开展读书活动介绍

邹冬梅，女，珠海市名教师，香洲区中学语文学科带头人。邹老师特别重视把教师的个人阅读与教学、与指导学生写作结合起来。她个人非常喜欢读散文、诗歌，发现鲍尔吉·原野、丁立梅、刘亮程等散文家的不少作品非常适合推荐给初中生阅读，以帮助他们建构写作知识与积累经验（如与众不同地挖掘生活中的鲜材细材、具体生动地进行描写、以小见大地提炼立意、真挚深沉地表达情感、优美清雅地用词用语造句等），就在她个人进行的一篇一篇的精细阅读之后，写下适合初中阶段学生吸收的评价性文字，启发学生注意文章有哪些可学之处。这些推荐文字已形成一个系列，都发表在她的个人教学微信公众号“学一个习”上，方便学生随时阅读、学习。其中部分内容还会引进写作教学课堂，作为教学补充，践行课标所提倡的课程资源的开发与利用。

赵冠舒，女，吉林临江人。广东省作家协会会员，珠海市作家协会副秘书长、香洲区作家协会副主席、苏曼殊文学院秘书长、南社会员、政协珠海市香洲区第九届文史委员、《香山》杂志编辑、香洲文史《香山记忆》编委成员、《大湾》编委成员。多次主持区、市文联或作家协会举办的阅读分享会、诗歌分享会，曾主持香洲区委宣传部开展的缤纷四季“春之诗”系列活动，个人著作被主办方推荐阅读并作专题报道。2020年7月，特邀参加“南国书香节”，与全国18家读书协会及40余读书群开展个人线上读书分享活动，总听众数达15000人。

二、读书活动方案

“三校同课异构活动”活动方案

一、活动主题

“共读红色经典，传承革命精神”——致敬中国共产党建党一百周年珠海市三校同课异构名著（《红岩》）阅读研讨活动。

二、活动目的及意义

为了庆祝中国共产党建党一百周年，教育和引导学生在红色经典名著的阅读中感悟人生，传承革命精神，也为了增进三校之间的相互了解，推动三校教育教学的发展，文园中学、珠海明珠中英文学校与我校一起，合作举办了“共读红色经典，传承革命精神”——致敬中国共产党建党一百周年珠海市三校同课异构名著（《红岩》）阅读研讨活动。

通过开展三校同课异构活动，让学生明白当前和平幸福的生活来之不易，让学生感党恩，跟党走，同时，把感恩之情化为强烈的社会责任感，并付之与服务社会的实际行动，从而培养学生传承革命的精神，也让在三校的教师在交流中促进了彼此之间的了解，提高了专业的认知水平，从而推动了三校的语文教育教学发展。

三、活动时间

2021年5月19日（周三）14：20—17：30。

四、活动地点

五楼云教室。

五、活动准备

1. 初一年级全体学生阅读了经典名著《红岩》。

2. 利用升旗仪式，对全校师生进行“感党恩，跟党走”和读书系列主题教育活动宣传发动。

六、活动过程

1. 谢晟校长致开幕词。

2. 三位老师上课：

（1）文园中学李召伟老师：信仰的力量——《红岩》名著导读。

（2）珠海明珠中英文学校李晓屏老师：《红岩》名著阅读指导。

（3）珠海市第十中学谢万胜老师：圈点批注阅读法的运用——以《红岩》为例。

3. 三位老师说课。

4. 三校老师代表评课：

（1）文园中学张韵雅老师。

（2）珠海明珠中英文学校林冬梅老师。

（3）珠海市第十中学邹冬梅老师。

5. 十中学校副校长谢万胜作活动的总结发言。

6. 与会人员合影留念。

七、其他说明

1. 会场布置和活动总指挥由覃家新老师负责。

2. 初一语文备课组老师负责参会老师的上楼指引，请老师们13：50到校门口迎接和指引外校老师的光临。

3. 初二语文备课组老师负责参会老师的签到。

珠海十中八年级“我和保尔”演讲比赛方案

一、活动主题

我和保尔。

二、活动对象

八年级学生。

三、活动目的

1. 结合统编教材，全面实施素质教育。

2. 激发学生的阅读的热情，为学生终身发展奠定基础，提高学生的综合素质，推动书香校园建设。

3. 活跃校园文化，发展学生个性，增长知识，提高广大师生的文学艺术修养和欣赏水平。

四、活动时间

第一阶段：5月11日—5月21日，班级选拔赛，各班自行组织比赛，最终各班选出1名代表。

第二阶段：5月28日，年级初赛，最终选出5名代表。

第三阶段：6月10日，年级决赛。

五、演讲资料

围绕“我和保尔”这一主题，讲述自己阅读《钢铁是怎样炼成的》后的收获。

六、活动要求

1. 演讲稿务必是主题明确，观点鲜明，是原创作品，尤其是自己的读书故事，要结合实际，写出自己的阅读体会，感染观众。同时鼓励参赛形式的多样性，如配乐朗诵、合理的道具等。

2. 脱稿演讲，演讲时间控制在3—5分钟。

3. 各班认真重视，精心组织初赛，确保人人参与，过程落实到位，同时确保选送最优秀的选手参赛。

七、奖励办法

特等奖2名，一等奖3名，二等奖5名。

八、评分细则

比赛采用100分制，评委现场打分。

1. 演讲内容：（计30分）

（1）观点正确、鲜明，主题深刻、集中，角度新颖、得当。（10分）

（2）引用内容和观点密切且得当，联系实际，贴近生活。（10分）

（3）事、情、理交融，逻辑严谨，说服力强。（10分）

2. 语言表达：（计30分）

（1）普通话标准，口齿清晰，语音纯正。（10分）

（2）抑扬顿挫，铿锵有力。（10分）

（3）表达流畅。（10分）

3. 演讲技巧：（计25分）

（1）语言准确，语气、语调、节奏富于变化，切合演讲内容。（10分）

（2）精神饱满，富有激情，感染力强。（5分）

（3）肢体语言使用恰当，动作、表情，能准确、直观地表达演讲内容和思想感情。（5分）

（4）脱稿演讲。（5分）

4. 演讲效果：（计15分）

（1）观众反应好，能够产生共鸣。（5分）

（2）衣着整洁，仪态端庄大方，举止自然、得体，上下场致意答谢。（5分）

（3）时间掌握好，没有超时。如果超时，即扣掉5分。（5分）

九、评委

谢晟、谢万胜、邹冬梅、王立国、龚克、魏佳男、楚继生、焦良旭、林洁雯。

十、三个阶段的具体安排

第一阶段：班级选拔赛

1. 时间：5月11日—5月21日。

2. 地点：各班教室或一楼架空层。

3. 负责人：各班语文教师。

4. 活动准备：

（1）布置学生阅读《钢铁是怎样炼成的》。

（2）上第四单元的课文。

（3）学写演讲稿。

（4）全班进行演讲比赛。

① 各班以小组为单位进行选拔比赛，全员参与，每人均需要给同伴打分。地点在一楼架空层，分组、分区域。

② 各小组选出的代表，在班里进行演讲，全体同学投票，最终选出一位同学代表本班去比赛。

第二阶段：年级初赛

1. 时间：5月28日（星期五）第8节。

2. 地点：五楼云教室。

3. 评委：覃家新、范敏、任洁、李丽娟、楚继生共5人（本班老师不评本班的学生）。

4. 人员：10位选手（学生）和部分语文老师。

5. 布置五位胜出的选手：可以制作相应的PPT，视频等，展现本年级最高的演讲水平。

第三阶段：决赛方案

1. 时间：2021年6月10日（星期四）第8节（16点）。

2. 地点：阶梯教室。

3. 人员：除工作人员和参赛选手外，每班10名观众，戴口罩。

4. 座位安排：按班分区域入座，间隔1个座位。

5. 评委：谢晟、谢万胜、邹冬梅、王立国、龚克、魏佳男、楚继生、焦良旭、林洁雯。

6. 会场秩序：范敏、李丽娟、任洁、覃家新。

7. 主持人培训：张莲文（实习老师）。

主持人：刘畅（3班）、王灏然（6班）。

8. 工作人员：

（1）计分员（文学社成员）：盘芯妤（3班）、黄东凌（8班）、刘金萍（9班）。

（2）奖状书写（书法社成员）：侯佳宜（7班）、刘玉桐（7班）。

（3）摄影：张莲文（实习老师）、刘家旭（1班）、钟杰斌（2班）。

（4）新闻稿（文学社成员）：刘雨秋（2班）。

（5）音响及其他设备：林国育。准备好麦的电池，开好电脑、空调，准备颁奖音乐。

（6）会场总指挥：覃家新。

9. 奖项设置：

特等奖2名，一等奖3名，二等奖5名。

10. 颁奖嘉宾：谢晟校长、谢万胜副校长。

11. 点评和活动总结嘉宾：邹冬梅主任、谢万胜副校长。

12. 比赛流程：

（1）主持人宣布评分办法。

（2）主持人介绍评委嘉宾。

（3）正式比赛。

1号选手比赛，2号选手比赛，3号选手比赛，4号选手比赛，5号选手比赛。

（4）现场点评演讲：邹冬梅。

（5）演讲活动总结：谢万胜。

（6）主持人现场宣布结果：

特等奖（2名）：李纳（7班）、王乾宇（10班）。

一等奖（3名）：康艺博（1班）、刘雨秋（2班）、刘楠（6班）。

二等奖（5名）：马浚瑞（3班）、薛鸿允（4班）、李易（5班）、冯千倩（8班）、刘金萍（9班）。

（7）颁奖并合影。

（8）主持人宣布活动结束，各班按秩序退场。

珠海十中七年级“喜迎建党100周年”爱国诗文朗诵大赛活动方案

一、指导思想

爱国，是诗文常见的主题。古往今来，人们以诗文的形式，歌咏祖国大好山河，赞颂爱国历史人物，表达对国家命运的牵挂，抒发个人报国之志——爱国情怀成为这些诗文最动人、最振奋人心的旋律。朗诵这些诗文，感受他们的爱国情怀，理解“天下国家”的含义，懂得个人与国家命运息息相关，并在“建党100周年”这样值得纪念的年份里，献上自己诚挚的祝福。

二、活动目的

1. 积累知识，激发心志，陶冶情操。

2. 掌握一定的朗诵技巧，较好地表达诗歌的情感。

三、活动主题

吟诵爱国诗文，向建党100周年献礼。

四、活动对象

初一全体学生。

五、活动流程

1. 活动准备时期：

（1）各班组织学生逐步完成导学案：5月20日提交写好的宣传标语，以及选出的篇目；5月24日提交朗诵内容手抄报，5月28日朗诵比赛，5月31日前完成导学案。

（2）利用早读前、午休时间，用广播、视频的形式给学生推荐一些好的诗歌欣赏/表演节目，以启发学生。

（3）咏唱表演：由学生选定合适参与表演的篇目，并对这些篇目做合理的编排，配乐，配舞或其他表演形式，时间限制为3—5分钟。语文老师，音乐老师和班主任进行指导，排练。

为避免走形式，建议各班定下排练的时间。

（4）诗文编册：各班为自己班的朗诵比赛诗篇做一份宣传手抄报。（A3纸。5月24日提交）

2. 活动表演安排：

（1）表演时间：5月28日。

（2）表演地点：一楼阶梯教室。

（3）参与人员：各班全员参与。

（4）表演要求：必须有配乐，建议要有配舞或其他表演形式。不容许一读到底，要有合乎原诗精髓的创意表演。

在表演时，各诗歌的串联应有相应的过渡，不容许硬性接龙。

（5）评委：校领导。

六、奖项设置

本次诗歌朗诵比赛活动设三大板块奖项：其中个人奖项2项，集体奖项2项。

个人奖项一：最佳宣传标语奖，共设10名。

全年级范围内选出最好的10个宣传标语，其中最好的那个，将作为本次活动的宣传语。

个人奖项二：最佳策划奖。一等奖10名，二等奖20名，入围奖50名。

活动结束后，将对《爱国诗文朗诵比赛活动导学案》进行评奖，所以大家应认真地完成该导学案。

集体奖项一：班级参与朗诵比赛，由评委评出一等奖1名，二等奖2名，三等奖3名。

集体奖项二：班级为诗词内容设计的手抄报。一等奖1名，二等奖2名，三等奖3名。

以文育美，读写共生

——珠海市第五中学读书活动的开展

珠海市第五中学　孙北平

珠海市第五中学语文教研组以落实立德树人为根本任务，以《深化新时代教育评价改革总体方案》《中共中央国务院关于深化教育教学改革全面提高义务教育质量的意见》等教育纲领为指导，结合《义务教育语文课程标准（2011年版）》，强化课程育人、学科育人、文化育人、活动育人、实践育人的基本理念，我校全体语文教师在教研室丁世民主任的带领下，积极打造“读写共生、以文育美”的教研组文化。

一、“读写共生，以文育美”的内涵深度解读

（一）“读写共生，以文育美”是达成语文课程目标的重要途径

语文课程是学习语言文字运用的综合性、实践性课程。阅读是运用语言文字获取信息、认识世界、发展思维、获得审美体验的重要途径。写作是运用语言文字进行表达和交流的重要方式，是认识世界、认识自我、创造性表述的过程。阅读和写作是运用语言文字的两项重要内容，读中有写，以写促读，读写融合，读写共同生长，读写推动学生语文学科素养的生成和发展，二者密不可分。阅读美文，书写美文，以文育美，以美赏文。

（二）“读写共生，以文育美”是培养学生综合素养的重要途径

通过阅读美文、写作美文，可以激发和培育学生热爱祖国语文的思想感情，引导学生丰富语言积累，培养语感，发展思维，初步掌握学习语文的基本方法，养成良好的学习习惯，具有适应实际生活需要的识字写字能力、阅读能

力、写作能力、口语交际能力，正确运用祖国语言文字，并提升语言文字和文化品质的审美能力。“读写共生，以文育美”紧紧扣住语文核心素养中的“语言建构与运用”“思维发展与提升”“审美鉴赏与创造”“文化传承与理解”四个内容维度，致力于学生综合素养的提升。

（三）“读写共生，以文育美”是培养审美情趣、和谐人格的重要途径

阅读优秀的文学作品，学生获得熏陶感染，提高思想道德修养和审美情趣。通过写作，培养发现美、感悟美、欣赏美、创造美的心胸和眼光，形成良好的个性和健全的人格，促进和谐发展。

二、“花季悦读，以文育美”的校本课程开发

阅读是通过语言文字来获取信息、认识世界、发展思维，并获得审美体验与知识的活动。它是一种主动的过程，由阅读者根据不同的目的加以调节控制，陶冶情操，提升自我修养。悦读是加入了心理体验的阅读，是将阅读当作一种尊重，当作一种习惯，当作一种轻松的心理体验。好的文章，必然是可读性、艺术性和思想性的有机统一。读好书与好文章，给人的感觉如沐春风、如饮甘露，好不心旷神怡！

“阅读”变“悦”读，是一种读书人的美好愿望，需要机缘，也需要一定的分辨能力。在初中生花一般的年龄里，除了语文课本提供的阅读文章之外，还可以通过阅读美文，给自己的青春成长季带来愉快的阅读体验。语文学习义不容辞地承担着美育的使命，通过阅读教学培育学生在“艺术感知、创意表达、审美情趣、文化理解”四个维度的核心素养，构建以文育美、以文审美、以文促美、以文生美的美育体系，发展培养学习者感受美、鉴赏美的能力，提高主动表达美、创造美的意识，从而潜移默化地影响花季少年们的情感、趣味、气质、胸襟，激励他们的精神，温润他们的心灵，最终变“阅读”为“悦读”，这是每一位语文从业者的追求。

《花季悦读》以珠海市第五中学学生为依托，根据我校自身条件、社会环境，由教务处夏云主任带领语文科组老师参与决策编制的适合本校情况的课程，旨在满足本校学生学习需求的语文课程，是学生语文学习发展的需要，是让学生亲近自然，融入生活，在愉悦的阅读体验中认识生活、了解家乡、热爱祖国、放眼世界，是提高学生语文素养的一条捷径。

图2-6　《花季悦读》封面和扉页

《花季悦读》的有效开发，能使学生的“学”和教师的“教”突破教材的局限，为学生的探究提供更加广阔的学习空间。其开发过程是先确立主题，再精选适合学生阅读的美文，对选入的文章进行主题归纳，最后根据学生的阅读能力和文章特点对学生进行阅读点拨。所选文章涵盖古今中外、文史哲理等多个方面，体裁有散文、小说、诗歌等，让花季少年们通过文字探索了解自然美、观察思考社会美、领悟欣赏艺术美。例如目录中的“生活篇”“山水篇”“观察篇”“感悟篇”等就是从花草树木、山川河流等自然万物的角度让学生探索了解自然之美；“思想篇”“智慧篇”“爱国篇”“体验篇”等是从广阔的生活和情感的角度让学生观察思考社会之美；“艺术篇”“成长篇”等是从琴棋书画、吹拉弹唱的角度让学生领悟欣赏艺术之美。

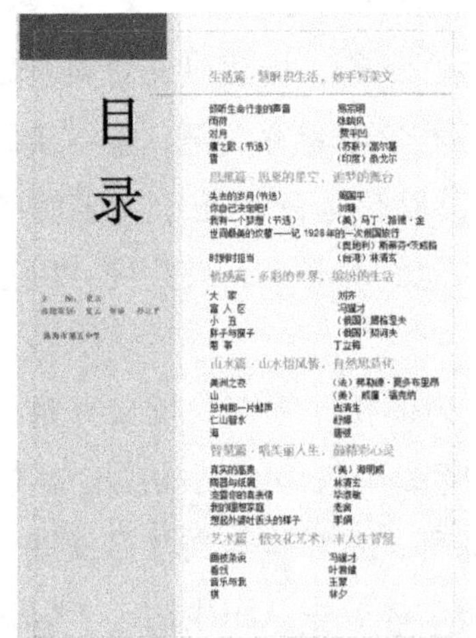
目录

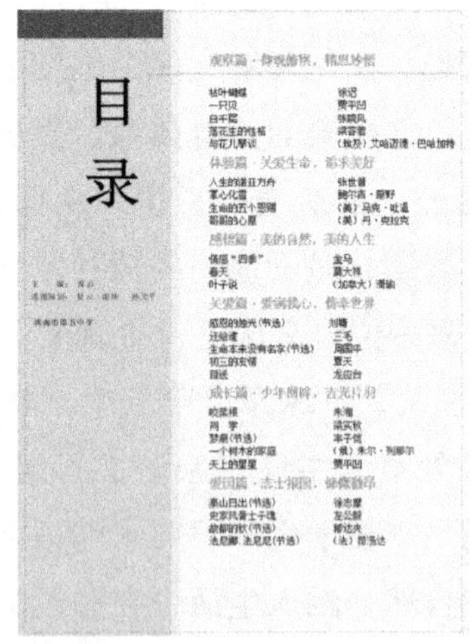
目录

图2-7　《花季悦读》目录

在《花季悦读》的校本课程设计中，考虑将阅读的素材和语文课堂阅读教学相结合，成为单元教学的拓展阅读。在每一个主题阅读的前面有一段文字对所选的美文的主题归纳，提炼出几篇不同题材文章的共同点，作为一次主题阅读的思想概括。例如在以“乡愁”为主题的阅读中，所选用的文章为琦君的《粽子里的乡愁》、余华的《别人的城市》、王鼎钧的《脚印》，从这三篇文章中作者所表达的城市印记和感受中有共同的漂泊感、惆怅的情思，站在一个新的城市既要努力习惯和适应，但难免又会回望和不舍，根据这些内容就把本次主题确立为《在别人的乡愁里歇歇脚》。

《花季悦读》的群体是全体花季少年，引导他们进行悦读。阅读点拨主题单元的文章从多个角度进行，可以从中心思想方面，可以从内容的概括方面，可以从人物形象的塑造方面，也可以从语言的赏析方面……花季少年们通过对美文的阅读，主动去体验、选择、判断，以达到对美的肯定、摄取，对丑的否定和抛弃，使自己的情感得到净化、道德得到陶冶、精神得到升华，从而获得愉悦的情感体验。

三、“读写结合以文育美”的写作课程探索

“读写结合”是丰富语言积累、获得体验感悟、提升写作能力的重要途径。我校全体语文教师在张健丽副校长的带领下，特别注重培养学生的审美素养，通过灵活多变的读写活动设计，让学生学会感悟美、欣赏美、表现美、创造美。主要途径有：

（一）赏美：品鉴美点，学用知识技能

文质兼美的课文是进行仿写的很好范例。挖掘课文中文句、文段、文章中的美点进行品鉴，从句式仿写、修辞手法、开头结尾、景物描写、动作描写、心理描写、对比描写等多角度进行写作练习，既能深化对课文的理解，又能获得知识、提升技能。

【示例1】学习环境描写

在《植树的牧羊人》第二自然段中，作者用“游人稀少、光秃秃、稀稀拉拉、倒塌、干涸、废墟、毫无生气”等词语来形容一处“无边无际的荒野”，仿照课文，运用准确、丰富的词汇来描写一处环境。（参考：市场、商场、展览会、游乐园、运动场等）

用这样的句子开头：这真是一个热闹非凡的地方。

【示例2】学习修辞手法

在《紫藤萝瀑布》中我们学习了通感手法。通感是指人的各种感觉互相沟通，这种修辞手法可以使意象更为活泼、新奇。常见方式是：颜色有温度，声音有形象，冷暖有重量，气息有味道。以“××花开了”或“我听到一首美妙的乐曲”为题，运用通感写一段话。

【示例3】段式学用

仿照《秋天的怀念》里的文段，用“景物描写+人生感悟/感情表达”的方法写一段话。任选一题。

又是秋天，妹妹推着我去北海看了菊花。黄色的花淡雅，白色的花高洁，紫红色的花热烈而深沉，泼泼洒洒，秋风中正开得烂漫。我懂得母亲没有说完的话。妹妹也懂。我俩在一块儿，要好好儿活……

（1）经过艰苦跋涉，我终于站在了高高的山顶上……（人生感悟）

（2）母亲的身影渐渐远去，这时天空下起了细雨。……（感情表达）

（二）育美：拓展读写，丰富情感体验

审美情感的培育，离不开大量的美文阅读。名家名作、《中学生阅读》《读者》等美文、文化生活事件、语言类节目等，都是进行拓展阅读的好资源。精选读写结合点设计写作活动，可以培养学生关注社会、关心文化、热爱生活的思想情感。

【示例1】链接文化热点

2017年5月19日，微软小冰的诗集《阳光失了玻璃窗》出版，成为人类历史上首部100%由人工智能创作的诗集。小冰用100个小时，“学习”了自20世纪20年代以来519位中国现代诗人的所有作品，并进行了10000次迭代。小冰写诗的思维过程和人类学习的过程一样，即通过大量阅读习得写作技巧，在创作中不断进步，因为灵感或情感的激发而具有创作欲望等。

请参考汪国真、席慕蓉、冰心的诗歌，在“阳光、窗外、等待、树下、歌声、风、思念”中任选一个为题，写一首短诗。不少于10行。

【示例2】补写美文片段

阅读片段，补写一个镜头：有时候，走在街上，看见穿得很破的收废品的老人，骑着锈迹斑斑的三轮车，摇着牛皮纸扎成的拨浪鼓，在绿草如茵的大街

上，一脸灰尘，我就会觉得不安。——乔叶《一种深久的不安》

【示例3】记录生活瞬间

席慕蓉在短文《谦卑的心》里写道，布鲁塞尔一位卖花的老太太，在“我”向她买了一束花后，匆匆低头画个十字。“我”很不解。老太太说：“小姐，我每天在卖出第一束花时，都要向天主道谢。”以后，每当我起了骄傲的意念时，我就会想起这位卖花的老妇人，和她的谦卑的心。

生活中有许多怀着感恩、敬意之心生活的人，仔细观察他们的言行，并记录下一个令你感动的片段。

【示例4】撰写人物评价

请仿照“2020年感动中国人物”颁奖词，任选5班的一位老师或同学，为他（她）写一段“最美5班人”颁奖词，不少于50字。

万佐成、熊庚香夫妇（设立抗癌厨房，服务病人及其家属）：微弱的灯，照亮寒夜的路人；火红的灶，氤氲出亲情的味道。这陋巷中的厨房，烹煮焦虑和苦涩，端出温暖和芬芳，惯看了悲欢离合，你们总是默默准备好炭火。

（三）创美：灵活创写，进行交流评价

交际语境写作观认为，有效的写作任务具有真实性、明确化、具体化、指引性等特点，应根植于特定的、具体的材料、对象、目的和交际语境中，并且能为学生提供具体切实的指导和帮助。借助教师个人公众号进行读写结合，是开展交际语境写作，培育学生表现美、创造美、交流美的机会。在2020年2月至4月上网课期间，教师利用“悦读写作”公众号，每期推送一篇原创文章，学生阅读后，在公众号留言区展示作品。这个创写活动，融阅读、写作、展示、交流、评价为一体，能综合提升学生的审美素养。

【示例1】写书评：微信留言

打开公众号“悦读写作”文章《说说契诃夫笔下的“小人物”》，进行留言，为契诃夫小说写一则书评。

参考角度：

（1）选择你最喜欢的一篇文章。

（2）选择小说中你印象深刻的一个人物。

（3）评价作品的艺术特色。

（4）说说阅读契诃夫小说的感受。

（5）精选一个片段进行赏析。

示例：我们在阅读契诃夫的作品时，总要不时地想到一个单词：耐心。像契诃夫这样有耐心的作家，我以为是不多的。他在面对世界时，总要比我们多获得若干信息。我们与他相比，一个个都显得粗枝大叶。我们对世界的观察，总是显得有点不耐烦，只满足于一个大概的印象，世界在我们的视野中一滑而过，我们总是说不出太多的关于这个世界的细节。契诃夫的耐心是无限度的，因此契诃夫的世界，是一个被得到充分阅读的世界。而这份耐心的生成，同样与他的医生职业有关。（曹文轩：樱桃园的凋零——读契诃夫）

【示例2】写故事

打开“悦读写作”文章《让心灵安静的文字》，在下方留言，不少于150字。

古人说：“静能生慧”，“静而后能安，安而后能虑，虑而后能得”，“静以修身，俭以养德”。静是一种很强大的能量，能够让我们做事专注，不被外界喧闹干扰；让我们学会反躬自省，修身养性；让我们坚守初心，终有所获。长期坚持静心阅读、练习书法、聆听音乐、沉迷学习、探索大自然等等，可以培养我们的静能量。

根据以上提示，写一个自己沉浸在安静、专注中的故事或片段。

四、“以文育美，创意阅读”的名著课程实践

名著阅读素材中蕴含着我国几千年来的传统文化和民族精神，不仅有利于培养学生的阅读水平和能力，还有利于陶冶学生的情操，是学生素质提升的精神食粮。设计丰富多彩的创意阅读活动，可以提高学生名著阅读的质量，我校语文科组组长孙北平老师将名著《西游记》的阅读教学建立在线上与线下的双课堂上，以创意阅读活动为载体，激发学生的阅读兴趣，有效地引导学生整体、深入地理解名著，全面提升学生语文学科的核心素养。

（一）线上阅读有奇招

建立微型网络社区，借助微信打卡小程序、微课教学平台，设计容量精微、形式新颖的网络微课，从听、说、读、写、绘五个维度，开展创意阅读活动。

1. 喜马拉雅听西游

运用“喜马拉雅”APP，录制教师主讲“听西游”栏目，深入浅出地解读

原著内容，学生阅读相关章节，并在打卡小程序上发表听读感悟。

图2–8　教师录制“听西游”栏目

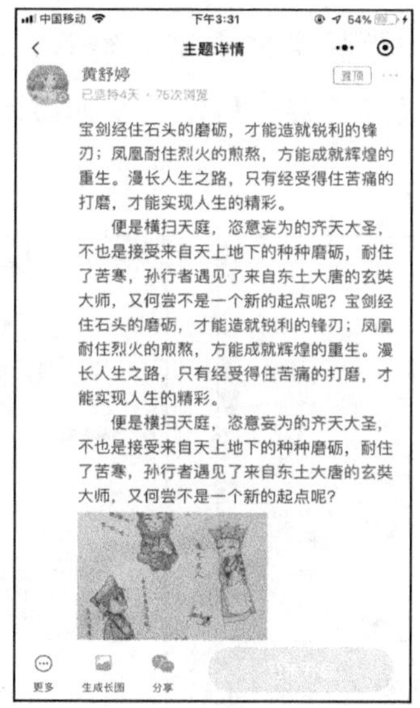

图2–9　学生在“小打卡”程序上发表听读感悟

2. 校园主播话西游

遴选出优秀的主播人才组建团队，指导学生依据个人兴趣选题，并在“喜马拉雅”平台上开设自己的“小话西游”栏目。校园广播站每周二、周四中午为“听西游”栏目时间，小主播们为全校师生奉上精彩的听觉盛宴。

图2-10　小主播喜马拉雅“小话西游”栏目主页

3. 词句练达写西游

《西游记》原著为写作教学带来丰富的给养，教师结合单元写作教学任务，在荔枝微课上发布“跟着西游学写作”系列微课程，具有实时互动、永久回听的特点。

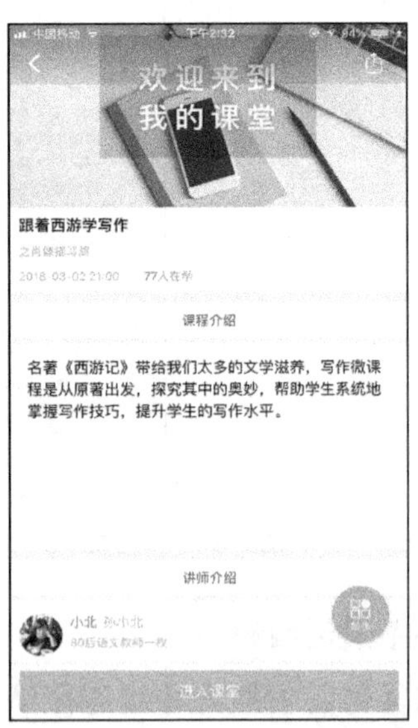

（a）

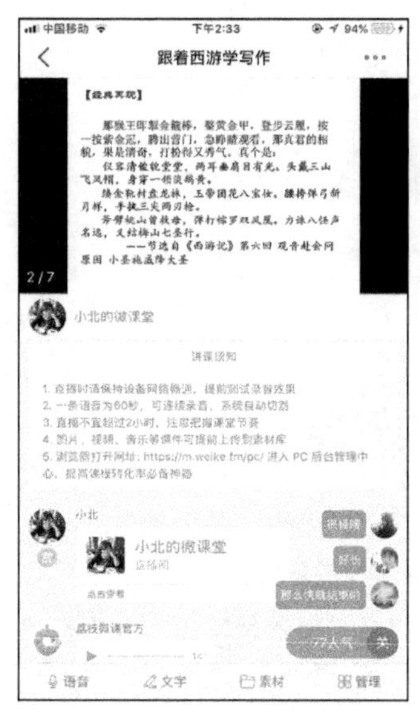

（b）

图2-11　教师在荔枝微课上创建写作“微课堂”

（a）

（b）

图2-12　教师在荔枝微课上发布“跟着西游学写作”系列微课

4. 诗词经典写西游

教师用硬笔、软笔范写《西游记》原著中的经典诗词。要求学生阅读原著的相关章节，并在小程序上正楷书写经典诗词打卡。

图2-13　教师在小打卡程序上创建“师生楷书同练”微课程

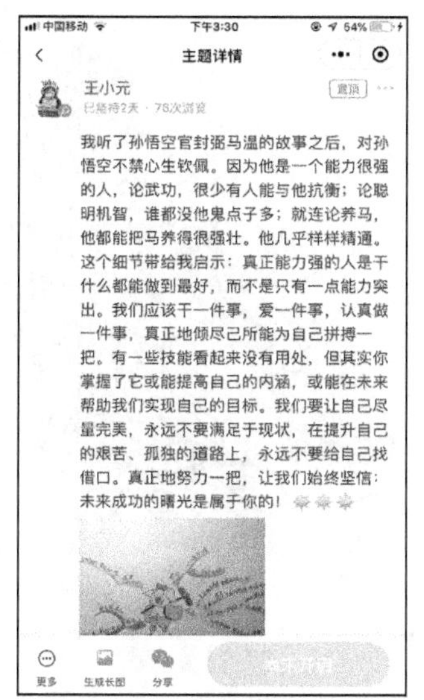

图2–14　学生上传自己的书法作品及感悟

5. 丹青妙笔绘西游

师生同绘西游人物绣像，培养学对于美的鉴赏能力和创造能力。将名著阅读与美术教学相结合，实现学科的渗透与融合，体现学习过程的多元化。

（a）

（b）

图2-15　教师手绘取经师徒人物绣像

（二）线下阅读有创意

1. 导读课程学西游

教师设计《西游记》读前、读中、读后的导读课程，帮助学生理解原著内容。

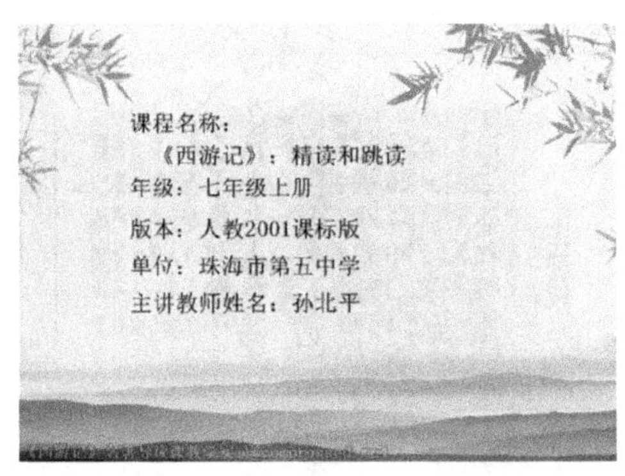

图2-16　教师设计名著导读课程

2. 百家讲坛说西游

语文课前5分钟的“西游讲坛”，每位同学都有机会讲西游故事、读书分享，影视作品选段配音、《西游记》知识竞答、西游人物（含妖精）个性介绍等，以加深对原著情节的理解。

3. 巧设题目读西游

教师引导学生精读经典情节，绘制插图巧设题目把握原著精髓。

出示插图。这幅图是《西游记》的经典情节之一“三打白骨精”，出自原著第二十七回“尸魔三戏唐三藏，圣僧恨逐美猴王”。请仔细观察这幅图，说一说白骨精的三次变化都变作了谁？神通广大的孙悟空为什么要三次变化才能将白骨精打死呢？

4. 行云流水书西游

教师组织学生开展《西游记》经典诗词硬笔书法比赛，使学生整体受到书法艺术的熏陶。

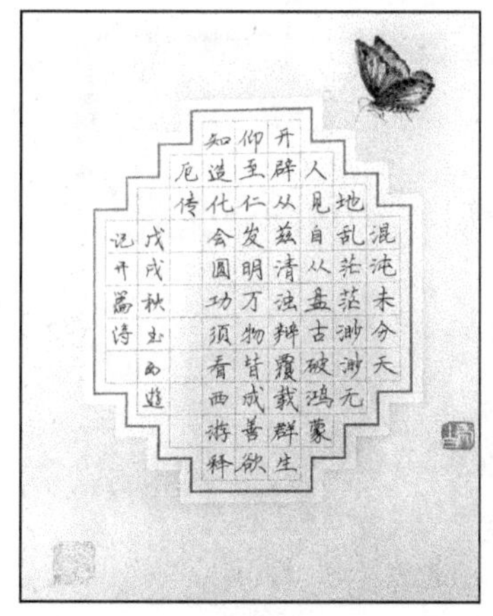

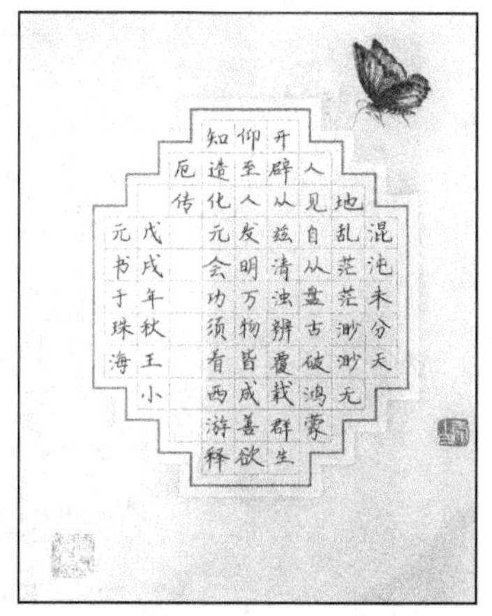

图2–17　师生硬笔书法作品撷英

5. 手工制作玩西游

教师指导学生制作人物档案、写个性化阅读笔记、手绘人物脸谱、制作手工书等，让学生在丰富多彩的手工活动中玩转西游。

图2–18　学生手工制作的部分西游作品

6. 社团活动研西游

教师创建“最西游”学习社团，开展丰富多彩的社团活动。指导学生依据兴趣选题，并开展专题研究与写作。

图2-19　“最西游”社团招募海报（横版、竖版）

7. 剧目展演品西游

《西游记》原著中有很多经典情节及诗词，将其提炼整合后形成独立的诵读文本，兼顾诗词顺序的安排、情景剧表演的衔接、皮影戏的展演、学生演唱和舞蹈的配合、微电影内容的剪裁等，对原著进行深入解读，全班参演舞台剧。

图2-20　原创情景剧《寻梦西游》在校经典诵读活动中展演

8. 课室美化赏西游

西游主题课室美化，含花果棚顶、故事走廊、皮影墙、手绘板等，多角度、全方位展示西游文化。

图2-21　课室美化中的西游文化元素

珠海市第五中学将继续深化并丰富“读写共生以文育美”的科组文化的内涵，努力打造一支业务精良，富有教学创新意识的语文师资团队，构建教研发展共同体；努力开发并延伸语文课程内容，全面落实立德树人的教育的根本任务；努力开拓语文教育教学的新视角，重构语文课堂教与学的关系，提升学生语文核心素养；努力探寻学科发展的特色道路，促进语文教研组的一体化建设。

倾力引导，“剪”出智慧，讲出风采

——珠海中山大学附属中学读书活动的开展

珠海中山大学附属中学　王 焕

始建于宋代的东林书院依庸堂有名联“风声雨声读书声，声声入耳；家事国事天下事，事事关心”，这副对联道尽了广大教育工作者对学生们的美好希冀，希望学生们能够刻苦学习，热忱报国。

珠海中山大学附属中学（以下简称“珠海中附”）严钦熙校长说：“一个人的阅读理解、思考力、辨识力和行动力决定了他的为人品质和为事格局，决定了他和这个世界相处的能力，决定了他的生活质量和事业维度。而这些能力不是突然在某个时间瞬间获得的，它们需要靠平时潜移默化，跬步积累。”在引导学生阅读、展示学生阅读成果方面，珠海中附尝试通过班级读书角、阅读课、读书活动月、剪报栏、国旗下的讲话等方式，大力引导学生阅读、思考、行动，取得了初步的成效。

一、倾力引导，提供平台

学校阅览室有大量图书，近年还在不断充实，为了让更多的学生更方便地阅读到更多有益的图书，每个班级都开辟了图书角，然后根据学校的统一安排，以班级为单位按时到图书馆借阅、归还图书，一般每两周更换图书一次，每次借50本左右，基本保证班上的每个学生都能人手一册，学生们之间还可以交换阅读，为下一步的读书报告会或好书推介会做准备。

每个班级每周有一节阅读课，阅读课上，同学们统一到阅览室读书，阅览室除了有老师维持正常的秩序外，不干涉学生读书的内容，学生可以自由、随意地阅读自己感兴趣的书籍。有时，阅读课前，语文老师还会教会学生如何做读书笔记，指导学生在阅读的同时把读书心得记录下来或把文中的精彩部分整理出来，这样学生就能边读书，边思考，边积累。

语文学科的一项共同的作业就是写读书笔记，要求老师们结合每册教材指定的2部必读名著，有计划地安排学生读书，并写好读书笔记。

每年的4月23日是世界读书日，整个4月份（有时是5月份）是学校的读书活动月，在读书活动月，学校统筹德育、团委、教务、教研等部门和语文科组一起在全校范围内发起读书倡议，然后通过征文、演讲比赛、经典诵读、名著共读、手抄报比赛等方式，检验学生的阅读成果，同时会评选出“阅读之星”等在阅读方面表现优异的学生，在全校表彰。除此之外，语文科组还会积极组织学生参加上级部门组织的各类征文、诵读比赛等活动，积极带动学生阅读。

同时，在严钦熙校长的亲自操办下，学校自2020年起，在学校一楼饭堂的入口处放置了一块白板，办起了剪报栏。剪报栏的左侧是运动场，这里凉风习习，是学校人流量最大的地方，每天都有三五成群的学生从这里经过，驻足，阅读。

每周一是国旗下的讲话，以前安排1名学生讲话，后来学校收到的学生稿件越来越多，就每周安排2名学生讲话，讲话的内容虽然依旧有不少属于自我约束、表决心式的、套路作文式的文章，但是，越来越多的文章开始朝着话题多样、切近生活、内容真诚、理性思辨的方向发展，从中我们看到的是学生们阅读、思考和辨析能力的提高。

以上这些是学校在指导学生阅读方面做出的积极努力，在教师读书方面，学校推出了“我的教育教学故事征文活动”，目前已经开展了一个学期，收到了60余篇佳作，正积极准备结集印刷。下一轮的征文活动也已经在进行中。学校还开展了师生共读一本书活动，要求师生每学期至少共读一本书，期末上交读书心得，并择优在教师会议上分享。

总之，“人生活在各种信息中，人的生活态度和生活方式其实就是信息综合作用的结果”，“没有信息，世界会一片死寂。信息单一，人可能会变得愚蠢”。学校倾力引导师生阅读，为师生们提供阅读的机会、展示的平台，希望师生们在信息化时代能“内心自由、独立思考、有判断力、有创造力”。

二、“剪”出智慧，激发思考

学校在引导师生阅读方面做得最成功也是最出色的就是“剪报栏”。谈起剪报栏，严钦熙校长说是受到凤凰卫视名牌栏目“有报天天读”的启发。

1. 源起

剪报栏先是在广州中附开栏。起初，在广州中附德育处门口的大白板是用来公布每天各班的清洁卫生、迟到等日常事务。由于学生们的整体言行都不错，每天各个班的总分都在99分或满分。时间一长，首先是班主任、学生对公布的数据不是很在意，其次，德育处要每天去填十多项数字，觉得烦琐。因为分数差异不大，数字也就没什么意义了，后来白板经常空着。严校长就思考能否从报纸上剪些东西贴上，一来，填补空白，二来，也来引导一下学生。于是，2011年，广州中附的剪报栏开栏了，最初的开栏语是：走走，停停，看看，想想，这些都和我们的生活有关。剪报栏几乎每天更新，为学生们省去了挑选信息的麻烦，为学生们提供了看待问题的不同方式和思考路径。

2020年起，严校长兼任珠海中附的校长，他把这一成功的做法引入珠海中附。

2. 剪贴原则

最近十多年来，纸媒受到网络传播方式的极大冲击，大大萎缩。即使纸媒还比较盛行的时候，学生由于学业压力大也比较少去接触，即使接触也时间有限，对当下发生的事很难时时关注、事事关心。现在，智能手机已经成为人们生活少数的必备品之一，但是，在校学生手机使用受到一定限制。即使学生手机使用度扩大，但网络信息量大且鱼龙混杂，学生对有效有价值的信息摄取仍然很有限，学校可以做帮学生选取信息的工作，帮助学生形成正确的是非观、价值观，提升学生的思维力、辨识力。

所选报刊均是合法的公开出版物，主要有：《南方都市报》《新快报》《中国青年报》《中国教育报》《检察日报》《人民法院报》《南方日报》《羊城晚报》《广州日报》《参考消息》《南方工报》，偶尔涉及《南都周刊》《南方人物周刊》《三联周刊》等。

所选内容分三部：一类是资讯类——国内外时政、社会新闻，涉及法律、财经、教育、历史、哲学、科技、军事、体育、旅游、美食、文化、文学、艺术、建筑、博览、博物、时尚娱乐、奇闻趣事、漫画等；另一类是观点类文章，主要是时评，每天4至5篇。这些文章大都是针对当下各类大小事件的评说或者对人类文明进步所应坚持的一些基本准则的解释、辨析、阐述或坚持。文章的重要部分都会被红笔勾勒出来。第三类是其他叙事类、新闻纵深报道或者分析类文章，尤其是调查记者对一些我们平时并不清楚甚至认知错误的事情的深入报道。这些文章一般较长，要先读一遍，红笔勾勒，而且张贴保留时间在两天以上，以便学生分期看完或让更多的人看到。

资讯类文章的选取标准是：尽可能广博。试图让学生知道大千世界的各种人或事。观点类文章标准是：首先从作文角度，文章用语准确、表达有度、行文流畅、条理清晰。其次是，文章应具备以下元素：理性常识、逻辑推理、科学精神、思辨质疑等。特别注意选取对同一件事，从不同角度看待，或观点相异的文章，可以把不同报刊上，对同一个问题评述的几篇文章放在一起，让学生对比阅读，独立思考和判断。

严校长认为：“文以载道，文字承载思想。韩愈在《师说》中说：‘师者，所以传道授业解惑也。’古人把道放在首，但我们今天的学校和教师因为一些原因似乎做的更多的是授业、解惑。学校需要在道与思想方面关注更多。教育除了要通过文化知识、技能学习，为学生们将来工作打下基础，还应该负责学生们的精神世界，即思想的成长。如果教育传导的是封闭、排它、颐指气使、吹拍逢迎、投机钻营、人格矮化、钱权至上等，就失去了教育的尊严。教育的尊严应该表现在使学生人格健全、精神丰盈、有头脑、有思想、有辨识力、有批判精神和建设能力。当我们明白我们需要什么样的思想，什么样的道理时，我们就会选择什么样的文章。这些文章所传导的思想就会引起学生思考、判断、选择，使学生成为什么样的人。他们会关注世界变化和社会发展，会认识自己和世界，会把握好自己和他人和世界的关系。他们会关心自己的权利，也同样会关心别人的权利。因为别人权利的多寡和自己权利的多寡息息相关。他们会善良地对待他人和世界，会逻辑性地思考问题，会以批判精神去探究科学和人文，会具有创造力建设力。”

当然，初中生的思辨能力还不强，对时事、热点的关注度还远远不够，这就更需要学校的引导，引导学生们主动地把在书本上学到的知识与我们所处的社会、时代联系起来。我们的教育只有面向现代化，面向世界，面向未来，才能培养出社会需要的人才，才能办好人民满意的教育。

3. 剪贴工具

剪刀、胶水、压扁的卷筒纸芯（用来抚平报纸）。

4. 具体做法

每天需要半小时到2小时剪贴报纸。先用剪刀把所要的内容剪出来。剪裁整齐，去掉广告（以免扰乱阅读注意力）。

每片剪下的报纸上面注明报名和日期（希望学生讲话写文章时注意引用出处，同时，注意知识产权和文责自负）。

同类事件的信息尽可能贴在一起。重点信息用红笔勾画，偶尔加上推荐按语。

大小不一的报片15至20片，在白板上要贴得疏密有至，版面尽可能让人觉得舒适美观。观点类的、有红笔勾勒的主打文章分开贴，以免大家都凑在一起看时不方便。

5. 保持剪报栏的吸引力

（1）所剪贴内容是至关重要的——热点、焦点或我们应该了解的信息。重大事件、重要人物出专辑，如诺贝尔奖，纳尔逊·曼德拉、霍金去世，每年的全国、广东和广州市两会，其他重大的社会事件的持续报道等。

（2）每天更换，保持新鲜度。

（3）重点文章加推荐按语。文章重点信息用红笔勾画，以便有些学生时间紧，不能读完全篇，只读勾画部分即可。

（4）严肃内容旁边常有漫画或趣味贴，以调剂情绪。

（5）注意广告语的撰拟。从2011年最开始剪贴报到目前，阅读推广语已经有7条，如走走、停停、看看、想想，这些都和我们的生活有关；坚持用零散时间看三年，你提高的绝不仅仅是作文水平；关注、阅读和思考，会使你有头脑、有深度、有分量；每天几分钟，提升思维力等等。

6. 学生反响

阅读自由。有人说，主动即自由。

早晨、中午、晚上、课间，上楼的下楼的，打完球的，吃过饭的，放学了准备回家的，任何自己可以支配的时候，任何人都可以。篇幅有长有短，有一分钟、两分钟就可以看完的，也有用五分钟、十分钟或者更长时间的。谁愿意来谁来，谁有空谁来。没有空的，不愿意来的也没关系。没有任何负担，不要任何负担。在剪报栏阅读是自由的。

因为自由，上学时间，每天都有越来越多的人来到剪报栏。经常会有几个同学指着某篇文章谈论，也常听见同学们看了剪报后在校园里边走边讨论。

剪报里常有对学校事件评价的文章，如，有些学校制度、校规很奇葩，有老师以抄课文惩罚同学，有老师批评学生用语涉及人格侮辱，有的学校只注重学生的升学率，有的学校或老师草率处理学生矛盾等。这些文章都对这些不合适的做法提出中肯的批评。有意识把这些文章剪贴出来，并在重点处，主要是学校或老师做得不对处，用红笔勾画。其目的至少告诉学生：学校赞同文章的意见，学校希望学生们知道自己不能被那样对待，希望学生们如果有意见可以向学校表达。这让学生们潜移默化地感受到学校对学生平等尊重的态度。

学校是师生生命共同体、文化共同体、学习共同体和成长共同体。平等尊重就会有良好互动，就会形成和谐的校园氛围。

三、讲出风采，分享快乐

如果说阅读是“输入”，演讲就是“输出”。也许是受到剪报栏内容的启发，越来越多的学生想要在每周一的升旗仪式上讲话，想要发表、分享自己的观点，而其中很多话题就来自于阅报感受。

每周一升旗仪式上，两个学生发表主打讲话，每一篇讲话稿都及时发布在学校微信公众号上，当期讲话稿会贴在学校事务公告栏供来往师生实体阅读；每年几十篇讲话稿被精心编辑印刷成册。这些原本在广州中附的一些成熟做法，如今在珠海中附也蔚然成风。

正如严校长所说，“把这个成熟的活动移植到珠海中附，几乎没有任何助跑过程，没有任何不适，没有任何障碍，这个活动第一年已经运行很好”，“有的同学讲过一次后，觉得意犹未尽，还要上去讲”，“有的同学讲过一次后深受鼓舞，接着不断提出申请，不久做了第二次讲话，之后还继续写稿，还想上去再讲”，尽管临近中考，也似乎一点也不会受到影响。小宇宙被激发之后，学生蓬勃的朝气、向上生长的生命力势不可当，而这些，都是学生积极阅读、独立思考、用于行动的结果，也是学校倾力引导的结果。

目前，《珠海中附少年风——2020年国旗下讲话》已经结集印刷，包括学生讲稿55篇和严校长的文章《和同学们谈对成长的理解》，正文刚好56页。这55篇学生讲稿都是学生先独立完成，然后经过语文老师或班主任或严校长修改后成篇的。这些讲稿话题多样，有返校后我们的心态调整、尝试与勇气、虎门大桥为何异常抖动、上学路上的风景、认识生命存在的意义、5G怎样改变我们的生活、和邓警官谈见义勇为、人不能以怨报德、人和水、我们的选择与他人的眼光、我的篮球之路、从三个关键词谈可持续发展、“谢谢”的神奇作用、说说端午……涉及教育、科技、美食、观点、传统文化等多个方面，学生开始朝着学校期待的方向关注生活，关注身边事，关心国家大事，关心未来。这，不正是少年最美的样子吗？

最后，关于阅读，我依旧引用严校长在《珠海中附少年风——2020年国旗下讲话》刊首语中所说的话，“我们经常会用僵化的、故步自封的心理去看待事情，于是，我们就懒得去改变，懒得去想办法，懒得去推进。在教育领域，尤其需要我们去创设情境，去激发学生，去制造各种可能性”。是的，关于阅读，也是这样。我们不能懒，要去改变，要想办法，要推进，要积极、主动地想办法推动学生阅读，读整本书，读有益的书，让学生通过阅读，感知自然、社会、人生，悦纳自我。

第三章

工作室频道

陈玲梅名师工作室：读书成就教育人生

珠海市梅华中学　陈玲梅

陈玲梅中学语文工作室以“在朗读中演绎语文精髓、在实践中提升教学”为理念，以“在合作中实现共同成长”为宗旨，以“中学阅读能力提升研究”为主题，以项目研究为引领，以文学作品单元主题教学的课题研究为载体，以课堂教学为主阵地。工作室建设的研培项目包括古今中外经典文学作品和名著朗读，名教师经典课例中文学作品教学设计与实录研究，初中文学作品单元主题教学的课堂实施策略研究。工作室建设的目标任务是引领教师成长，打造名师团队；朗读文学精华，带动教师阅读；锤炼课堂教学，研究文学作品教学，引领教学改革，为珠海市课堂教学提供成功典型；协助市区教研中心开展语文学科的教育教学和教科研活动，支援薄弱学校，积极开发校本课程，形成一批教科研成果；推广教育教学成果。

读书、科研和写作是陈玲梅语文工作室促进教师专业成长的“三大法宝”。用好这“三大法宝”，我们在前行中将不断扩大名师工作室的影响力，不断提升名师工作室的效能。

一、书香致远——工作室在读书上的具体做法

（一）互读共享

阅读点亮智慧，书香见证成长。阅读不仅能增见识长学问，转变观念，拓宽思路，还能改变思维习惯，促进个人成长。读书的过程，是享受的过程，是积累的过程，是思考的过程，是自我教育和自我成长的过程。

工作室成立之初，就非常注重在阅读中促进教师的专业成长，把读书活

动融入到工作室的教育教学和科研工作当中，制定了成员读书活动的规章制度。工作室结合《共读，共享，共深——粤港澳大湾区视域下的初中语文大阅读学习共同体的建设与实践》制定了读书活动方案，旨在通过阅读学习来让教师树立正确的人生观、价值观和教师职业观；培养教师多读书、读好书的阅读习惯；通过阅读经典丰富人生、丰富个人精神世界；通过读书锻炼思维能力，转变思维模式，促进教育创新；以读促教，以读促研，以读促写，以读促学，阅读增加智慧，引领成长。同时，工作室为后续的读书活动开启做了充分的准备工作，包括购置新书、增订期刊，积极利用网络平台和电子书库拓宽阅读渠道；建立读书室，创建阅读沙龙；整合课程，为师生共读搭建平台；研讨共商，设定阅读计划和目标等。

一年多以来，工作室围绕着阅读指导思想和阅读计划开展了一系列的读书活动，包括书香致远、阅读沙龙、师生共读、联校教研、研读互促、读写相长等，做到了“五个结合”：读书与反思相结合，提倡带着问题读书，研究问题，解决问题；读书与实践相结合，学以致用，注重实效；个人阅读与集中学习相结合，广泛交流，相互启发，共同提高；读书与不断解放思想相结合，提高认识，创新工作思路；读书活动与课堂教学相结合，用现代教育思想指导教育教学工作实践，边学习教育理论，边转变教育观念，及时认真地进行教学反思，真正做到“读”有所悟，“悟”有所用，“用”有所得。

工作室每月定期举办读书分享活动，工作室成员相聚一室，倾听彼此拔节成长的声音。积极利用寒暑假围绕好书推荐、心得交流、理论学习、经典共读、阅读展示等主题开展读书沙龙，为成员间的读书交流提供平台，促使全体成员形成爱读书、读好书、会读书的良好习惯，“读有所思，阅读致远”，让成员在交流中思考，在分享中提高。

（二）研读互促

教育科研是提高教学效益的可靠保证，课题研究是促进学校发展、教师成长的第一原动力。工作室成立之初就申报了研究课题，以课题为载体，努力改变教学、科研两层皮现象，迈向教科研一体化。

研究真问题。根据《义务教育语文课程标准》的相关要求和实现“大语文观”的客观需要，工作室将“深度学习”作为提升语文学习力的重要途径，以课题研究为指引，在语文教学中进行思维深化的探索实践，进行文学作品单元主题教学议题选题的研究，尝试单元主题教学设计、案例及反思等的设计，培养学生的深度学习能力。

问题真研究。把课题的研究过程做得扎扎实实，不走过场。陈玲梅老师主持的单元整合教学实践研究，开展了“三个一”活动，即听一节课题实验教师的研究报告课，上一节观摩课，做一个微讲座并与听课教师互动。活动包括五大环节：研读课，发现问题；观摩课，示范引领；微讲座，解决问题；谈经验，互动交流；公众号，分享成果。

成果真推广。工作室研发的初中语文深度学习和文学作品单元主题教学系列课程通过联校教研、云端讲堂等渠道得到展示和传播，工作室核心成员参与的单元教学设计由成员带头在课堂实践，让成果在课堂落地，变成琅琅书声。工作室积极推进以“深度学习”为主题的理论阅读和文献研究活动，以读促研，以研促读。

（三）读写相长

一个没有自己思想的教师不可能成为一个好教师，更不可能成为一个名师。阅读是思想的引领，写作是思想的拐杖，离开读书与写作，思想走不了多远。尤其是语文教师，在自己的教学生涯里，除了广泛阅读，不能没有写作。写作，既是一种学习方式，也是一种生存状态，更是一种生命成长。

引路子。“提灯的人永远走在最前面。”统编版教材普及后，如何用好教材，对广大一线语文教师而言是新的挑战。工作室主持人陈玲梅老师注意到了这一教研突破点，带领工作室成员率先进行课堂尝试，在广泛阅读各类文献的基础上组织参与申报《基于“深度学习”的初中语文教学研究——文学作品单元主题教学》课题，已取得阶段性成果。

压担子。除了率先垂范，给成员压担子也是必不可少的。文章是“逼”出来的、“写”出来的、“磨”出来的。每次工作室搞活动必定要布置写作的任务，包括整理教学实录，写教学评析和教学随笔，写公众号推文等等。工作室成员养成了有活动就一定动笔的好习惯。

搭台子。工作室利用微信公众号等平台择优分享工作室成员的好文章，互相激励促进。将工作室成员的读书和写作成果转发到公众号，是对所有成员的一种莫大的鼓励，迅速点燃了成员们读书写作的热情。

二、脚踏实地——工作室开展读书活动的具体案例

（一）陈玲梅中学语文工作室与肇庆市鼎湖区工作室举行读研交流活动

2020年12月16日下午，肇庆市鼎湖区工作室的培训学员一行34人前来珠海市梅华中学参观交流，陈玲梅老师的语文名师工作室成员代表学校热情接待了来访客人，金鑫老师执教“写作指导：片片落叶绵绵情思”。

金老师用唯美的图片和富有诗意的语言开场，将学生引入一个情意绵绵的世界之中，感受深秋之韵，落叶之美。随后，金老师给每一位学生分发了一片来自秋天的银杏叶，让学生观察秋叶之形，想象落叶之意，感悟树叶之情。伴随着如清泉般缓缓流淌的音乐，学生们创作出一段段深情动人的文字，将课堂不断推向新的高潮。最后，金老师用一段诗情画意般的文字为这节课画上了一个余韵悠长的句号，展示课在雷动的掌声中落下帷幕。

上课结束，金鑫老师自述课程设计和教学反思，他认为本次作文指导课是对学生的一次思维训练，他希望经过这节课的学习以后，学生能打开写作思路，拓宽视野，着眼于身边的小事物，从微小处起笔，借助想象力和创造力这双翅膀，在充满美与温情的语文天地里自由翱翔。金老师独具匠心的课堂设计和富有张力的课堂教学赢得在场老师的一致欣赏与肯定。评课的老师们指出：金老师的课程思路清晰，层层深入，高效而不失优美，扎实且有情怀，让学生一课一得，观者心生感动。

随后，陈玲梅老师就“中学语文工作室的建设”做了主题讲座，并与来访的老师交换了工作经验。首先，陈老师分享了她在主持香洲区语文工作室时的经验，她特别指出要在朗读中演绎语文精髓，在实践中提升教学理念，在合作中实现共同成长。其次，她对自己刚揭牌成立的珠海市中学语文工作室进行了简要介绍，并就研究课题、研究成果、教学研讨活动等，与来访的老师们交流经验。博采众长，互鉴互助，方能共同进步，行而向远。

此次交流活动对提升工作室成员的教学教研能力起到了很好的推动作用。人生就是一场又一场的相遇，感谢这次美好的相遇。往后，只问盛放，只问初心，只问敢勇，不问得失。期待再次相遇，遇见更好的彼此。

（二）陈玲梅中学语文工作室与梅华中学语文教师举办读书促进活动

连雨不知春去，一觉方知夏深。2021年5月19日，珠海市梅华中学语文教师

和陈玲梅中学语文名师工作室的全体成员，在梅华中学五楼报告厅开展中学语文教师读书促进活动暨名著导读课例研修活动。活动由陈玲梅主任主持，香洲区中学语文教研员赵克婴老师和拱北中学刘芳老师莅临活动现场。

伴着孩子们携带而来的阵阵书香，活动拉开了序幕。首先由拱北中学的刘芳老师进行课例展示——《〈朝花夕拾〉：消除与经典的隔膜》。刘老师以带动体验入手，通过调查学生阅读喜好，分析他们读书现状以及读经典存在的问题；接着温故知新，回忆《从百草园到三味书屋》中的情节，鼓励学生联系自己的童年生活找相似点，从经典读本中找寻自己的影子；然后以读促学，分别以阅读《朝花夕拾》当中的《五猖会》《狗·猫·鼠》为例，引导学生在阅读经典时可以加入自己的思考，并适当存疑；最后适时总结了整本书的内容和阅读要求。刘老师教学亲切自然，循循善诱，与学生互动精彩纷呈，在轻松愉悦的氛围中拉近了孩子们与经典作品的距离。

好课连堂，金鑫老师为我们带来了第二堂精彩的课例展示——《〈骆驼祥子〉：圈点与批注》。金老师从单篇教学的精读和批注开始回顾如何做批注，引导学生在整本书阅读中利用圈点批注来深读精思。接着，以《骆驼祥子》的片段阅读为例，带领学生“三读三批”：初读用黑色笔尝试做批注，以赏析为主；再读用红色笔借鉴批注范例，以发现问题、联想比较为主；三读用蓝色笔概括小结，与整本书联系，提升思考的深度和广度。

香洲区语文教研员赵克婴老师对阅读的意义和阅读的方法表达了自己的看法：教师要以读促教，要读就一定要读名著、原著。一是从整本书入手，一是从具体方法进行指导，都可谓是静水深流。“潜下心去做研究”“虚心，虚心到向孩子学习”，这是赵老师一直强调的观点。她还提出了两点希望：第一，学生层面要落实整本书的阅读；教师要率先垂范，教师阅读更要关注做学问的基本方法和思路。第二，教师要对统编版教材熟悉、通读，“做实实在在的事”，致力于通过阅读活动，打造“书香校园”“书香香洲”，乃至“书香珠海”。

陈玲梅中学语文名师工作室的名师团队和工作室成员，积极组织并参与了名著阅读指导的经验交流活动。活动围绕着“目前名著导读教学中存在的现象与困惑、自身的思考与做法、从名著导读在教材中的位置谈整体规划”三个方面进行。李征老师针对目前学生名著阅读放任自流，没有时间规划、没有方法指导、没有交流展示等突出问题，展示了自己精心设计的读书笔记本以及学生的读书笔记，真正做到了激发学生的阅读兴趣、帮助学生制定阅读计划、做好学生阅读指导。最后她谈到了统编教材中单篇阅读教学和整本名著导读之间密不可分的关系，强调要教好名著阅读，教师应当做到两点，即把书真真正正地读完，把教材上要求的教好。

用怎么教学生整本书阅读来让教师重视自己的阅读；用鼓励教师自己阅读来提升对学生阅读的指导能力，此次活动让全体老师收获颇丰。阅读犹如一盏明灯，让我们高擎“阅读”这盏明灯，照亮教师的语文教学之路，学生语文学习之路，更照亮教师与学生前行的道路。

（三）陈玲梅中学语文工作室举办读书沙龙活动

高擎阅读之灯，照亮语文教与学。2020年12月29日，陈玲梅中学语文名师工作室成员开展读书沙龙活动，迎接新的一年的到来。

因为语文，我们相遇，因为阅读，我们相聚，倾听彼此拔节成长的声音。工作室成员分享各自的读书感悟，大家畅所欲言、见仁见智，有的从还原法、比较法、错位法等阅读技法，展现着语文教学实践领域的多种可能性；有的运用多元理论、微观分析等研究方法，以小见大、见微知著；有的点燃“细读”“感读”“悟读”的交流火花，严谨思考、夯实理论；有的从日常工作实际出发，体察乐趣、践行悦读；还有的感悟人生，在生命价值领域施展拳脚、开疆拓土……工作室老师随着发言成员在书中攀登思想高地，循序渐进地“悦读”文本、“悦读”意蕴、“悦读”人生，仿佛一切都在印证着那句“恋书万卷尚笃行，理事圆融道悠远”。

1. 陈玲梅老师

我以孙绍振教授的《名作细读》为视点，结合自己的阅读教学实践，阐述自己在读书过程中的所悟、所感、所得。语文教师的阅读应是研究性地读；我们的阅读是要精细地读，绝非泛泛而读；我们的阅读是要有深度地读，绝非浅表地读；我们的阅读更是要有方法地读，绝非茫然地读。作为教育人，要有情怀，有思想，有智慧；语文教师就要有自觉阅读的意识，要有端正的阅读态度，要有阅读的深度。同时，我们要跳脱理论，知行合一，用生命实践。谈及人生幸福，则升华到笃行古圣先贤的教导，用生命去发现并践行宇宙人生真理的高度。

2. 刘芳老师

吴非老师在《做最出色的教师》中指出：“要让自己的学生出色，教师务必出色；想让学生多读书，教师首先应当多读书，自觉地多读书。”这句话，真可谓是实话实说，我们教师要坚持多读书，才能让自己成为学生的表率，得到学生的敬重，读书应成为我们的一种生活方式。教师书读多了，知识面广了，领悟能力强了，在课堂上才会如鱼得水，游刃有余，课堂才能高潮迭起，精彩纷呈。

3. 刘滢莹老师

重读《赏识你的孩子——一个父亲对素质教育的感悟》，我深刻认识到：

（1）赏识教育是承认差异，允许失败，更容许犯错误。

（2）赏识，抓住了孩子渴望被关注、被重视的心理，让孩子在“我能行”的感觉中走向成功。

（3）赏识教育的目标不是狭隘的成功，如第一名、考重点大学等，而是要把孩子培养成为一个有爱心，充满自信，全面发展的新人。

4. 龙丽菊老师

读《余映潮中学语文〈精品阅读课教学实录〉》的感受：

（1）著作之丰：发表各类文章1500多篇，12本专著。

（2）研课范围之宽：从小学到中学到高中。在讲课上，他的每节课都追求创意，各节课的创意与结构都不尽相同，同一种的教学方法，要求自己“偶尔可用，不能常用”。

（3）研课之深、之广：每节公开课，无不是艰苦精读教材，精读有关文献的结果。

5. 金鑫老师

读了李镇西老师的《做一个幸福的班主任》一书，我被深深震撼了，内心也无法平静。比起李镇西老师所做的工作，自感实在愧疚。我当班主任，虽也颇觉幸福，但很是繁忙、劳累。李老师的做法确实让我耳目一新，如醍醐灌顶。他从更高的层次诠释了“爱心”的含义。我感觉到了自以为的师爱，其实是一种高高在上的爱，没有真正走进学生的内心。反思自己做班主任的历程，没有下够功夫，没有用智慧管理班级。以后，我汇集名家的智慧，用心地做好班主任工作。

6. 李彩君老师

余映潮老师在《余映潮阅读教学艺术50讲》，“如何成为一名优秀的语文老师——我的积累八法”中谈到：我的坚持许多年而毫不懈怠的语文教学研究与实践工作，沉淀到一个点上，那就是“积累”。大量的积累成就了他，也给我们青年教师指明了提高的方法和捷径。正如他所说：我是站在巨人的肩膀上站立起来的。注重积累能让一位教师的个人水平“升值”。越是有丰厚的积累，越是容易看到事物的空白，越是容易触发研究与写作的思绪；没有积累就进行拓展，于生活、于学问都是一句空话，所以积累至关重要。

7. 杜荔蕊老师

阅读《傅雷家书》，得知这些家书开始于1954年傅聪离家留学波兰，终结至1966年傅雷夫妇“文革”中不堪凌辱，双双自尽。十二年通信数百封，贯穿着傅聪从出国学习、演奏成名到结婚生子的成长经历，也映照着傅雷的翻译工作、朋友交往以及傅雷一家的命运起伏。傅雷夫妇非常细心，儿子的信都妥善收藏，重点内容则分类抄录成册。

获得的做人启示：待人要谦虚，做事要严谨，礼仪要得体；遇困难不气馁，获大奖不骄傲，要有国家和民族的荣辱感；要有艺术、人格的尊严，做一个“德艺具备、人格卓越”的艺术家。

8. 龙阳胜老师

读了《致语文教师》，我深有感触，如今的我们正像困在蚕茧里的蚕蛹，若想有朝一日破茧而出，蜕变成美丽的蝴蝶，就必须经受很长一段时间的磨炼。成长的过程，可能并非一帆风顺，但是坚持读书和学习，必定会帮助我们找到破茧飞翔的路径，帮助我们渡过各种各样的困难。

9. 周代景老师

《带着问题读书更好》：我们常说，理论指导实践，这话没错。理论来自读书学习，可是我们读什么书，学什么习呢？不带问题读书效果往往会很差，很难运用到自己的生活实践中去。我觉得自己学识浅薄，需要读的书太多，常有不知从何入手的焦虑感。教育教学方法、文学修养、历史知识、古诗词积累等各个方面，都是我急需学习的知识。该如何选择呢？静心思之，除了按常规选择读整本书以外，我觉得还是带着问题读书、学习更好。

10. 王晓薇老师

作为一名优秀的力求上进的语文老师，坚持研究是提升自己的真正坦途。我认为要从成长、教学、治学三方面不断增加自己的智慧，多读书积累自己的文化底蕴；钻研教学、突破专题，扎扎实实地做一点学问，练一点本领；占有时间，没有业余时间就没有优秀的成果。

11. 李征老师

我有幸读了《学学孔子怎样当老师》这本书，真是受益匪浅。只感觉自我教学的心旅又多了一份坚定和从容。读完此书，如沐春风，豁然开朗。做教师若不学孔子乃是一种缺憾。孔子不仅仅是我国古代伟大的思想家和政治理论家，而且是我国古代的教育家，曾被评为“世界最著名的文化名人”之一。他所积累的丰富教学经验，构成的博大精深、独具风采的教育思想，是我国传统教育思想中的宝贵遗产。

（四）陈玲梅中学语文工作室与佛山市顺德区骨干教师举行读研交流活动

2021年4月21日上午，谷雨方至，远朋宾来，佛山市顺德区语文骨干教师莅临我校，与陈玲梅名师工作室成员齐聚英华楼五楼报告厅，共襄语文教研。此次语文教研活动以“新中考”为导向，主题突出，聚焦“深度学习”，师生之间就“寻找意义的学习”以及“如何能动参与教学”进行了积极有益的探索。陈玲梅工作室成员龙丽菊老师、梅华中学廖鹏老师的两节示范课，特点鲜明；陈玲梅主任的专题讲座，启智深思。

凝看细品那“春果第一枝”，原是樱桃红了。龙丽菊老师“文学作品阅读——以《樱桃红了》为例”的示范课，关注学生的阅读感受，从阅读疑惑出发，擒住学生思维的触角，在曼妙优美的文字间展开语文性的人文素养积淀。以“初读感知，再读感悟，主旨探究，中考链接”为主线的教学设计，将教学结合中考现实，给学生在阅读文学作品时做了很好的思维牵引。

端容聆听那莺声燕语，原是师生笑了。轻松活泼的课堂是师生共同创设的结果。廖鹏老师以《叶圣陶先生二三事》为写作蓝本，完成了一节别开生面的写作指导课。整节示范课将“用课文教”的教学意识体现得淋漓尽致，把课堂最大限度地交还学生，每位学生以饱满的参与热情，共同完成了一场用典型事件表现人物性格形象的《廖老师二三事》写作指导。

两节示范课新意不同，均从不同维度指向核心概念——“深度学习”。所谓“深度学习”是指学习者能动地参与教学的总称。发现学习、问题解决学习、体验学习、调查学习等，均属于“深度学习”的范畴。以“同既有知识与经验链接起来思考”“掌握普遍的范式与内在的原理”“基于证据得出结论”“关注逻辑与推理，展开批判性探讨”“体悟学习中的成长”为主要特征的“深度学习”中，学习者围绕问题，引出种种思考与解决方法，教师则判断他们此时“知道了什么”“能够做什么”，从而规约学习规则，并展开一系列旨在问题解决所需的知识与技能的探究活动。陈玲梅主任以两节示范课为例，说明“深度学习”在课堂教学中应如何体现，让大家对“深度学习”的类型和特征有了较为全面的认识。随后，陈主任的讲座就名师工作室的建设宗旨、主要研培项目、工作规划为大家做了详细的汇报。活动结束，老师们还意犹未尽。如何进行深度学习？如何开展文学作品阅读教学？这都是我们语文人需要思考的问题。

鸟欲高飞先振翅，人求上进先读书。工作室自成立走到今天，成员们经历了最初的浅读，到学会走心阅读，写读书心得，以及整本书的阅读。生活是美丽的，工作是平凡的也是幸福的，站在新学年的门槛上——怀揣梦想，做一个会读书的老师。大家带着工作室主持人陈玲梅主任的希望和祝愿，做一个治学勤学的人，做一个思想深刻的人，做一个追求高度的人。

附：

陈玲梅名师工作室简介

陈玲梅语文名教师工作室于2020年7月正式成立，由珠海市梅华中学教务处主任陈玲梅担任主持人，由珠海市教育研究院中学语文教研员储强胜老师、香洲区教师发展中心语文教研员赵克婴老师和拱北中学刘芳老师担任顾问，成员包括珠海市紫荆中学刘滢莹、王玥婷，桃园中学杨雪冬、十三中龙阳胜、南屏中学李彩君、夏湾中学唐敏、龙丽菊、平沙一中杜荔蕊、梅华中学李征、蓝关云、谢意开、金鑫等10多位优秀中青年骨干教师。

2020至2021年，工作室开展了互读共享、读研共促、读书沙龙、读写交流等活动，以研讨课、讲座、交流分享等形式，浸透着工作室的理念。工作室成员积极参加市区教研活动，不断提升自己的语文素养，也收获颇丰：执教市区级公开课6节，开办市区级讲座3次；有3项珠海市教育科研规划课题立项并开展研究；在语文专业杂志上发表文章3篇；在市区级论文评比中获奖3项。

丁世民名师工作室：精粹语文，五步阅读

珠海市第五中学　丁世民

丁世民名教师工作室以“精粹语文，精约教学”为建设理念，其中“精粹语文”指的是精练、纯粹的语文教育；“精约教学”，指的是精当、简约的语文教学。提出“精粹语文，精约教学”的理念，目的在于改变纷繁盲目的教学现状，发掘语文教学的精巧视角，寻求课堂建设的创新微点，树立课堂教学的鲜明风骨，重构语文课堂教与学关系，促进学生学科素养的发展。工作室以“实现一点改变：开创精粹课堂新风貌”“完成两个项目：开展选点阅读与原创命题研究”“促进两个发展：激发青师成长与打造教研共同体”“助力两个活动：在市、区教研活动中发挥示范引领作用”为工作目标，遵循“要实，有意义”“要小，有内容”“要省，有效率”的工作室活动原则，采取“读写共进，教研共生”“三题三课促融合”“线上、线下微研究相结合”等研培策略开展研修活动。

工作室按照“定向—集约—思真—促新—践学”的五步策略开展读书研修活动。

一、定向

阅读是教师教学行为的必备动作，阅读也是教师专业成长必备的基本能力。是否具有较强的阅读力、思考力和表达力是语文教师是否具有深厚专业素养的评价标准。提升教师的专业阅读能力是工作室建设的重要目标之一。工作室开展读书类研修活动，首先确定阅读方向，这包括明确阅读理念与目标，明晰阅读主题与领域，明了阅读策略与过程，明白阅读价值与意义等。

工作室以“精粹语文，精约教学”为理念开展专业阅读，实现个人阅读与工作室团体阅读的有机融合，从而提高教师的阅读自觉力，能够将阅读内化为个人继续教育的基本习惯，提高阅读兴趣，保持阅读睿思，坚持阅读行动；提高教师的阅读执行力，能够采取精简有效的阅读方法和路径，胜任一本书的阅读，掌控一本书的阅读；提高教师的阅读理解力，能够纵横把握文本内部的文化、艺术等审美特征，以及文本与文本之间的历史意义、关联等；提高教师的阅读创造力，能够在阅读中积极联想与批判，概括事实，整合旧学，发现新知，提出个人新思想、新理念、新策略等；提高教师的阅读实践力，能够将阅读所得转化为教学力，用于支持和指导语文教学实践，能够将阅读所得转化为学习力，用于引导和帮助学生开展语言文字的学习等。

开卷有益，广泛涉猎，自有裨益。但专业阅读不是随意阅读、随性阅读，需要有明确的主题和类别。根据语文教育教学实际以及工作室成员的阅读需求、阅读期待，提出如下阅读主题：

主题一，“职业认同与归属”。永葆师者初心，鼓足教学勇气，是克服职业倦怠，促进专业可持续发展的根本。整饬内心秩序，与外部世界和谐对话，丰盈教育生命，丰富人生体验，是每个教师职业生涯的必修课。苏联著名教育家苏霍姆林斯基的《给教师的建议》、美国教育家帕克·帕尔默的《教学勇气：漫步教师心灵》等著作能帮助教师反观内心风景，反思教育事业，让心灵归于宁静，又变得强大有力。

主题二，“文学艺术与审美”。阅读文学艺术类书籍，不仅仅是语文教学的专业要求，还是教师人文精神与审美情怀的内在渴求。人们用文字、音乐、绘画等艺术形式表达对世界的认知、理解、欣赏和诉求。人们通过艺术对话，通过艺术描绘理想。语文教师要拥有破解语言符号和形象符号的顿悟，以此引领自己和学生进入崇高的审美境界。

主题三，“心灵世界与构建”。丑小鸭的蜕变历程是怎样的心路历程？贾平凹为何如此怜爱风雨中孱弱的小桃树？“连半个秀才也捞不到”为何能戳伤孔乙己的内心？花了一辈子时光修建的台阶为何没让父亲真正高兴起来？语文教师阅读心理著作尤为必要。个体心理学先驱阿弗雷德·阿德勒的著作《自卑与超越》早已给出心灵的答案。阅读他人的心灵历程，实则是自我心灵溯回重构的旅程。

主题四，“文本研读与创新”。阅读教学的第一环节是文本解读。文本解读是挖掘教学内容，提炼教学重、难点的阅读与思考过程，也是语文教师与文本进行深层对话的意识过程，体现着语文教师阅读教学的基本功力。准确、深刻、新颖的文本解读才有可能催生有效的教学设计。文本解读的成果经过处理转化，可成为教学主题、话题、问题的来源，不仅能为课堂教学提供经验知识，还能为教与学活动的顺利推进提供轨道与动力。通过文本研读获得创新见解，阅读教学便会开辟崭新天地。阅读文本研读类书籍，也非常重要。

主题五，“学科热点与实践”。在教育改革日益深化的当代，语文教育教学不断呈现新的趋势与特点。核心素养、技术融合、任务驱动、项目学习、单元教学、情境教学、课标命题等等学科研究的热点不容忽视。除相关专著外，《语文建设》《中学语文教学》《中学语文教学参考》《语文教学通讯》《语文学习》等专业期刊，都能及时地反映学科研究动态，有理论建构，也有一线教师具体的教学实践。阅读这些书刊，汲取新思想，更新旧观念，与时俱进不落伍。

五个主题，五个专业阅读的方向。但不仅限于此，教师仍可根据个人的兴趣爱好，开展个人阅读行动研究。

二、集约

“集约”这个词，本义是指农业上在同一面积投入较多的生产资料和劳动进行精耕细作，用提高单位面积产量的方法来增加产品总量的经营方式。好书如同沃土，阅读既是采撷，又是耕耘，采撷智慧光芒，种植人文希望。工作室借这个概念来比喻读书策略：集中精力、时间、智力充分阅读一本书，以一本书阅读为微型研究项目，开展读、思、悟、赏等相关活动，以此深化阅读品质，提高阅读效率。

集约阅读符合语文教师工作实际。要求老师们在烦琐的日常工作中多读书是不大可能的，时间、精力都不允许。但是，每个语文教师都没有过停止阅读，即“教学基本阅读”，阅读教材，阅读教参教辅，以及学生文本等等。教学基本阅读属于低层次阅读，获取的是关于教学的基本信息，如教学目标、教学内容、背景资讯、参考答案等等。如果教师没有进一步提升阅读层次，激活教学新思想，那么教学将会落入窠臼，走向低效低能。也有教师自觉地进行更高一层次的阅读——“教学专业阅读”，从教与学中选取兴趣点或疑惑点，阅读一本书，旁通一类书，加深理解，拓展经验视域，弥补智慧、点化智慧、促生智慧，为教学注入智能活水。集约阅读是教学专业阅读的有效形式。

首先，集中目标。明确读书目的，明确读书意义。当确定攻读一本书的时候，工作室为教师提供目标指南，教师选取自己的目标，在此之上完善并形成个人阅读目标。以阅读《教学勇气：漫步教师心灵》为例，目标指南如下：

（1）培养教学勇气，坚定自身认同与完整；

（2）战胜教学恐惧，直面教学困境与学生；

（3）认识教学冲突，重构教与学的新关系；

（4）更新教育理念，积极实践教学共同体；

（5）辨证看待体制，洞悉教育意义与希望。

其次，集中时间。集中碎片化时间，集中寒暑假时间，阅读一本书，精读一本书。以下三法，建议教师运用时间管理阅读。

（1）预读设问法：面对一本书，三个自问自答：“我将用多长时间读完整本书”“我把阅读过程分成几个阶段”“我打算用多长时间精读重点章节”。

（2）目录标记法：将时间点标注在目录的具体题目上，既可以明晰阅读进度，还可以帮助记忆整本书的内容框架，一举多得。

（3）时间沉浸法：排除冗杂，独立出一两个周末，或者在寒暑假中规划一周，全心全意，专心致志，阅读一本书，不期速度，只求思想之宁静和妙悟，也未尝不可。

再次，集中精力。搁置纷杂，聚精会神，把当下的注意力放在这本书的阅读中，使这一时期的阅读行为都聚焦这本书。

之次，集中智力。综合运用“概括”“对比”“还原”“联想”“质疑”等思维方法，发展阅读智能。

最后，集中分享。工作室开展线上、线下读书分享活动，意在鼓励教师表达阅读所得，促进思想交流。

三、思真

孔子云：“学而不思则罔，思而不学则殆。”阅读是接受文字信息、处理文字信息的思维过程，边读边思，读思结合，才能提升教师的思维力。真阅读，是主动阅读，获取真知，保持心智的活力与成长。美国教育家莫提默·J.艾德勒和查尔斯·范多伦在合著《如何阅读一本书》中提出了训练读者思维力的四个阅读渐进层次：基础阅读—检视阅读—分析阅读—主题阅读。对于语文教师而言，专业阅读不能停留在获取资讯或消遣的基础阅读层面，也不能泛泛阅读，满足于略读、粗读的检视层次，要开展分析阅读，甚至达到最高层次的主题阅读。

分析阅读（analytical reading），是完整的阅读，全部的阅读，咀嚼式的阅读，或者说是优质的阅读，目的在于追寻意义的理解。阅读思真，重在分析阅读。工作室提供五点分析阅读指导：

1. 概括观点

把握一本书的核心观点是读书的关键要义。通过叙述或论述，提炼作者的中心思想是分析阅读的前提。有些书籍的观点是明显的，有些则是隐晦的。不管是哪类文本，整合概括都需要。为了训练阅读理解力，建议教师用自己的语言，简洁地概说这本书的观点，甚至默写核心思想。

2. 透视结构

这里的透视结构有两层意思，一是能纵观全书，检视整本书的叙述情节或论述结构，预判内容推进的层次和逻辑；二是能微观一个章节、一个板块、一个分论点的局部层次和构成。从整体和局部，厘清作者建构文本的言语脉络和思维轨迹。

3. 探究重点

用关键词提示法明确一本书的重点内容。如《教学勇气：漫步教师心灵》一书的重点，可用“自身认同与完整”“主体”“共同体”等关键词提示，《自卑与超越》一书的重点可用“自卑情结”“追求优越目标”“童年记忆”等关键词提示。探究重点，要精读、细读，写批注，写感受，用自己的话来理解含义。

4. 赏析论述

赏析论述是一种阅读审美活动。阅读抒情作品，审美是自然发生的。阅读理性书籍，也伴随审美活动。好书不但内容给人以思想启迪，而且语言形式也给人以审美熏陶。浑厚质朴、委婉细致、简约畅达、譬喻斐然，每一种文本表述的风格和特点都值得品赏。教师如能择其一种，模仿训练，最终形成个人文章的语言风格，那么读的意义就落到了专业成长的实处。

5. 辨析疑点

“尽信书，不如无书。”阅读中少不了批判思维。书中的观点是否成立，要看论据是否充分，论证是否严密。教师是带着一定的教育教学经验阅读专业书籍的，在阅读思考过程中，读者会不自觉地调用已有经验去验证书中的主张，契合就会产生共鸣，冲突就会产生疑惑。解决疑惑的最好办法是，回归实践，拓展论证。

教师也要挑战主题阅读（syntopical reading）。读很多书，并能从不同维度勾连各本书，比较异同，提出共性主题。这个层次被作者称为“最主动、也最花力气的一种阅读”，这是归纳式路径。主题阅读还有另一条路径，主题演绎式，提出主题，阅读一类书。工作室鼓励教师开展主题演绎式阅读，把主题升级为微型课题的论题，在阅读中研究，在研究中阅读，以读促思，以思促读，助推阅读力和科研力双力相长。

四、促新

阅读不止于“读”，而致力于“育智促新”，培育智慧，促生新智慧。书籍是人类进步的阶梯，人们踏上阶梯，不是为了阶梯本身，而是渴求登上智慧的高台，领略广阔而深远的文明风景，在个人与宇宙的精神对话中不断拓展生命的背景、不断深化生命的层次。工作室倡导读书研修意在提升教师专业发展的境界。通过阅读，产生新思考，诞生新智慧，甚至提出新学说，是读书研修的主要目的。阅读促新，有三种训练方式：

一是智慧交流。开展读书交流分享会，营造集体表达的语言环境，教师抒发阅读感受，倾听不同的阅读声音，思想得以交汇融通，智慧得以互补提升，很好，观点冲突有争鸣，智慧有碰撞，更好。智慧交流的目的不是达成共识，而是深化阅读思考，提升阅读品质，格外关注阅读这本书对于教师个人精神成长的作用。如阅读《自卑与超越》，教师有如下思考：

“原来每个人内心深处都有自卑情结，为了克服自卑情结，人们追求优越目标。正向的奋斗表现为为正义事业努力，改变了人生境遇，实现了自我优秀的理想；负向的奋斗表现为极度地满足个人欲望，割裂自身与社会、与制度、与历史文化的关联，走向个人主义。”该观点一分为二地看待“自卑情结”的表现形式。

“阅读这本书，脑海中不断浮现教科书的中这些人物：于勒、菲利普夫妇、孔乙己、丁举人等等。往往我们从社会历史、制度文化等角度去分析小说人物。现在从心理动因的角度重新看待这些典型形象，我才真正理解了他们的人生。每个人物都在摆脱自卑困境，企求人生超越。有些人成功，有些人失败。”这是一种有效的阅读联想，体现了教师的专业分析能力。

“阅读这本书，我想到了自己，也在不断克服自卑，追求优越感。以前以为自卑是羞耻的，认为不自信的来源在于自卑本身，实际上是自己对于自卑心理的否定，承认自卑的积极效能，会促成自身的认同和完整，也会给他人带来积极的影响，所以我们要告诉我们的学生：自卑的人，更有力量。”教师由书及己，由己及人，深化了理解。

集体交流分享也存在不足：耗时长且有时效性，表达不完整呈现碎片化，不利于个人思想走向深刻。所以，集体语境最终还是要回归个人语境。

二是书写心得。读书心得可以叙事、抒情和议论。重点表达由阅读书籍带来的所思、所想和所悟。书写心得体会是固化阅读智慧的一种方式。教师撰写读书心得要思考以下问题：

（1）该书给我印象最深的观点是什么？

（2）该书给我印象最深的形象、情境是什么？

（3）该书让我联想到了哪些生活事件/教育教学事件？

（4）该书的思想给我的认知带来了怎样的同化或异化影响？

（5）该书能为我未来的生活、教学提供哪些有用的知识或策略？

（6）我是否能在该书的观点和论据之上提出创新的见解或更有意义的问题？

教师写读书心得不能停留在感性层面，要有专业的理性思考。

三是撰写论文。如果说书写心得是读书长智的过渡阶段，其中还伴随着感性思考的话，那么撰写读书研修的相关论文就是点化阅读智慧、形成理性智慧的高级阶段。如何撰写基于阅读研修的相关论文呢？这里提供三种写作思路。

1. 概括

用自己的理论话语把该书论述内容的特点概括出来，对书中的思想、行为加以分析和评价。确保这种概括是别人没有完成的，或者完成不周的，以此突出论文的新意和价值。

如工作室主持人丁世民主任曾经阅读了名师王君的多本精品课例的书籍，提出用“遣词构课”一词来概括王君老师的教学艺术特征，认为她以词明思，开辟了灵巧机智的教学视角；以词练思，丰富了灵活机变的教学方式；以词创思，生成了灵透机妙的教学意蕴。结合具体的阅读案例，分析了这种教学艺术，形成了论文《灵巧·灵活·灵透——品赏王君老师“遣词构课”的教学艺术》，并发表于中文核心期刊《中学语文教学参考》（2016年第1—2期）。

2. 补充

补充和完善这本书的内容、观点和论述，将自己的智慧嫁接在这本书的阅读意义上。

3. 批判

批判书中的盲点、疑点甚至是谬点，佐之可靠的论据，建设新观点，也是一种很好的写作思维。

五、践学

五步阅读的第一步“定向”中，就明确了工作室教师专业阅读“三力转化”的要求：把阅读力转化为教学力，把教学力转化为学习力。阅读是提升思想认知的，也是提升教学认知的，更是用于指导教与学实践的。让阅读产生可持续性发展的效能，就得催化阅读主体的多功能转化，说白了，对教师有用，对学生更有用。读为了教，教为了学。

首先，以读促读。教师通过阅读本身促进自己或学生阅读技能、阅读品质的提升。如工作室成员胡玉龙老师，在阅读中形成了“积累—品析—迁移—交流—撰文”的阅读成长途径。认为阅读中要适时查阅资料、文献以求理解，并将这些语言材料积累在自己的素材库；阅读要伴随“品”和“析”两种思维活动，一边品味，一边解析；读书要读整本书，也要读整个系列的书；和其他人交流探讨，寻找不同的观点和火花，吸收不一样的思想营养；最后给自己的观点寻找支撑和辅助材料，然后润色成文。这条阅读成长的路径与工作室的阅读策略不谋而合。

其次，以读促教。教师通过阅读获得教学的新思考、新方式，付诸于教学实践。如工作室成员朱婷老师阅读了“活动体验式教学”的相关书籍并且有自己的思考实践，在教学中开展了名著活动体验式教学。在具体实施上，她通过名著读前导读课、名著读中指导课、名著读后汇报课三种课型来进行名著阅读教学的课堂教学研究和实践。导读课关注激趣，通过故事会、竞猜等活动激发学生的阅读期待；读中指导课关注通读指导，通过绘制名片卡、航程图等多种策略提升阅读质量；读后汇报课关注读后的体会和感受，以头脑风暴、主题辩论、创新写作等活动加强学生阅读体验。

再次，以读促学。教师通过阅读开展学习活动，培养学生阅读的兴趣、提升学生阅读的素养。如工作室成员刘娟娟老师进行极有意义的尝试，力图让阅读成为班级同学关注的焦点、成为学科学习活动的核心。这些学习活动有“节日的礼赠——赠人好书，手有余香”“‘好书带我飞翔——少年正是读书时’主题阅读活动”“‘我要读篇美文给你听’——好书共读活动”“假期户外读书会”等等。阅读成为班级学习的常态和精神生活的一部分。

阅读践学，形式多样，实施的途径有很多，仍值得继续探索，此处不赘述了。

以下是工作室开展五步阅读，同读《语文命题技术研究》的活动实施方案。

五步阅读《语文命题技术研究》活动方案

2019年11月，《教育部关于加强初中学业水平考试命题工作的意见》指出了考试命题的重要性和提升命题质量的必要性。当下一线教师多忙于课堂教学，疏于对原创命题的研究。开展原创命题研究，提升一线教师的原创命题能力，对于课堂改革有着重要的意义。“工作意见”明确提出“依据课程标准科学命题”。取消“初中学业水平考试大纲”，依据课程标准命题，这将打破原本单一僵化的考题形式，为教师放手开发新题型，进行原创命题的研究提供助力。基于以上背景，工作室特提出“初中语文原创命题的策略研究”的专项课题，由工作室成员珠海市第五中学的刘娟娟老师主持，由全体工作室成员共同参与。为深化认识，有效开展研究，工作室于2021年开展了《语文命题技术研究》（作者：章新其等）一书的阅读研修活动。

第一步，定向，明确阅读《语文命题技术研究》的目的。

1. 整体把握该书内容，了解命题一般流程、质量指标，命题发展的特征等。

2. 了解知识积累命题策略。

3. 了解名著阅读命题策略。

4. 了解现代文阅读命题策略。

5. 了解古诗文阅读命题策略。

6. 了解写作命题策略。

7. 了解参考答案与评分标准的编制过程。

8. 了解考试数据的分析与反馈的过程。

9. 能够运用多种阅读方法（精读、略读、比较阅读等）完成该书的阅读。

10. 能够运用该书的知识、策略或规律，指导命题研究或开展相关教学活动。

11. 能够在阅读该书的基础上，形成关于原创命题的个人智慧，并付诸实践。

前8个目标点是关于阅读内容的，第9个目标点强调阅读方法和效率，最后两个目标强调阅读的拓展和运用。

第二步，集约，集中时间、精力、智力阅读《语文命题技术研究》。

先集中时间，划定阅读期限，在六个月内读完此书，在2021年暑假精读重要篇章。

再规划阶段，在工作室定向目标中选择适合自己的目标，制定读书计划与阶段并开始阅读。

线上微交流，在工作室QQ交流群、微信交流群分享读书体会，释放阅读灵感，保持阅读敏感。

第三步，思真，强调智力参与，圈点勾画，阅读中保持联想、想象、对比、思辨等思维机制，读思结合。

要求：

1. 用自己的话概括每一章的主要内容，尤其是各知识板块的命题策略。

2. 列举出重点章节如“现代文阅读命题策略”的论述结构和层次。

3. 从横向和纵向两个角度，比较各个知识板块命题的异同，把握规律。

4. 对照自己的命题尝试和教学实际，提出新问题，试着去分析和解决。

5. 阅读整本书的过程中，适时查阅核心期刊上关于命题研究的论文，丰富认知等。

第四步，促新，写心得体会，写读书研修方面的小论文。

工作室成员自阅读该书以来，便开始了智慧旅行，有很多真体会和新思考。

如珠海市体育运动学校胡玉龙老师在读后感中写道：一套科学合理、有效的命题是要根据学生学情和考试类型制定“双向细目表”才能完成的。“形成性考试”“诊断性考试”“终结性考试”因为考试的评价目的不同，参加考试的学生范围也不同，命题的满意度和认知能力层次自然也就不同。知识模块要全面、题型要多样、分值要合理、难度值分布要科学、认知能力层次考查要全覆盖，兼顾好知识维度和能力维度两个方面。语文试卷的命题是一项高技术含量的工作，一套好的语文试卷，应该引导学生积累富有意义和价值的语言材料、发展高阶思维、渗透正确的情感态度价值观、提高学生在具体的情境中运用语言分析解决实际问题的能力，这样才能全面考查学生的识记理解、分析综合、鉴赏评价、表达运用的能力，才能够真正落实“课标”规定的四大语文核心素养。胡老师的心得总结了语文命题的标准要求，突出了“生本”思想。

又如金鼎中学李玉林老师在心得《以精细化的通俗语言带你开启命题世界的大门》中写道：命题要关注对学生文学素养的培养，关注从积累到理解再到运用的能力过程，关注情境中学生获取、筛选、整合等能力的发展。让学生进入深层次的学习，进入高阶思维的培养。应当把教育的评价归还给教师。教师只有自己掌握了如何命题，才会从这个角度去思考，得到反馈，懂得如何去教学。这是一个相辅相成的事情。刚带完初三，我有一个很大的疑惑“如何去筛选、评价一个作文题目是否符合当下的学生”。作为一名老师我居然一直以自己的感觉在指导学生，心虚、心慌。在这本书的写作命题策略中，我找到了可以去探索的道路。我很认同里面的一句话：写作应当引导学生写出自己的观点态度，有自己的想法。应当是自己心灵与读者的对话，它应当是真实的。教师要从学生的角度命制一个适合学生的作文题目，并提供思维支架。命题之路漫漫，还需上下求索。力争做一个思想和行动并举的巨人，让我的命题之花从理论走向实践。李老师重点关注了作文命题研究，结合自身实际，表达了真切的教学反思。

再如前山中学朱婷老师的小论文《基于关键能力和文本特质的命题研究——以〈语文命题技术研究〉实用文阅读命题为例》中写道：我认为在实用文的命题中要充分考虑到学生的关键能力和实用文的文本特质。现代文阅读的关键能力是理解、应用、分析、评价、创造。不管是理解类试题、应用类试题、分析类试题，还是创造类试题，都要把握能力渐进的层次和线条。具体到命题中，作为命题者首先要准确把握同一学段学生的关键能力。关于文本特质，《语文命题技术研究》一书中关于文本的选择有四个方面的说明，一是要体现课程要求，二是要着眼学生发展，三是要符合考查需要，四是要衔接阶段学习。王荣生教授也谈到“实用文阅读是为了获取文章的意思，阅读是理解”。基于此，我们在实用文的命题中更多地关注学生的信息获取和生活运用。那么，情境化命题以及非连续性文本的命题，势必将会是我们命题中需要认真思考与研究的关键点。实用类文本的阅读最终指向实际生活，我们要关注的是其语言的通俗性及其情境的运用性，引导学生有效获取文本的信息，最终达成实际的应用。而实用类文本的多样性也更加考验我们的命题样式和路径。用更加有效的命题来引导老师的教和学生的学，让命题在教育评价中发挥出它应有的作用，这是我们所有一线老师不懈追求的目标。朱婷老师的小论文准确地分析了实用类文体阅读命题的性质和要求，同时也关注到了“情境命题”“非连续文本阅读”等学科研究热点，拓展了阅读研究的意义。

第五步，践学，将阅读与教学结合起来，上实践课、创新课。

2021年6月，工作室成员珠海市第五中学谢婧老师，在阅读《语文命题技术研究》一书的基础上，结合工作室项目研究课题的理念以及教师个人的教学智慧，在全市中学语文群“珠海初语荟萃”，公开执教了一节题为《共读好文，共命新题——以阅读叙事性散文〈故乡的熬姜糖〉为例》的线上实践课。

该课以“学习选点阅读，读懂《故乡的熬姜糖》里的人、事、物、情”和“了解和熟悉情境性任务题型，尝试为《故乡的熬姜糖》创设情境性命题任务”为教学目标，设置两个主要的学习活动，第一个活动“共读好文：选点阅读《故乡的熬姜糖》”，意在引导学生充分阅读文本，从不同角度抓住文本特征，为命题活动的开展做足了铺垫；第二个活动“共命新题：创设情境，自选角度设计问题”分为三个小环节，先了解语文课程“标准”中关于文学作品的阅读目标，再链接中考模考新题深化对于题型、考点的理解，重点开展基于情境设置下的两个命题活动——“半命题初试”和“自主命题尝试”。谢婧老师设置的“情境”为：

某摄制组打算把《故乡的熬姜糖》拍成微电影。摄制组有导演、编剧、美工、演员、摄影师、配音等任务分工，同学们可以从中选择一个角色设置命题。

教师先设计了半命题：饰演主人公的演员对角色的把握有些疑惑，作为导

演请你联系上下文为演员说说戏，帮助他理解人物心理变化。（按照情节填写心理变化导图）（4分）

接着鼓励学生开展自主命题：请根据微电影拍摄的人物分工，自主设置任务并提供合理答案。班内分享。

学生热情参与，效果良好。

这是一节成功的实践创新课，表达了一种新观念：变“教师出题—学生做题”的学习模式为“师生读文—师生共同命题”，实现了教学方式以及学习方式的“以生为本”的转变，改变了中考复习课、习题训练课枯燥无味的窘状，激发了学生参与课堂的兴趣，激活了学生的阅读思维，从中也可以看到教师阅读文本的智慧和驾驭课堂的良好技艺。

附：

丁世民名师工作室简介

丁世民语文名教师工作室于2020年7月正式成立，由珠海市第五中学教研室主任丁世民担任主持人，由珠海市教育研究院中学语文教研员储强胜老师和香洲区教师发展中心语文教研员赵克婴老师担任顾问，成员包括珠海市第五中学的徐贵芬、刘娟娟，前山中学的朱婷、凤凰中学的谢婧、城东中学的何少娟、斗门区第四中学的肖艳花、斗门区珠峰实验学校的何美玲、金鼎中学的李玉林、南水中学的刘凯、珠海市体育运动学校的胡玉龙10位优秀中青年骨干教师。

2020年至2021年，工作室开展了“走进高新区，与尚辉工作室联动”“2020年珠海中学新任语文教师跟岗培训”“选点阅读项目研究”“原创命题项目研究”等重要活动，以同课异构、专题讲座、微型研讨等活动形式，落实了工作室的理念主张。工作室成员在语文教育园地辛勤耕耘，不懈努力，取得了良好的业绩：在区、市级教研活动中，执教公开课或开办讲座10余次；有3项珠海市教育科研规划课题立项并开展研究；在《师道》《中学语文教学参考》《教师教育论坛》公开发表论文6篇，其中一篇被人大复印报刊资料《初中语文教与学》（2021年第5期）二次转载；在区、市级论文评比中获奖7次以上；在各级教师技能比赛中，荣获1个省一等奖、3个市一等奖、1个市二等奖；辅导学生作文公开发表或评奖不少于15次。

金培忠名师工作室：放飞思维，做从容智慧的语文人

珠海市金海岸中学　金培忠

珠海市金培忠名师工作室以“勤于思考、善于倾听，彰显个性、放飞思维，做从容智慧的语文人”为理念，工作室依托“课题引领下工作室成员专业成长的探索与实践”和“基于思维发展与提升的初中语文‘三维’阅读实践研究”两个市级课题，通过专题研究性阅读、任务驱动式阅读等方式，引导成员有计划、有选择、有实效地进行阅读，养成自觉读书学习的习惯，夯实理论基础。除此之外，工作室还以专题报告、读书沙龙、读书报告会、案例研究等形式，引领成员自主研修，不断思考，为开展教育教学研究奠定良好的基础。

一、课题引领下的共读共享

主持人组织成员围绕“课题引领下工作室成员专业成长的探索与实践”课题展开阅读，拓宽成员的知识面，营造想读书、爱读书、会读书的氛围，并在读书实践活动中提升自己的理论水平，助力自己的教研工作。

成员阅读并不是整齐划一的渐进式阅读，而是根据成员的不同情况采取分类阅读、共读共享的模式。通过阅读，积极推动工作室成员确立课题、开展课题研究。没有课题的要找到课题研究的方向，并指导开题；有了课题的成员要指导做课题，并开展一系列活动帮助开展课题；课题快结束的成员，指导结题，并进一步总结，申报更高级别的课题。

（一）结合语文学科的专业化阅读

主持人组织成员通过专业化阅读，审视语文学科的教学现状，尤其是阅读当今活跃语文教坛的专家学者的作品，并结合自身的教学实际，思考成员本人的发展方向。

通过阅读语文大家的书籍，包括于漪、钱梦龙、余映潮、魏书生、黄厚江、薛法根、窦桂梅、张玉新、王崧舟、董一菲等，感受他们的教学风格，并结合自身进行思考。如读于漪，读出她高度的责任感和对语文教学的痴迷；读魏书生，读出他对教育的坚守和对教学改革永不停息的探索；读钱梦龙，读出他高超的引导艺术和不竭的创新精神；读黄厚江，读出他的精彩的共生教学和踏实的本色语文……

工作室成员刘影老师参加工作刚满四年，她阅读了余映潮老师的《致语文老师》一书，从中领悟到了许多关于年轻的语文教师专业成长与发展的知识，特别是感受到作为语文教师，必须要练好教学基本功，包括练好研读教材的基本功、练好能够运用多种教学手法的基本功、练好作文指导教学的基本功、练好科学地指导学生复习应考的基本功。

刘影老师认为作文指导是她的弱项，每次给学生讲评作文的时候总是信心不足甚至“心虚”，结合本书的阅读，她觉得精选范文、提炼规律、规范指导，对于教师练好作文指导基本功显得尤为重要。日常教学中，老师们应该注意对经典范文的学习，做到模式先行、规律指导先行、构思训练先行。基于此，她申报了校级课题“利用活动促进初中写作教学的实践研究”，希望以此来促进自身写作教学方面的提升。

（二）聚焦课堂教学的共读共享

工作室成员通过阅读相关书籍对工作室的专项课题有了深入的了解，在读书交流活动中，工作室成员汇报自己的读书心得，大家进行热烈讨论，发表自己对课堂教学的真知灼见。在主持人金培忠老师的带领下，工作室成员更新了教学思想和理念，教学研究能力得到了提升。成员们还通过朋友圈、个人博客、电子邮箱、微信群等互通信息，积极交流、分享读书体会，大家共同学习、互勉共助、共同成长，真正形成学习发展共同体，在相互交流中碰撞出火花，指导教学实践，引领课题研究。

由于受到疫情影响，开展线下活动较为困难，工作室就组织大家结合网络资源进行分享。如《名人经典语文课》栏目：阿来引你真切感受《一滴水经过丽江》，蔡国庆真情演绎《再别康桥》，徐帆与同学们一起走进《背影》；语文主题学习网课：体会细节、古诗鉴赏、品读散文、走进游记等精品课程；《语文之美》专题带领大家走进语文的人性之美。

成员们通过共读，结合自身教学及研究的实际形成了一些思考，如叶梅老师关于语文教师沉浸式阅读的思考：语文老师要会研读文本，不只研读教参，而应该“以一名读者、欣赏者的身份，全身心地沉浸到文章里去”，然后再以“一名语文教师的身份重新审视课文，发现和确立教学的价值点”。只有做到双重身份下的阅读、思考，才能“真正弄懂课文的精髓所在”，这才是语文教师真正需要历练的基本功。

孙月老师结合自己研究的课题“视听资源在初中语文教学中的运用研究”进行的关于电影解读的思考：王开东老师对电影的解读方式，类似于语文课中的文本解读，深挖影片的内涵和外延，颇显功力。《不是每个青春都有芳华——评〈芳华〉》一文，王开东老师从“阶层”的角度解读了这部电影，“不是每个人都有资格拥有芳华。有的人，青春就是一场劫难，或者就是一场噩梦”，每个时代、每个人都在自己的阶层里上演着或喜或悲的“芳华”。

这种共读共享，凝聚了成员们的智慧，开拓了成员的视野，对成员们开展的课题研究很有帮助。

（三）指向课题研究的定向阅读

每位成员挑选一本与自己课题相关的专业著作，利用暑假展开深入研读，提炼观点，提升课题的理论深度。定向阅读时，成员们还要利用好中国知网、人大复印资料等网站，大量阅读与课题相关的期刊论文，摘录论文观点，学习研究方法。从书中得出的结论应用于自己的课堂，通过教学设计、公开课等方式，让理论在实践中得以应用，并进一步完善。

表3–1　工作室成员定向阅读安排表

成员	成员课题	推荐书目
成员一	视听资源在初中语文教学中的运用研究	语文综合性学习案例教学论.浙江大学出版社，包建新，2012
成员二	利用初中语文教材中人文思想渗透美育教育的思考	语文审美教育12讲.华东师范大学出版社，熊芳芳，2018

续表

成员	成员课题	推荐书目
成员三	基于项目化学习的粤港澳大湾区背景下珠海文化资源在初中语文综合性学习课程中的开发和利用	语文综合性学习教什么.华东师范大学出版社，王荣生，2014
成员四	整本书策略阅读研究	书册阅读教学现场.教育科学出版社，吴欣歆，2016
成员五	基于情境的过程写作教学策略研究	写作教学教什么.华东师范大学出版社，王荣生，2014
成员六	信息技术在薄弱初级中学差异教学中的应用探究	差异发展教学研究.首都师范大学出版社，曾继耘，2006
成员七	基于思维发展与提升的初中语文“三维”阅读实践研究	三维目标整合教学策略.北京师范大学出版社，李亦菲，2009
成员八	利用活动促进初中写作教学的实践研究	活动建构教学体系下多维互动教学模式探索.山东大学出版社，郭建军主编，2005
成员九	翻转课堂模式下的实用文本阅读选择题的教学	翻转课堂，我们在路上.浙江大学出版社，孙惠敏，2018

以下是珠海市红旗中学梁恒老师结合自己研究的课题进行的写作教学思考：

悦教　善教

——我读王荣生教授《写作教学教什么》

我在经历了15年高中教学之后转入初中教学两年，因着急于解决自己作为一名初中“新”教师的“初中生的作文怎么教”这个问题，我重读王荣生教授《写作教学教什么》这一著作，并且结合大量听课，与学生交谈，制作调查问卷等等，开始了我的初中写作教学观察与实践，走上写作教学从悦教到善教的探索与思考之路。

一、悦教：我的初中写作教学观察

王荣生教授在他的《写作教学的检讨与前瞻》一文中指出：“大家从课时量可以看出来，目前语文课绝大部分课时实际花在阅读教学上，写作课时是很少的。大部分情况下一学期写作文六篇、八篇，另外鼓励学生写随笔、写周记等等，但所用课堂教学课时是很少的。按照合理的配置，写作课时至少每个星期有两个课时，也就是说至少占语文总课时的一半或三分之一。”但在我所在的学校包括与其他同区、同市的同行交流中得知，写作课时常规操作是每两周一课时甚至更少。比如在一次与市区第一的学校教学交流活动中，该校初三集备组长介绍自己每周一节作文指导课，同行的一位老师表示大大地惊叹：你怎么有这么多课时?

写作课时少是初中语文写作教学的第一大问题。

那么，第二个问题就来了。初中语文老师为什么不教写作呢? 或者为什么不舍得用课堂教学课时进行写作教学呢? 写作是占分值最大的一道题，按道理来说，老师不可能不重视写作，学生不可能不想学好写作。那么，为什么不把大量的课时花在写作教学上呢? 答案呼之欲出：以往的写作教学基本上没用。正如本文开头所言，初一、初二到初三，三年的时间，学生作文得分基本处于稳定区间，提高不大。老师在长期的教学过程中，感觉到教写作或不教写作效果其实差不多，学生在长期的实践中感觉到学写作或不学写作差不多。

王荣生教授说：“中小学语文教学几乎没有写作教学，指的是从学生思考他的写作开始，到他开始写作，到他的作文完成，这一阶段几乎没有指导。”

缺乏写作过程性指导是初中语文写作教学的第二大问题。

当前传统的作文教学一贯采用以教师为中心的“教师命题—作前指导—教师评改”的训练模式，教师布置一道作文题目，学生写作之前一般进行审题教学指导，学生接着完成写作。老师批改后挑选优秀作文，整理出有代表性的写作共性问题进行讲评。

现实确实正如王荣生教授所言，在整个写作教与学的过程中，我们可以发现，“正式开始写作的那个过程，以及学生写作过程中碰到的问题和困难，老师几乎没有帮他去解决”。

写作教学课时少，缺乏写作过程性指导两大问题直接造成了初中写作教学效果差的现实。

要切实改变初中写作教学效果差的现实，就需要对于观察所得的两大问题对症下药、逐一击破。

写作教学课时少这一问题要解决，我的方法简单粗暴，那就是：悦教。悦于转变观念，悦于做出改变，悦于每周拿出课堂教学课时真正用于写作教学。

二、善教：我的初中写作教学实践

缺乏写作过程性指导这一问题要解决，我的方法也挺简单粗暴的，那就是下水。让老师全程置身于与学生相同的写作过程之中，开始写作之前怎么打开脑洞，写作中碰到问题和困难如何解决，习作完成之后如何改进等等一切过程性的写作指导就水到渠成。此乃，我的善教之法。

王荣生教授说："研究学生的写作困难，确定针对性的教学内容。这是写作课程的基本要义。"理想的写作教学必须是基于学情的。写作教学不是基于写作理论，让学生掌握若干写作规则与术语并不能使学生形成写作素养；写作教学也不是基于一些名篇佳作，让学生阅读背诵若干范文，然后不断模仿，这同样不能有效提升写作水平。

初中语文《新课程标准》对写作教学提出了以下等方面的要求：

1. 写作要多角度观察生活，发现生活的丰富多彩。

2. 运用联想和想象，选择恰当的表达方式，条理清楚，感情真挚地表达自己的意思等。广东省学业水平考试作文评分标准明确提出"感情真挚"这一要求。

所以，教师在作文教学中要有目的、有计划、有步骤地指导学生进行写作。逐步培养学生的观察能力、想象能力和表达能力。通过习作，发展学生的创新思维和创新能力，引导学生发现身边的美好、增加人生体验、深化情感积淀，表达真情实感。

我通过反复琢磨自己下水写作过程，以及研究分析学生所写文本，确定学生写作要有真情实感，需要给作文搭建一个支架，那就是要让写作有一个合理的写作背景，让情感真实地发生，才有可能让情感真实地表达。

下面是我已发表在《广东教学报》的文章，总结了我关于如何让作文有真情实感的教法：

合理创设写作背景，使初中生作文有真情实感

学生作文中常见素材：发烧去医院必下大雨，深夜学习妈妈送上一杯热牛奶，考试成绩惨不忍睹头发花白的老师出场用沙哑的嗓音安抚了我……这些也可能的确是真实的生活，但千篇一律，也就平平无奇，反而给人矫揉造作之感。所以，合理的追求艺术的真实性，是很必要的。

怎么让作文有真情实感，真正具备以情动人的感染力呢？

合理创设写作背景是我在教学中尝试的一种颇有成效的方法。写作背景即写作者自身的经历、遭遇，通过合理的创设，赋予真实的普通生活素材以别具匠心的独特性，从而让作文有真情实感，真正具备以情动人的感染力。

怎么合理的创设写作背景呢？我在作文教学实践中总结出以下三招：

第一招：挖掘内容不合理之处，合理创设写作背景；

第二招：补充内容的留白处，合理化创设写作背景；

第三招：细化读者的特点，合理化创设写作背景。

作文有真情实感最重要是真正做到“我手写我心”，但生活的绝对真实远远达不到动人的艺术效果，这就需要展开丰富而合理的想象和联想，创设出符合艺术真实的写作背景，使文章有真情实感。

对教学来说，老师们很关心提升学生的写作能力，尤其是提升学生的应试能力，并且我们知道，越是应试越要研究学情，这是个规则。例如，学生作文写不长，什么原因？学生表达很生硬，什么原因？你要知道学生的写作状态、他的问题。“写作教学就是研究学生的写作状态和写作样本，根据学生的写作状态和写作样本，确定最近一个阶段写作重心和要突破的目标。”这样才能真正帮助到学生。

待之以时，育之以美，在王荣生教授《写作教学教什么》这样的专著引领下，悦教、善教，我的初中写作教学观察与实践之路在不断延伸。

工作室的读书实践活动还在进行中，越来越浓的读书氛围，越来越多的读书收获，都让我们有了更多进一步做好这件事的动力。让专业化阅读真正成为教师们的一种生活方式，我们还将继续努力。

二、基于思维发展与提升的深度阅读

特级教师于漪曾说过：“教师的成长之源便是读书。”说明读书对于教师成长的重要性。作为教师，阅读应该成为像呼吸一样自然的事情。金培忠名师工作室倡导每位学员树立终生学习的教育理念，希望成员养成常读书、勤钻研的习惯，从而促进成员教师的综合素养的提高，促进成员思维发展与提升，为工作室深入开展教研活动提供精神保障。

工作室市级课题《基于思维发展与提升的初中语文“三维”阅读实践研

究》，旨在营造最大可能自由的阅读交流氛围，探究培养学生在阅读中的情感、意志等心理现象及动机、兴趣等个性心理，尊重了学生的阅读个性，满足了他们的表现欲，力求不断提高阅读过程中的提问、评价、质疑的能力，促使了学生思维能力的不断发展与提升。

基于此，工作室要求从事课题研究的成员要不断提升自身的阅读能力和水平，阅读指向师生思维发展与提升的深度阅读，运用“想象式扩展法”“感悟式评点法”“逆向式质疑法”等阅读方法，引导“提问”“质疑”“评价”的广度和深度，鼓励富有独立创新认识的阅读法，注重师生创造性阅读能力的培养。

以工作室围绕“文本解读”的系列深度阅读为例：语文教学从本义上讲，其主要任务就是对文本的解读。文本解读能力是一个语文老师的看家本领，它指引我们用语文的方式带领学生遨游语文世界，它启示我们用源源不断的智慧泉水去激活文本沃土，从而发展并提升学生的思维能力。

（一）三重视角下的深刻解读

穆艳芳老师阅读孙绍振、王荣生教授的作品得到的启示：教师要用三重视角解读文本。教师要作为一个普通的读者，心平气和地进入文本。用自己的心去抚摸作品，用孙绍振先生的话应该叫“文本细读”。孙先生提到一种很重要的文本细读方法——还原法，就是揭示出作品与现实矛盾不统一的地方。用“还原法”解读文本一是要解读关键词。二是要“去蔽”。同时，语文老师要发挥专业人员的作用，作为一个研究者去研究文本。如何研究呢？就是王荣生教授笔下的依据“文本体式”来分析教什么。最后，语文老师作为文本的解读者，我们的目标是教学生学会阅读。王荣生教授用三句话解释了这个目标：学生不喜欢的，使他喜欢；学生读不懂的，使他读懂；学生读不好的，使他读好。也就是从学情角度选择教学内容，从而教学生学会阅读。

（二）深入品析下的个性化解读

钟丽清老师善于钻研，她在阅读孙绍振的三本关于文本解读的著作——《文学文本解读学》（与孙彦君合著）、《名作细读》、《解读语文》（与钱理群、王富仁合著）后深有感触，她认为读作品要读出个性来，读出它的与众不同。如写“秋”，老舍的秋天就给人一种活泼、清新、明静、愉快、开朗的感觉；郁达夫笔下的秋天就不一样，它是悲凉的，作者把这种悲凉当作美，大俗与大雅相融合，一下子就了新的感觉。刘禹锡的《秋词》非常通俗易懂，从而很难感受到这首诗的特别之处，主要是因为我们生活在信息和理论爆炸的时代，对秋所表达的悲喜没有太大的感觉，但还原到诗人所处的时代，当许多人致力于表现秋的寂寥、萧瑟、悲楚等感觉时，刘禹锡却一改悲风，把秋写得开朗、写得奋进、写得豁达，确实不同寻常。

由此，钟老师在进行诗歌教学时，引导学生感受每首诗的不同之处，如《竹里馆》的“诗中有画”；《春夜洛城闻笛》不写自己思念而写所有人的思念；《逢入京使》写马上与长安故人的刹那相逢，以及思乡的柔情与报国的豪情；《晚春》中不是对万紫千红的草树，而是对淡雅的杨花榆荚的赞赏等。这样的引导，自然会引起学生思维方式的改变，培养学生从不同的角度感知、理解作品，从而发展他们分析理解的思维能力。

（三）批判质疑下的创造性解读

批判质疑精神的培养，既是语文教学的需要，也是培养民族创新精神的需要，意义非常重大。质疑特别需要教师的示范，教师可以从两个方面引导学生学会质疑：一是文章整体方面的发现和质疑；二是在字、词、句、语、修、逻等局部方面的发现和质疑。

主持人金培忠老师在指导成员对文学作品进行创造性解读时，提到了自己读《阅读，让教育变好》一书时的体会。倪峰老师善于思考，他结合自己一次读画的经历，发现《水浒传》中林冲这一人物形象的解读存在着一个很有趣的现象，从古至今，几乎所有画家笔下的林冲都是浓眉大眼、英武俊朗的样子。而实际上，在施耐庵笔下，林冲却是这样一副状貌——“生的豹头环眼，燕领虎须，八尺长短身材，三十四五年纪”，几乎就像和张飞是一个模子做出来的。于是，在学习《林教头风雪山神庙》一文时，倪峰老师把这一问题带到了课堂，当他说出林冲其实和张飞长得一模一样时，几乎所有的同学都惊讶莫名难以接受。他趁机启发：“为什么我们心目中的林冲会与小说的描述相差如此之大？”“这种反差说明了什么问题？”在前面的铺垫下，同学们对两个问题产生了浓厚的兴趣。最后得出了如下的结论：

（1）我们心目中的林冲形象，是根据对林冲这一人物的想象还原出来的。

（2）从林冲的出身与家庭状况看，形象英俊符合大众的审美期待。

（3）最主要的是，林冲的性格让人们赋予了他英武俊朗而又略带柔和的人物形象。

倪峰老师主要是通过质疑，发现了矛盾处的冲突，进而为课堂找到了讨论的“话题”。这样的解读，让学生眼前一亮，既能够达到鼓励质疑的目的，也锻炼了学生多角度思考问题的能力，让学生的思维不再束缚于一家之言，对提高学生的创造性思维能力大有裨益。质疑是一种更高层次的思维能力，新课标提倡鼓励学生“有自己的心得”“能提出自己的看法”，在此过程中学生分析、表达、对话能力都得到了提升，逐步养成了问题意识，从而提高了学生的思维能力。长此以往，学生的创造性阅读的意识自然而然就形成了。这不是思维中的灵光一现，而是长期以来善于观察、勤于思考、勇于实践的结晶。如果没有敏锐的观察力、深入的思考和勇于实践的决心，又怎能捕捉住这些灵感。

（四）学生质疑路径探究

如何培养学生的质疑能力，广东实验中学金湾学校附属初中穆艳芳老师的文章有重要的借鉴意义。

《名作细读》之质疑路径探究

程颐说：“学者先要会疑。”工作室课题《基于思维发展与提升的初中语文“三维”阅读实践研究》研究目标之一是学生能养成“提问”“质疑”的习惯，培养“善问”“能赏”“会疑”的能力，提升“质疑”水平，并以“提问”“质疑”作为研究的重要内容。在此研究中，学生的“疑”成为一个核心词，有“疑”才能促问，“问”才能促思，“思”才能促发展。

就阅读学习来说，学生疑的起点是文本，文本承载着语言学用和人文精神的传递功能，有效进入文本，才能为“疑”提供沃土，所以“疑”的前提需要细读文本，用自己的心去抚摸作品。这无论对于学生还是老师，都是需要历练的能力。孙绍振先生的《名作细读》，换个角度看，在面对文本应如何“疑”方面为我们提供了宝贵借鉴。

一、于反常处疑

所谓“反常处”，是指违反常识规律、与现实情况不符的地方。李白的诗《下江陵》我们耳熟能详：“朝辞白帝彩云间，千里江陵一日还。两岸猿声啼不住，轻舟已过万重山。”孙绍振先生在“千里江陵一日还”句质疑，首先，小船速度有那么快吗？我们知道，古代行船的主要动力源是风力、水力、人力，即使顺风顺水人力充足，也绝不可能达到古人形容千里马“日行千里、夜行八百”的速度，这就出现了现实与知觉的矛盾，明明没有那么快，为什么作者感觉却那么快？是什么原因导致作者的感觉出现偏差？这就慢慢进入了问询、探究层面，进一步深入，作者境遇及心灵的密语便会逐步浮现。这让我想到教授《桃花源记》一文时，学生读到“寻向所志，遂迷，不复得路”一句，最初并无疑问，我问：“在现实生活中，如果你去过一个地方，返回时非常用心做了标记，再去时找不到的可能性有多大？”学生很快察觉到了这个反常的地方，开始追问：现实中肯定找得到，作品中却找不到，是作者故弄玄虚吗？如果找不到，说明这个地方不存在，那就与前文所述相矛盾，作者为什么既写了它的存在，又写不存在？到底存不存在这么一个“世外桃源”？不存在写此文的目的又是为何呢？至此，学生的质疑思维已经由浅层次思维慢慢进入理性分析层面，再往前走，就慢慢触及作者隐而未言的思想内核了。

于反常处疑，让目光在文字与现实中多走几个来回，不失为疑的一个策略。

二、于关键语句处疑

所谓“关键语句”，一般是指作者议论抒情的句子，这些语句可以鲜明地感受作者的情感、态度。如鲁迅先生在《阿长与〈山海经〉》最后写到：仁慈黑暗的地母啊，愿在你的怀里永安她的魂灵。这是一句非常明显的讴歌式结尾，鲁迅对小人物阶层的阿长深厚、浓郁的情感一览无余。此句可疑之处有二：一、从全文来看，既然是对阿长的讴歌，为什么一开始却是憎恶、厌恶？从这点生发的疑问可以抵达作者精湛的写作技法。二、鲁迅先生批判国民精神向来是辛辣的，“哀其不幸、怒其不争”，但此处却有少见的温情，可见即使对于鲁迅先生，我们也会受刻板印象的影响，在此处疑，可以抵达鲁迅先生独具的精神境界，体悟鲁迅式的人文关怀。对关键语句的理解，可以迁移运用到《老王》一文的学习。杨绛先生在文章最后写到：“几年过去了，我渐渐明白：那是一个幸运的人对一个不幸者的愧怍。”这句话的核心词是“愧怍”，但是我们也可以围绕这句话展开质疑，为什么是“几年”以后才明白？几年的时间，都消除不掉的记忆，到底是怎样的记忆？“幸运的人”指谁？为什么说幸运？能从课文中找到依据吗？“不幸者”指谁？如何不幸？“幸运”和“不幸”如何界定？“愧怍”又缘何而起？文中能否找到依据？

于关键语句处疑，可以快速把握作者情感、态度倾向，从具体用语中获取抵达文本的蛛丝马迹。

三、于词句反复出现处疑

在阅读文本时，有时我们会发现有些语句反复出现，如《白杨礼赞》中反复出现“白杨树实在是不平凡的”相似语句，《安塞腰鼓》中反复出现“好一个安塞腰鼓”，作者不断强调“不平凡”，却又说它普通，到底在传达什么？安塞腰鼓“好”在哪？每次出现的强调性语句都是从一个角度，还是不同角度出发？这些都会引发我们的疑问。孙绍振先生在《花木兰是英勇善战的“英雄”吗》一文中指出，文本写木兰备马：“东市买骏马，西市买鞍鞯，南市买辔头，北市买长鞭。”分了四行，写行军中对爹娘的思念：“旦辞爷娘去，暮宿黄河边，不闻爷娘唤女声，但闻黄河流水鸣溅溅。旦辞黄河去，暮至黑山头，不闻爷娘唤女声，但闻燕山胡骑鸣啾啾”用了八行，其意思都相同，句法结构完全相同，或者只改几个字，但作者却冒着重复的风险，反复铺排，就非常值得我们注意了。为什么反复强调、突出？进而引发对文本主题思想的进一步思考：《木兰诗》就是为了表现木兰是个英雄吗？如果要表现英雄形象，又为何反复渲染“非英雄”的姿态？这些反复出现的词句，以复沓的形式，承载着作者别样的情思，是值得我们注意的地方。

四、于文本留白处疑

“留白”源于中国水墨画的艺术表现，文本中也存在“留白”的地方，即不直白地表达作者的意思，而是留有空白，留待读者去发现、去思考、去探究、去补白。孙绍振先生认为，我们阅读文本，“往往只是被动地注意作者写了什么，而没有主动地想象他没有写什么”，这些作者有意回避或者淡化了的地方，往往才是文章的妙处所在。如《背影》中写朱自清与父亲矛盾的句子“触他之怒”“待我渐渐不同往日”“我的不好”，作者都是淡化处理，这其实是很锻炼推理想象思维的地方，徐杰老师在教授《背影》一课时，就对此进行活动设置，让学生推测这期间大概发生了什么事，就很好地利用了文本的留白激发学生思维。

《孔乙己》一文中，丁举人只在文中出现一次，且借“短衣帮”之口呈现，但却给了我们深刻的印象。丁举人是谁？为什么打孔乙己？怎么打的？为什么是举人就可以打人，甚至打断腿？他也是文人出身，难道没有一点文人的恻隐之心？此处对丁举人人物留白的质疑探究，有助于我们进一步深入了解作者所批判的社会制度以及批判意图。

除叙述的留白、人物的留白之外，情节留白、场景留白等，皆有可探究之处，无论学生还是老师，若能在此处疑，必会透过文本发现意想不到的奥秘。

五、于语言形式变换处疑

我这里所说的语言形式的变换，既包括不同文本，又包括同一文本中艺术手法、表达方式、叙述方式、文本局部修辞手法、词语的应用等。局部语言形式很容易被我们识别，并成为语言赏析训练的材料。整体上的语言形式变换却常常被我们忽略，而这种形式上的变化却恰恰应是我们关注的地方。对于不同文本来说，孙绍振先生认为应该把同类题材、风格不同的作品放在一起比较阅读，你才能发现“这一篇”的特性。孙先生将朱自清的《春》与林斤澜的《春风》放在一起比较，二者经由语言风格、形式的不同，所表现的春的地域差异便极其明显，一个是典型的江南的春的柔婉，一个是北方的、劳动汉子的春的粗犷，两者所代表的是不同形式的美。这就启示我们，因异生疑，将同类文本放在一起比读，其语言形式的转换可以促使我们深入文本、比较异同，从而有效质疑。

就单篇文本来说，孙绍振先生注意到《狼》一文，全文几乎都是叙述，近乎白描，但随着故事的进展，出现了细节和比喻，为什么此处要描写？因为它是一个悬念，等屠夫杀完两狼才顿悟狼的诡计，形成情节的因果关系，因而也更引人入胜。这不禁让我想到《老王》和《背影》，两文也是长于不动声色的叙述，但在关键节口都转入描写，最终促成情感的转变。由此可见，阅读叙事类文本，在语言形式转换处多问几个为什么，有助于我们了解作者思想情感脉络，把握作者情感思想变化。

总之，要使学生养成“提问”“质疑”的习惯，培养“善问”“能赏”“会疑”的能力，提升“质疑”的水平，在语文课程中，就一定要引导学生亲近语言文字，进入语言文字所构成的文本世界，而掌握质疑的方法和规律，无疑会对学生掌握语言文字的秘密提供有益路径。

附：

金培忠名师工作室简介

珠海市金培忠名教师工作室于2020年9月正式成立，由珠海市金海岸中学金培忠老师担任主持人，珠海市教育研究院中学语文教研员储强胜老师和金湾区教师发展中心语文教研员乐晓华老师担任顾问，工作室成员来自全市各区，包括：香洲区十一中的林巧玲、十六中的钟丽清、金鼎中学的钟展波；斗门区珠峰实验学校的崔兆云；金湾区广东实验中学金湾学校附属初中的穆艳芳、金海岸中学的孙月、红旗中学的梁恒、小林中学的叶梅、平沙一中的刘影共9位成员。

工作室已组织集中教研活动12次，承担市级活动4次，教育帮扶2次，工作室平台发表推文36篇。2020年，在珠海市青年教师大赛中，工作室共有四位成员脱颖而出，代表各区参加比赛，并取得了优异的成绩。工作室成员主持或参与的立项课题共有10项，撰写论文及体会文章16篇，发表6篇，获得市级以上荣誉7次。

尚辉名师工作室：深耕阅读，书香致远

珠海中山大学附属中学 尚 辉

词人黄庭坚说"三日不读书，便觉语言无味，面目可憎"，对于日日在讲台侃侃而谈、滔滔不绝之人，尤其是语文教师，若不常读书，无鲜活的语言，当真是面目可憎了。基于此，尚辉名师工作室在建设过程中特别重视读书，深耕阅读。工作室的伙伴们在尚辉老师的带领下，努力做到四个"好"：第一，建好团队；第二，做好示范；第三，抓好研究；第四，出好成果。同时她也经常勉励工作室伙伴们，要努力做到四个"学会"：第一，学会仰视，向阳生长追新高；第二，学会平视，巧借东风共成长；第三，学会俯视，脚踏实地勤做事；第四，学会环视，博采众长谋发展。

一、名师引领构建阅读圈

身为教师，大家都知道读书重要，但在工作和生活的双重夹击下，一些人不知道该怎么读。"一会儿有专家说，要博览群书；又来个名师说，要精读细读；还没等去尝试呢，又来个学者大力提倡读书一定要集体共研共读……这法那法，公说公有理，婆说婆有理；哲学、心理学、教育学、课堂教学艺术、班级管理技巧……每一类都是宝库，也都有经典。可'我'该怎么读呢？这个问题却很少有人能躬身用心思考，更很少有人领着教师们一起分析。"特级教师郑立平老师的一席话引起了尚辉老师的思考。如何帮助成员们在纷杂的世界里找到自己的阅读圈是工作室想要探究的方向。

首先是组织读书活动的方式。现在科技十分发达，人人都离不开手机，"互联网+读书"的阅读方式，正好形成了读书活动的新形式、新样态。工作室的读书活动不局限于传统的读书会等形式，而是通过微信群、朋友圈、公众号等线上方式，坚持阅读、分享，尚辉老师就是这项活动的积极实践者。她时常在朋友圈发表一些读书心得，推荐好书。润物无声，在尚辉老师的带领下，工作室成员都纷纷加入，在繁忙的工作之外，一个转发、一个截图、一句评论都是一种参与。接下来，工作室将这种线上阅读更加具体化，设定好阅读周期，定期线上分享。大家一起构建新型的阅读生态圈，打造良好的工作室内部读书氛围。

二、读不同的书

工作室的成员聚到一起，有时候也会聊起各自的成长经历，会提到一些对自己影响深远的书籍。阅读是一种个性化的人生体验，每个人的喜好都不完全一致。大家聊起读书故事，分享读书的收获和成长，也是一种观念和体验的碰撞。这个过程，能够增进工作室成员之间相互的了解和认同。基于此，在接下来的工作室读书活动中，将引进特级教师郑立平老师所提到的两种读书方法：

1.“分层阅读”

根据教师的性别、年龄、教龄和学历等情况，给不同教师推荐不同书目。我们工作室共有十一位教师，有男教师也有女教师。有刚入职的年轻教师，也有工作长达十余年的骨干教师。工作室将根据每位教师的情况，每学期提供两至三本更加符合他们个性化需求的书。

2.“阶梯阅读”

根据教师的专业发展阶段不同，提供系列书籍，教师必须一步一个脚印地完成读书任务，如撰写读书笔记、读书心得、教育科研论文等。当完成一定的读书任务后，就可以申请借阅高一级的书籍。根据教师阅读级别的不同，可以安排在工作室中不同类型的任务，以强化自主阅读的积极性。

三、同读一种书

对于教师读书活动，工作室有自己的课题和共同的学习目标，所以在鼓励个性化阅读之外，也会要求大家一起共同学习工作室的研究内容——“深度学习”与“群文阅读”。在征求了一些专家学者和名师们的建议后，尚辉老师推荐一批必读和选读书目。并发动工作室成员，在准备工作室课题的过程中搜集整理了大量的论文资料。将这些书籍和论文一起购买准备好，发放到成员手中，按照一个学期一个专题的方向带领大家去读。

纸上得来终觉浅，教师的专业阅读要为教学工作服务。如何实现书本知识到教学实践的转换，尚辉老师想了一个好办法，那就是布置“命题作文”。要上一节根据所读书本知识来设计的公开课。例如本学期在珠海市语文教研员储强胜老师的精心组织下，在金海岸中学开展的“基于深度学习下的初中语文群文阅读教学策略”为主题的东西部区域联动活动。这次活动由珠海市尚辉名师工作室和珠海市金培忠名师工作室共同举办，工作室全体成员积极参与，珠海市全体语文教师在线观看学习。这一次，工作室成员赵媛媛老师完成了“命题作文”，交出了自己的答卷。

赵媛媛老师带来了一节游记单元整合课——《游记散文群文阅读》。课堂伊始，赵老师提供三篇已经学过的游记文章：《壶口瀑布》《小石潭记》和《桃花源记》，提供了学习归纳表来归纳游记的知识异同点。所至，即作者的游踪，这好比游记的骨架；所见，即游览过程中目睹、耳闻的风貌，这好比游记的血肉；所感，即由见闻引发的思想、感受，这好比游记的灵魂。然后，借《一滴水经过丽江》这篇自读课文，迁移运用欣赏游记散文的策略。纵观赵老师的这节课，巧妙地运用了教学支架，课堂充满了知识性、灵动性、文化性和实践性，以大任务——“探究游记奥妙在哪里”为驱动，尊重学生的探究，引导学生观察发现、阅读分析、整合对比，前后勾连，思考讨论，形成“游记写作知识点观察表”。课堂设计由浅至深，有效地培养了学生的高阶思维，架构起了读写结合的桥梁。课程结束后的教学研讨环节，赵老师分享了自己的授课心得。她最大的感受就是为了上好这节课而进行的大量关于“深度学习”与“群文阅读”的学习，这些阅读都内化为本节课的设计，并且在反复磨课的过程中找到了一个比较好的呈现方式。

赵老师这节课的成功，给工作室成员打了一剂强心针。原来花时间去阅读与工作并不冲突，原来工作室选定的读书方向和目标可以和自己的课堂这样结合。读书是为了教好书，专业的阅读是为了自身专业的提升，工作室成员的读书动力又有了一个很大的提升。

四、读有所获

虽不能片面地推崇功利的读书论，但读书的确需要有所收获，有所积累。除了上文提到的要能够内化于课堂，还要外化成各种书面的材料。工作室大力鼓励和支持教师撰写教育论文，发表教育教学类的文章。甚至提出更高要求，能围绕教育问题展开探索和思考，提出自己的教育主张，撰写自己的教育专著。成为自己研究领域能独当一面的中坚力量，形成和传播自己的教育思想，这都是工作室美好的愿景。

尚辉老师在之前的工作中，已经尝试将工作室成员的文字材料整理出版，编写了一本校本教材——《初中古诗词群文阅读篇目》。在接下来的工作中，将会继续推进这项工作。不仅要确立愿景目标、长远规划和中期规划，还要有近期目标和年度计划。正如专家们所说，长远目标重在通过读书引领教师树立教育信念、提高精神境界、提升育人能力、沉淀和生成教育思想；中期目标下的读书要围绕教师自身的专业能力和专业发展，突出教育教学规律、方法、措施的探寻和创新；近期目标则紧扣教师当下遇到的教育教学实际问题与困惑的应对与解决，能帮助教师克服自身的疲惫、忙碌、焦虑、低效等弊端，从而让工作更轻松、高效，师生关系和教学质量得到显著提高。

新的学期即将开始，工作室也将整理出新的书目和计划，进一步细化读书要求。工作室成员的分工将会更加具体，专门安排一位成员负责督促，及时催交、收集、整理成员们的读书反思。等到学期末、学年末的时候，再组织工作室成员进行全面的总结回顾和读书分享，并邀请相关领导、优秀教师一起参与。搭建教师读书展示的平台，让读书这件事更有趣、更有用，更有收获。

以下是工作室成员的读书心得及学习体会：

创造思维走天下，桃源躬耕回忆长

——读《文兰森语文教育文集》

珠海市金鼎中学　胡　勇

这是一本沉甸甸的大书，说它沉，不只因为包装精美，纸张厚实，更是因为它是一位已入耄耋之年的老者的学习、思考和研究，这多重的意蕴让原本丰厚的它更显珍贵。文老曾花费四十年的时间研究语文导创教学，在《文兰森语文教育文集》中，我不仅看见他的生活、他的奋斗、他的休闲，更看到了一位兀兀穷年、孜孜不倦的研究者的人生历程。掩卷提笔，文老关于创造性思维的谆谆教诲犹在耳畔，让我时时惦记，深深叹服。

一、读要紧书，为创造性思维打下基础

创造，多少繁荣因你而来！在这个崭新的时代，对于广大师生来说，最宝贵的思维品质就是创造性思维的学习和运用。

想要具备这一思维品质，最便捷的路径便是读书。不读书，自己的创造性思维从何而来？学生的创造性思维凭借什么来激发？创造性思维养成的前提，用文兰森老师的话说，就是要多读书，读“要紧书”——“欲为一代经纶手，需读几本要紧书。”那么对于语文老师来说，什么才是要紧书？

文老说，要紧书是教育理论专著。教育理论专著，是窥探教育现象和教育规律的秘籍，每一个具有创新思维意愿的老师都应该通过阅读教育理论专著，努力追求自己的教育理想。

要紧书是古代诗文典籍。教师只有自己饱读诗书，通过自己的课堂展示出传统文化的魅力，才能更好地引导学生去饱读。文老师曾经在一个暑假读了15本经典小说和人文书籍并做了许多读书笔记。也因此，他才要求学生进行“导读导写”的试验，三年下来，一般每人都读了300篇时文佳作，30部文学作品或人文书籍，背诵100个（首）篇段诗文，写出300篇左右的读书笔记。也因此，文老师被誉为“功夫派”教师。文老师在“导读”实验研究中取得的巨大成就，定与他长期阅读所促成的改革精神和创造性思维品质密不可分。

要紧书是“大语文之书”。在五彩缤纷的时代信息中，文老师倡议语文学习必须走大语文学习之路，兴开放式学习之风。教师不仅要读教育专著，读世界名著，读时文佳作，同时学习者还必须掌握信息论的科学方法，培养自己搜集、浓缩储存语文信息的能力和方法，利用各种途径搜集信息，筛选信息，加工信息。文老尤其强调对最新社会信息的加工储存，因为这个能力的获取关乎学习者的创造思维能力。

当“大语文阅读”积累到一定程度，“灵感”自会光顾。灵感就是创造性思维的产物，只有在信息积累较多，苦苦思索到一定程度，才能触类旁通，神奇出现。文老师引用著名作家林放的说法来解释这种现象：“几十本好书在肚子里生了根，就好比打仗时有几百子弟兵在身边一样，终身受用无穷。”

二、写超常文，让创造思维渗透在字里行间

文老师建议老师和学生写超常文，这对把写作当成差事，草草应付以了事的写作者来说，如警钟振聋发聩。超常文的反面是寻常文，指那种人云亦云，千篇一律，缺乏新颖性和独创性的文章。这样的文章，在铺天盖地的网文中比比皆是，在学生作文中更是俯拾即是。其文淹没智识，埋葬真情，实乃下乘之作。

超常文拒绝俗套和平庸。它以创造思维为导向，多从不同的角度思考问题，提出富有创造性的观点。无论是教师写作，还是指导学生写作，都要养成超常思考的思维习惯。在日复一日单调乏味的教学或学习生活中，如何发现生活的美感和滋味？在课堂教学中面对的诸多问题，拎出一个进行深入剖析，怎样的思考才是理解和解决之道？这些都需要我们用第三只眼睛去观察，用第三只耳朵去倾听，用创新思维去分析和理解。

超常思考拒绝思维定式。多年来的思考习惯导致我们构思文章时陷入了套路，常觉笔端无物，思想空洞。其实我们大可换一个思路，把写文章当成是思维训练过程，是在反观自己创造性精神活动的过程。见人所见，想人所想，发人所发的文章于人无益，超常思考就是要在写作中打破这种固定的思想锁链，调动自己的潜在知识力量去思考。

超常思考要努力求新。文老认为，写作的要义在于“为陈言之务去，创造出新形象来”。超常思考以怀疑的态度，打破习惯性思维的束缚，创造出新形象，领悟到新启迪。思考要求新、求奇、求深，只有灵活多变的思维才能增强文章的生动性和感染力。

三、上创新课，建立自由独立的教学思想

创新课对教师提出较高要求，它突破教师现有认知的极限，所以教师需要在阅读和实践中慢慢摸索思维训练的方法，使学生的思维敏捷，思路开阔，思想深刻。如果不进行科学有效的思维训练，学生将一直原地踏步，关于创新思维的构想也只能存在于想象之中。

文老师的导创教学就暗合了上述要求。文老师经常采用的教学法，主要有自主实践教学法、发现问题教学法、信息辐射教学法、个性主导教学法和思维、创新教学法等，形式灵活，内容丰富。教师创造的课堂也是多元的，自主实践、自我审美，充分体现学生在课堂的主体作用。文老师十分看重学生的心

理和感受，他鼓励教师尊重学生、热爱学生，给学生思想自由，鼓励其自由表达，唯其如此，学生才敢大胆发挥自己的想象，突破旧有思维的限制。爱心与期待，民主的气氛和宽容的心态，永远是创造性思维的最佳土壤。

名师工作室引导下的教师专业阅读与教师成长

——以珠海市尚辉语文名师工作室关于“深度学习”主题阅读为例

珠海市湾仔中学　赵媛媛

阅读是教师专业发展的重要途径，尤其对语文教师而言，其重要性更是不言而喻。著名教育家苏霍姆林斯基曾说：“教师获得教育素养的主要途径，就是读书，读书，再读书。”然而，不少教师在教育教学与学科专业发展方面的阅读水平并不理想，存在的问题有阅读量小、阅读面窄、阅读不成系统等。为了改变工作室成员的阅读状态，工作室提出“专业提升从专业阅读开始”的观点，建构专业阅读的学习共同体。工作室基于着力探究初中语文散文深度学习的课题任务，要求成员每学期认真阅读一定数量的关于深度学习或名师名家的教育教学理论书籍，并及时关注专业刊物和优秀论文，关注学界动态，思考语文学科热点问题，三年下来要形成自己的阅读体系，帮助教师专业成长。

一、专业阅读提升教师的教育理念

2021年上半年，工作室推荐了关于“深度学习”的有关书籍，比如《深度学习：走向核心素养》《深度教学研究》《核心素养导向的课堂教学》等，要求工作室成员根据自己的阅读收获撰写读书笔记，使成员们对“深度学习”的认识由模糊到清晰，比如：深度学习注重“元认知”的教学方法；深度学习是以理解为基础的意义探究型学习活动；深度学习有五个特征：联想与结构、活动与体验、本质与变式、迁移与应用、价值与评价；深度学习需要重新认识教学内容的意义和教师的价值；深度学习倡导单元学习。在阅读和写笔记的过程中，大家不断反思自己的教学行为，不仅使自己的理论水平得以提高，更重要的是教育观念有了更新。

二、专业阅读学习共同体激励教师提升专业素养

工作室以指定书目为交流话题，探讨著作或篇章主题，畅谈读书心得，分享教学案例。交流活动中，教师们互相之间既是学习者，也是启发者。比如，在工作室成员上完一节公开课后，工作室成员围绕如何在课堂中践行深度学习

的理念，展开充分的交流：有的老师建议，采用学习小组合作探究的方式能体现“自主合作探究”；有的老师认为，要设计思辨环节，让学生的思维活动由低阶思维上升到高阶思维，落实语文核心素养；有的老师建议，创设学习情境形成驱动任务，既为学生搭建学习支架，又可以使课堂变得生动有趣；有的老师认为，关注学生的起点认知，把“知识内容”转化为“学习任务”才是关键等等。

在大家七嘴八舌各抒己见的过程中，体现了大家平时阅读的积累和对教学策略、教学理念的思考。有的老师把自己的日常课例和课题研究项目联系起来，阐释自己的观点，为大家拨云见日、指点迷津。还有老师推荐了《初中语文教与学》《中学语文教学参考》等学科核心期刊以及王荣生教授的“参与式语文教师培训资源”系列丛书等书目，并指出其中的一些重要观点，以提供借鉴。通过这样互相启发式的交流活动，大家的思维有了碰撞，营造了专业阅读的氛围。工作室成员互相激励，通过阅读不断提升专业素养。

三、专业阅读引领深度学习和深度备课

一节好课需要反复打磨，确立教学目标、选择教学策略、组织课堂活动、评价学生反馈等环节，都需要不断地调整与尝试。2021年5月，工作室接到一节关于“游记散文群文阅读”市级公开课的任务。经过集体备课后，最终确定用“1+X”群文阅读的方式，来完成八年级第五单元游记散文的大单元群文阅读教学。工作室准备上课的老师已经用自己的教学班级进行了试讲磨课，但由于跨学校上课，后来了解到对方学校的教学进度与我们准备上课老师的进度不一致，对方连“1+X”中的“1”都没有开始，所以原有的教学设计很难在一节公开课内呈现。

在这种情况下，工作室成员集思广益，共同查阅专业书籍、刊物和论文，深入研究群文阅读中的“1+X”究竟是什么关系。有文章认为：“1”即本单元一篇课内课文，“X”即一篇或若干篇本单元课文或课外主题阅读文本。也有文章认为：“1”的基本功能是示范，为阅读“X”起示范和借鉴作用。学习“1”可以迁移运用到“X”，反过来大量阅读“X”也会内化强化对“1”的认知，“X”与“1”互为促进。

那么，我们有个大胆的假设，如果把“1+X”置换为“X+1”，用已经学过的课文“X”来引导新授课“1”，这还算不算群文阅读的课型？我们继续查阅期刊论文，进一步获得了对群文阅读的深刻认识：“1”与“X”的关系可以分为"求同型、比异型、整合型、补充型"。求同型提炼归纳的落点在强化、印证某种认识或策略；比异型提炼归纳的落点在引发认知冲突；整合型提炼归纳的落点在丰富多元理解；补充型提炼归纳的落点在加深对某个文本的理解。如果我们这节课采用"X+1"的课型，那"1"与"X"正好符合"求同型"和"整合型"。

经过对学情的分析，学生在接触这个单元之前，已经学习了一些游记散文篇目，他们对游记散文并不陌生，他们小学时学过几篇游记，比如《桂林山水》《雅鲁藏布大峡谷》等。八年级的《三峡》《小石潭记》《桃花源记》等文章，使他们知道"融情于景""情景结合""移步换景"等写法，但对游记散文的特点和写法方面的认知仍比较简单。这些已学过的文章就是我们所说的"X"，可以用"整合"的方式把游记散文相对零散的知识点进行归纳，从宏观上整体认知此类文章。同时，八年级下册第五单元的游记散文，内容和写法都比较复杂，通过学习这个单元能够拓宽学生对此类文章的认知视野。从学习《一滴水经过丽江》入手，即是新授课"1"，以"求同"的方式用内容和写法比较复杂的"1"，再次丰富已习得的"X"。

工作室的成员们一边阅读专业书刊，一边思考和改进教学设计，最终选择用"X+1"的方式，建立文本之间"求同"+"整合"的关系。以下是这节课的教学设计片段：

教学设计片段

一、回顾学过的游记散文，统整归纳出游记散文的特点（教师设计表格为学生搭建学习支架，学生完成填空并学习用统整的方式探究）

表3–2　游记散文统计表

项目	《小石潭记》	《桃花源记》	《壶口瀑布》
讲述者	作者柳宗元	渔人	作者梁衡
主要内容	小石潭的幽静冷寂	桃花源的田园风光和风土人情（此处由学生填空完成）	壶口瀑布的雄浑壮美
游记立意	表达自己被贬后的凄凉忧伤（此处由学生填空完成）	寄托作者对理想社会的追求	表达作者独特的感受与思考

续表

项目	《小石潭记》	《桃花源记》	《壶口瀑布》
讲述者	作者柳宗元	渔人	作者梁衡
观察视角	俯视、平视	平视	仰视、平视、俯视（此处由学生填空完成）
观察顺序	移步换景	移步换景	定点换景（立足于河心四下观察）（此处由学生填空完成）
语言特色	精练优美、含蓄巧妙	质朴自然、似淡实浓、似简实丰	精致典雅、动态感强、思考深刻

小结：游记散文有什么特点？（教师引导学生整合关于游记散文的特点）

1. 游记散文的基本要素是“所至—所见—所感”。

2. 题材广泛：山川景物、名胜古迹、风土人情、社会生活等。

3. 写法自由：情景结合、或描写或叙事。

4. 观察顺序：移步换景、定点换景。

5. 语言风格：不拘一格。

6. 讲述者：人（作者）。

二、学生自读《一滴水经过丽江》，根据有关情境，小组合作探究，完成以下任务

丽江市政府为了更好地向全世界宣传丽江，准备拍摄一部的宣传片，你作为工作人员，请选择参加一个项目组：

［摄制组］（说说文章的“所至”）任务：寻找最佳拍摄镜头。

方法：根据课文，选择合适的时间、地点和拍摄角度，进行“踩点”。

［编辑组］（说说文章的“所见”）任务：设计字幕旁白。

方法：选定文中提到的立足观察点；从文中摘选对应的精彩语句作为视频画面的旁白；说明选择的理由。

［宣传组］（说说文章的“所感”）任务：向播放栏目推介。

方法：结合课文内容，你认为阿来先生更希望把这个宣传片推送给哪个电视栏目？请说明理由。《地理★发现》《人生★体悟》《人文★中国》。

三、获得新知（教师设计表格为学生搭建学习支架，帮助学生发现新知）

表3-3 《一滴水经过丽江》学习表格

项目	《一滴水经过丽江》
讲述者	一滴水（此处由学生填空完成）
主要内容	丽江的自然风光、历史沿革、人文景观
游记立意	赞美丽江的景物与建筑、人文与地理、历史与现实
观察视角	仰视、扫视、俯瞰
观察顺序	移步换景（丽江景物在时空上的变化）（此处由学生填空完成）
语言特色	客观叙述、诗意审美

小结：通过学习《一滴水经过丽江》，我们增加了对游记散文特点的认识：

1. 游记散文的基本要素是“所至—所见—所感”。

2. 题材广泛：山川景物、名胜古迹、风土人情、社会生活等。

3. 写法自由：情景结合、或描写或叙事或表现深刻的文化内涵（此处由学生填空完成）。

4. 观察顺序：移步换景、定点换景、纵横时空（此处由学生填空完成）。

5. 语言风格：不拘一格。

6. 讲述者：可以是人，也可以是物（构思新颖）（此处由学生填空完成）。

新学的课文丰富了本课第一环节对游记散文特点的认识，通过统整归纳的阅读策略，可以引领整个单元的阅读活动。以上教学设计也符合“深度学习”的特征。首先，“联想与结构”：唤醒学生已有的关于游记散文的经验，通过“整合”实现“结构”知识；其次，“活动与体验”：用拍宣传片的情境活动，形成学生的学习机制，让学生在体验中完成学习任务；再次，“本质与变式”：学生获取了游记散文的新知，对此类文章有了更深层次的认识；最后，“迁移与应用”：学生可以运用本节课习得的统整归纳的方法，可以轻松驾驭其他游记散文类文章。

教师要想在课堂上引领学生进行“深度学习”，首先自己要在专业上深度阅读和学习。正是因为工作室引导的专业阅读，促使成员们全面了解了“深度学习”理念，才能在后来的教学活动中加以运用。正是因为工作室营造的专业阅读氛围，激励着成员们一边备课、一边阅读、一边思考，寻找解决教学难题的理论支撑和方法策略。

专业阅读是教师专业成长不可或缺的保障。通过专业阅读，工作室成员反思教育教学能力不足，主动建构自身知识结构，提升专业能力，拓宽专业视野。大家聚焦教学研讨，在阅读交流中建立共同话题、形成共同兴趣、钻研学习项目，从而增强了教师成长的内驱力。名师工作室引领的专业阅读学习共同体，为教师成长提供平台，激发了教师研究探索的欲望，引领教师走向教育教学前沿，由胜任型教师向成熟型、专家型教师迈进，提升了教师的职业价值感。

附：

尚辉名师工作室简介

珠海市尚辉名师工作室于2020年12月11日正式成立，由珠海市中山大学附属中学的尚辉老师主持。工作室会聚了来自不同区域和不同学校的十位中学语文教师。分别是湾仔中学的赵媛媛、珠海新世纪学校的林颖、文园中学的曹强、凤凰中学的金洪源、珠峰实验学校的王月、平沙三中的蓝倩、中大附中的刘文娟、三灶中学的石媛媛和金鼎中学的胡勇、陈卓胜。

在成立的近一年时间里，工作室积极配合珠海市语文教学和教研工作，开展了丰富多彩的活动，例如与高新区、斗门区的联合研讨活动，与金湾区金培忠名师工作室的联动活动。同时，在珠海市语文教研室的支持下，工作室先后承办了跨市级教研——“韶关市（乐昌专场）初中语文教师高级研修班走进珠海观摩交流”、高新区初中语文青年教师课堂技能比赛和珠海市初中语文能力大赛等活动。此外，工作室也为成员们精心组织了课堂研讨、读书研讨、课题研讨等一系列学习交流的活动。使之成为一个教学研讨的平台，一群优秀教师锤炼的熔炉，在共同的努力下，结出累累硕果。

第四章

名师之音

善读的三个层次——悦读、苦读、广读

珠海市梅华中学　陈玲梅

北宋黄庭坚曾说：“士大夫三日不读书，则义理不交于胸中，对镜觉面目可憎，向人亦语言无味。”作为一名教师，从三尺讲台到言谈举止，从为人师表到学术研究，每一点成绩的取得，每一个火花绽放的课堂都离不开阅读。当下社会流行这样一条“知识折旧率”：一年不学习，自己知道；两年不学习，同事知道；三年不学习，学生知道。一劳永逸已经不是我们追求的精神标本，以不变应万变已经不是我们向往的神话。要适应这种变化，身为教师的我们就必须要认真阅读，学会阅读，将读书作为工作生活的第一要务。

读书到底有什么具体的好处？林语堂先生认为：“读书可以开茅塞、除鄙见、得新知、增学问、广识见、养性灵。”在真正的阅读中，我深切感受到阅读可以培养自己的人文素养，提高综合能力。人文素养是一个人能力结构中的一个“软件”，而“软件”与“硬件”相比，更具决定性作用。它不仅会决定教师的教学水平高低，还会渗透到教师的人格与个性中，影响教师的教育世界观与教育方式，甚至造就一系列的教育习惯。

作为一名语文人、一位读书人，我觉得读是一个渐进爬升的过程，也是一个逐渐向深处挖掘的过程。在多年的读书之路中，我觉得读是过程的开启，善读则是读书的关键，如何善读则成为读书的内核。

一、悦读：读书是一种爱好

笛卡尔说：“读一本好书，就是和许多高尚的人谈话。”那么，在现代这知识越来越复杂，出版的书籍越来越多的时代，如何挑选适合自己的书，变成了读书人首先面对的问题。早在1925年《京报副刊》就刊出启示，征求“青年爱读书”和“青年必读书”。作为被邀请的鲁迅写道“从来没有留心过，所以现在说不出”。事实上，从鲁迅的回复中我们可以得知，那些所谓的必读书目只是别人所感兴趣的，但并非适合自己。真正的阅读应该是自己所感兴趣的，与自己的兴趣、性格有共鸣点的“悦读”。所以，在读书的选择上我非常赞同朱光潜先生的观点“读书好比探险，不能全靠别人指导，自己也必须费些功夫去搜求。我从来没有听见有人按照别人替他定的‘青年必读书十种’，或‘世界名著百种’读下来，便成就一个学者。别人只能介绍，抉择还要靠自己”。

学生时代也好，教师生涯也罢，读书都终将伴随我们的一生。若无阅读，我们所给予学生的也终究是沧海一粟。我想，教师因读书铸就的教书灵魂，便成了教育的永恒爱心、理想信念、社会良知以及社会责任心。这，才是一个“真正的教师”不可或缺的精神底子，才是语文天地中文学韵味悠悠的核心秘诀。

可以说，自从人类文明发明了文字之后，书籍就承担起传承人类智慧和文明的任务，读书便成了每一个志向高远的人修身养性、兼济天下的必由之路。而关于读书的境界，王国维先生在《人间词话》中就提过“三境界”，孔子也早有提出“知之、好之、乐之”，无论哪一种境界，都无一例外地将读书的终极目标指向了自己。

找准适合自己的读物可能生发的另一个问题便是：你所看的书被家长误认为是“闲书”。面对这一问题不是你选择的是否正确，而是你阅读的是否正确。所以“悦读”是你读书初期，目的是确定你的兴趣所在，读历史、读武侠、读推理、读言情未必是浪费时间。相反，你读得好，历史小说便能以史为鉴，侦探推理会提升你的逻辑思维，言情小说又会提升你的情商。

二、苦读：读书是超越自我

苏轼有言：“旧书不厌百回读，熟读深思子自知。”我们提及读书，常说读书要刻苦，那么苦读就是拿着一本书一字不落地啃下来么？在学习和工作任务的充斥下，这样的阅读方式显然不能实现。所以，真正的苦读应该是有些地方精读，某些内容捎带而过即可，在不断地转换中去超越自己。比如苏轼读《汉书》，每读一遍都有明确的目的。第一遍，他从中学习治世之道；第二遍，学习用兵之法；第三遍，深究人物与官制；第四遍，学习兵法。这种每读一次都深究一个方面的阅读方式就是“苦读”，这样的理解是深刻的，是全面的，有收获的。

商友敬说：“知识由两个层次组成，浮在上面的是‘信息’，它能为你所用，而不能沁人心扉；沉在下面的是‘文化’，它积淀而为你的修养，思想，观念。”在这一层意义来讲，读书更应该是深入其精髓，而不是取其“花”而不取其“实”。

所以，真正的苦读，不是千百次重读，而是只有你明白你所缺的知识，你所要探究的事理，带着这样的目的去各取所需才是真正的读懂，才是对自我的超越。

三、广读：读书是博览人生

读万卷书，行万里路。一个人的一生再丰富多彩，也不可能将世间精彩都体验一遍。但这也并不意味我们就没有机会去体验大千世界的精彩了，因为生命也许有长度，但我们却能把它的宽度放大。作家王安忆就非常喜欢通过阅读传记来拓展自己，《邓肯自传》《卓别林传》《渴望生活》，这些作品不仅仅让读者看到曾叱咤风云的人物奋斗辉煌的一生，也让读者从中了解那段历史，提现不曾拥有的人生经历。在阅读之路中，我们读书不仅仅是为了写作，更是丰富我们的阅历，开拓我们的视野，增加我们的厚度。例如《傲慢与偏见》将英国乡村的风情带到我们眼前，《老人与海》把圣地亚哥描写得淋漓尽致，《飘》中波澜壮阔的南北战争时期的爱情故事。无数经典的作品让我们在文字之外看到的是变化万千的世界，给予我们的是博览众生的机会。所以，我认为书籍含有最好的材料，能使人类心灵得到见解、领悟力和智慧。

好的读书方法不一定什么都读，不是追随与接收，而应该是参与、创建、判断与批判，有一双善于挑选知识的眼睛，把人家的语言和思想转化为自己的语言和思想的能力，最终要让书为我所用，让“吃下去的食物”转化为营养，把专业知识转化为专业能力，成为工作中的生产力。

从悦读到苦读再到广读，我们步步提升，层层深入。三种层次是方法也是心得，更是我在读书之路上的心态与追求。

附：

名师个人简介——陈玲梅

陈玲梅，中共党员，中学语文高级教师，本科毕业，现任珠海市梅华中学语文教师、梅华中学教务处主任。珠海市、香洲区中学语文工作室主持人，香洲区中学语文学科带头人。曾获市语文课堂教学比赛一等奖，市语文基本功比赛二等奖，国家级录像课评比一等奖；参加国家级、省级、市级课题研究4个，自主主持课题3个；参加论著编写3次；在国家级、省级刊物发表文章26篇，获奖论文16篇。

阅读，唤醒教学力

——《教学勇气：漫步教师心灵》读书心得

珠海市第五中学　丁世民

执教十五年，坚守“精约语文”的课堂教学理念，倡导“五个一”的读书研修法，即坚定一种读书信念：阅读唤醒教学力量，阅读助力智慧成长；养成一种读书习惯：围绕专业成长主题，涉猎多向领域，开展集约阅读；保持一种读书联想：打通教学文本与阅读文本之间的意义隔阂，建立阅读与教学之间的紧密联系；勤于一种阅读写作，以论文写作的方式，回顾阅读过程，总结阅读真知，探究新思想、新策略；开展一种阅读实践，将阅读所得转化为教学智慧，在教与学的过程中知行合一，既提升教学力，又助长学习力。

《教学勇气：漫步教师心灵》是美国教育家帕克·帕尔默馈赠广大师者的精神厚礼。整本书时时提醒我们“认识自我”，围绕核心观点“真正好的教学不能降低到技术层面，真正好的教学来自教师自身认同与完整”而铺展论述。论述的过程，是引导读者认识心灵、滋养心灵、重塑心灵的旅程。

时光荏苒，岁月蹉跎，教学的梦想往往被琐碎的工作日常蒙尘隐藏。教师的内在生命空间被外在价值体系挤压，智力不再生长，情感不再丰富，精神不再风发，职业倦怠伴随而生。这是任何教师不可回避又必须解决的现实问题。帕克·帕尔默号召教师溯回心灵源头，反思职业生涯的本源问题：“我们作为教师的真我和身份到底是什么样。”教师要达成自身认同，促成自身完整。忠于教学的神圣职责，内心景观完整而深刻，才能和外部世界搭建和谐的对话关系。

书中也谈到了“教学恐惧”。当教育理想与现实制度产生不可调和的矛盾时，我们会恐惧；当无法深入理解教学内容，教学创意匮乏的时候，我们会恐惧；当步入课堂，无法实现师生和谐对话，有效对话的时候，我们会恐惧；当教学效果和学习效果无法达到预期的时候，我们会恐惧；当教师与同事、与家长发生隔阂，无法形成教育合力的时候，我们会恐惧。帕克·帕尔默说："恐惧关闭了一切'求真实验'，也禁锢了我们教学的能力。"反而言之，探求真相才是战胜恐惧的出路。

我们往往对事物的表征产生恐惧，而欠缺探索真相的信心和耐力。懒惰的孩子让人生气，厌学的孩子让人忧虑，逃学的孩子让人担心，暴躁的孩子让人忌惮……面对这些问题孩子，我们是否充分地了解了他们的成长背景、成长经历、思想动态、行动特点？直面事实，方可战胜恐惧。我们了解学生状况的方式决定我们提供教育教学的路径和策略。我们认清了自己的恐惧才能洞察学生的恐惧。

《教学勇气：漫步教师心灵》分成两部分，前三章引导教师建设内心景观，整顿心灵秩序，后三章论述教育共同体，引领教师如何从内心世界融入课堂以及更广阔的天地。

共同体是促成教与学形成紧密关联，促成心灵与世界和谐交流的，阻碍"分离"的所在。"共同体"是书中最具有启迪意义的概念之一。它承载着教育的使命。帕克·帕尔默说："教学就是要开创一个实践真正的共同体的空间。"在真正的共同体中，教师不一定是主体，学生也不一定是主体。这里的主体是指"真正的共同体中被活化了内在魅力的伟大事物，是求知者共同探究的对象，包括人、事、物等"。这让我们备受启发。

我们可以运用学习共同体的理念构建课堂教学。有一天，几个别班的孩子踩死了一只小老鼠，一下子触动了我。这是一个激发写作欲望和想象的契机——让自己班级的孩子重构这个故事，看看能折射出怎样的心灵光芒。课堂第一个活动，教师两句话提供事件，留下空白，激发兴趣；第二个活动，分解事件，营造情境；第三个活动，探究3个情境问题，启迪学生反观心灵的各个层面。

（1）你在教学楼上亲眼目睹了整个踩鼠的过程，站了好一会儿。你的内心活动是怎样的？

（2）你刚好路过这群男生，看到了他们捉弄小老鼠的过程。你上前试图说些什么？

（3）你参与了这次的踩鼠事件。事后有人批评了你，你不以为意。你的想法是？

三个情境分别从旁观者、当事人、肇事者的角度进行设问，意在考察学生的思想态度与情感价值。选择情境1和情境2表述的学生最多，都表达了善意和同情。也有选择情境3表述，认为老鼠该诛。观点一出，马上遭到了“群攻”：“你们踩老鼠的目的是玩耍，是戏弄小老鼠，不像你所说的铲除危害，你在狡辩。”“就算灭鼠害，也不是你们这种残忍的行为，况且你们也是孩子。”……

踩鼠事件触动了教师关于生命的思考，以此作为教学契机，促成师生对话，生生对话，所有人与“生命”这一“主体”的多维、多向对话，形成了教与学的“共同体”。教学课堂需要真正的教育共同体，这样我们才能与真理保持永恒的对话，才会有“重构故事”中教师关于生命的悸动，学生对生命的怜惜，对善的追求。

好书一定会带给读者宁静与智悟，《教学勇气：漫步教师心灵》就是这样的书。她与师者心有灵犀，引导我们倾听心声，唤醒内在能量场，重塑内心风景，丰盈教学生命。

附：

名师个人简介——丁世民

丁世民，男，初中语文高级教师，珠海市第五中学教研室主任，新一轮珠海市中小学名教师工作室主持人，曾被评为珠海市先进教师、珠海市优秀班主任、香洲区语文学科带头人；曾荣获2021年广东省中学语文青年教师课堂教学展示活动一等奖、2021年珠海市初中语文青年教师教学能力大赛一等奖；曾主持1项区级课题，2项市级规划课题；在全国中文核心期刊《语文教学通讯》《中学语文教学参考》等发表论文20余篇，其中2篇论文被人大复印报刊资料《初中语文教与学》二次转载。

用“最笨”的方法读书

珠海市第九中学 郭晓东

一、爱书人的歌

我是一个爱书人。爱买书，爱看书，爱藏书。我的坐忘斋里，装满了书，有些凌乱，但身在其中，乐在其中。我喜欢包书皮，尤其喜爱用牛皮纸。我最心爱的宝书，一定会用牛皮纸扎扎实实包好，写好书名。这样的书，拿在手里才觉得很有安全感。我看书时总喜欢在夜晚，在台灯下，翻开书，就找到了一个朋友。我和作者交流思想，有时接受的多，有时反思的多。有的书会领着我来到另一个世界，一个光怪陆离、色彩斑斓的世界。我在书里进入到许多人的生活，和他们一起喜怒哀乐。生活中有很多期待，其中之一就是等待我买的书被寄过来，打开包裹见到新书的惊喜总是深深打动我。

我有很多喜欢的书。我偏爱哲学、美学、文学和艺术类的书籍。我醉心于中国古典哲学，有时间了就翻开《周易》，大声读上几段，“天尊地卑，乾坤定矣；卑高以陈，贵贱位矣；动静有常，刚柔断矣。……”多数时候，就是理解字面意思，可有时，突然灵光一闪，经文的意思和自己的生活突然贯通，感觉天地生生不息，山河日月，万物相通，一种欣喜就涌上心头。孔子所说的“发愤忘食，乐以忘忧，不知老之将至云尔”讲的就是这种状态吧。庄子的世界神奇而博大，博大到让人望洋兴叹。我总在想，庄子是一个怎样的人呢？他如何让自己如此有魅力呢？他也许经过了很多痛苦的思索，也许他生来就有一颗道心，天地从此流光溢彩。

二、书中日月，书中游

中国的哲学与美学本来就是相通的，可以说中国的哲学就是美学。

我最喜爱的一本书就是宗白华先生的《美学散步》。有很多关于美的、文学和艺术的认识都从这本书中来。比如“诗和春都是美的化身”“空灵和充实”“移情”“错彩镂金和芙蓉出水”“气韵生动”“意境”等等。先生用美的语言讲出艺术的真谛。于是我又去看李泽厚的《美的历程》《华夏美学》，我开始接触朱光潜的《西方美学史》，虽然读不懂，但很兴奋，和艺术和美在一起，就让生活也沉浸在诗一样的境界里。

苏东坡诗云：静故了群动，空故纳万境。

王羲之云：在山阴道上行，如在镜中游。

天地万物都染上了人的诗情和光彩，一切都充满了欣喜。正如荷尔德林的诗里写道，“人充满劳绩，但还诗意的栖居在这片大地上”，阅读的生活就是一种“诗意的栖居”。

我喜欢书与童年有很大关系。童年最美好的记忆都与书有关。母亲是乡间的赤脚医生，她却很关心我的阅读，从小给我订阅《好孩子画报》，我最期待的就是每月初到村大队邮局取我的画报。画报上《小猪呼噜噜的故事》让我着迷，“呼噜噜”还有什么有趣的故事呢？我的童年因为呼噜噜而充满期待。我喜欢《好孩子画报》，连画报上的插图都给我无限的想象。有时在画报的一角，画着荷叶、露珠和小青蛙，小青蛙憨态可掬的样子至今印在我的脑海里。从此，我觉得池塘没有荷叶和青蛙就失去了生趣，我要生活在一个开满荷花的地方。

如果说我喜爱文学，这就是我的起点。母亲还为我买了很多连环画，哪吒、孙悟空、武松、李逵……一群生动的人物就出现在我的世界里。父亲喜欢武侠小说，他的书箱子里有我喜欢的《射雕英雄传》《倚天屠龙记》《笑傲江湖》《绝代双骄》《侠客行》《雪山飞狐》，每到冬天，我和父亲围坐在电炉子旁，烤着土豆，看着武侠小说，我感觉生活美极了，这时我也知道了千万不要小看弱者，武侠的世界里老人、小孩、乞丐是惹不起的存在。上学后，我很喜欢小学的劳技课，不但可以做手工，有时还有故事听，我最期待劳技老师（一位微胖和蔼的女教师）拿着一本厚厚的故事书为我们读故事。我喜欢书，跟那一个个精彩的故事是分不开的。

上大学我读中文系，我才知道让我魂牵梦绕的是“儿童文学”，那本厚厚的故事书是《安徒生童话选集》。读大学最美好的记忆也是雨天，在红楼二楼中文系教室里，我安静地抄写陶渊明诗集。从此，中文系的学习打开了我的新的世界，《莎士比亚戏剧集》《基督山伯爵》《生命不能承受之轻》《纪伯伦诗选》《泰戈尔诗选》《鲁迅作品选》《朦胧诗选》《红楼梦》《水浒传》《聊斋志异》《悲惨世界》《儿童文学的三大母题》《世界童话史》《十九世界文学主潮》《约翰. 克里斯朵夫》《人间词话》《曹文轩文集》等成为影响我一生的书籍。

三、笔下情思，笔下体验

我最受用的读书法就是抄写和批注。好的词语和句子我都喜欢抄写在一个本子上。读过去和写下来的感觉是不同的。我曾整本抄写《陶渊明诗集》《人间词话》《流云小诗》，写的过程是对每一句话的精读，这种亲切的体验让阅读更深刻。最笨的方法有时最有效，我读得很慢，但读一本是一本，读透一本。

怎么抄呢？首先可以摘录。摘录是为了提取精要，书本中一些精彩华章都集中在句子中，我们读书就如同蜜蜂采蜜，取其精华，不断积累，不断酝酿，让书本中最精彩的部分成为我们思想的血肉和食粮。

其次就是整篇抄写。需要整篇抄写的是需要反复咀嚼的书。在古代就是经书。一本书历经百年、千年，生生不息，必然有它不朽的地方，我们只有潜心抄写，不断吟咏，才能体会古人之心，接续文脉。

于是我坚持带学生读书就是做好读书笔记。一篇读书笔记至少要有三个部分内容：词语，句子，阅读感悟。

学生们读书不能浮在表面，必须要有一定深度。但绝不增加学生阅读负担，把读书变成一件让人厌恶的事情。

下面是学生读书笔记的样本（图4-1、图4-2、图4-3），以《红星照耀中国》为例：

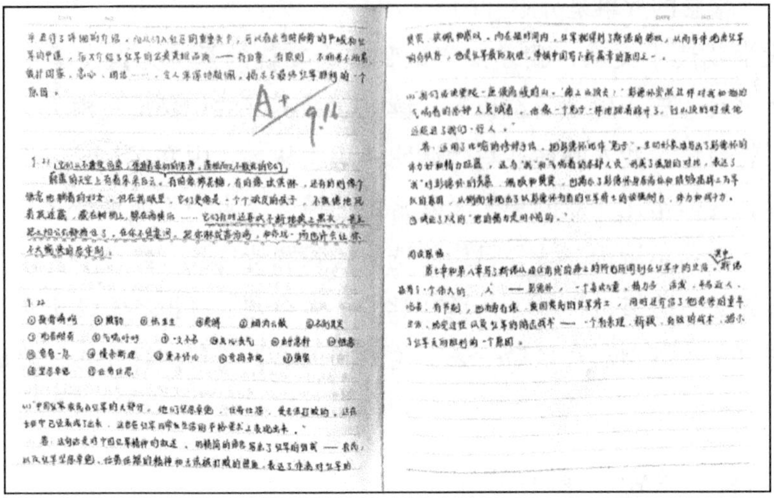

图4-1

点评：内容清晰具体，有个性化的思考。建议词语选择常用词。

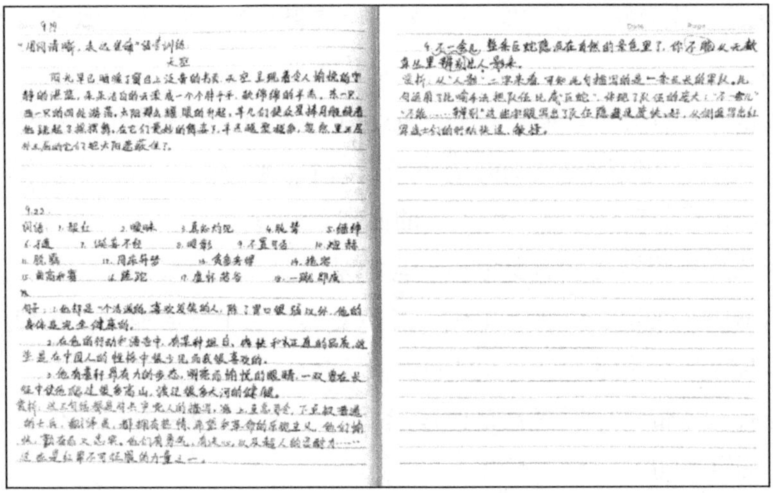

图4-2

点评：内容十分充实，重点突出，读书很扎实，提出表扬！

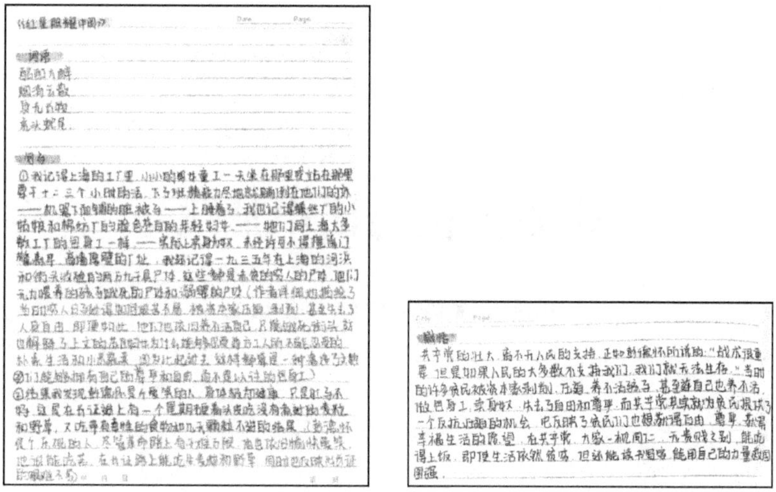

图4-3

点评：读书扎实，笔记十分认真，表扬你的思考力！

我带着学生用“最笨”的办法读书，这也是中国最传统的读书法，这方法一直可以溯源到上古时代。祖先告诉我，最笨的方法也许最有效，“精诚所至，金石为开”的思想滋养着我们不断成长。

附：

名师个人简介——郭晓东

郭晓东，珠海市第九中学语文科组组长，高级教师。广东省基础教育教学成果一等奖核心成员之一，广东省优秀课例二等奖，珠海市课堂教学比赛一等奖等。主张语文就是生活，语文学习的过程是言语习得的过程，更是生命完善的过程。在教学中倡导“师生共读，课前讲读，以演促读”，通过表情演读、传统吟诵，带领学生体会文字的生命力量。

让心灵在阅读中放飞

珠海市金海岸中学　金培忠

近三十年的教学生涯，阅读一直伴我左右。我喜欢阅读，喜欢在文字中徜徉的感觉，就这样边读边教、且行且思，努力让自己成为一个思想发光的教育人、精神明亮的教育人、行动发力的教育人。现在，我与工作室同人及学生一起在阅读中陶冶性情、在阅读中张扬个性、在阅读中共享共生，发展与提升学生的思维能力，培养学生创造性阅读能力，让心灵在师生的阅读中放飞。

一、文学类阅读，点燃一盏灯

刚参加工作那会，特别喜欢看文学类书籍，长篇小说、短篇小说集、散文、诗歌等，还有《读者》《收获》《意林》《微型小说选刊》等杂志，我沉浸其中不能自拔，从这些书籍中吸收营养，获得不断前行的力量。

记得当时读《巴黎圣母院》，最初对卡西莫多充满了深深的同情，就这么一个丑人，在那样的世界苟活着，只是为了衬托别人的美。慢慢地，随着读得遍数越多，越感觉到震撼，这是一个多么伟大的灵魂！他的热情、他的纯净，他的勇敢、他的执着，无时不刻在撞击着我的灵魂，让我没来由地就爱上了他，也让我更加热爱生活，热爱我的学生。

我鼓励学生阅读优秀课外读物。我始终认为，阅读可以让学生开阔视野，我要求学生勤写日记，把阅读后的感受，把观察自然和社会生活后的人间美景写进日记，把自己思想中璀璨的火花和激动的泪花写进日记；鼓励学生在确立目标基础上自由作文，写出自己的喜怒哀乐，写出自己经过千思百想构思出的精品。文学类作品，点燃学生阅读的灯，慢慢地，学生开始喜欢阅读了，也就开始喜欢上语文课了。

二、专业化阅读，聚成一束光

我不甘于守在小县城，那年，我怀揣着梦想，踏上了特区的土地，在浓厚的学习氛围中，我疯狂地爱上了阅读专业书籍，在书中认识了许多语文大家。读于漪，我读到的是她高度的责任感和对语文教学的痴迷；读魏书生，我读到的是他对教育的坚守和对教学改革永不停息的探索；读钱梦龙，我读到的是他高超的引导艺术和不竭的创新精神；读黄厚江，我读到的是他的精彩的共生教学和踏实的本色语文……在语文大家的熏陶下，我看到了自身的潜力，我不断改进自己教学方法，我的课越来越有自己的个性特点，2005年，我在全市语文教学基本功大赛上荣获了二等奖。

后来，我加入了广东省郭铭辉教师工作室，郭铭辉老师指导我们加强科研性的阅读，在导师的指引和伙伴们的帮助下，我研读了刘良华教授的《教育研究方法》、李海林教授的《言语教学论》、王荣生教授的《语文科课程论基础》等专著，并开始尝试做课题，我申报了广东省级课题“语文创造性阅读与探索”获得立项。

专业化的阅读，让我慢慢接触课题研究，在课题研究过程中，我注重将自己学到的理论知识运用到教学实践中，我将教学的主阵地完全让给学生，让学生在学习中彰显自己的个性，我开始明白，以前我总是希望通过自己的个性魅力吸引学生，而真正应该做的是让学生展示自己的魅力，让学生在教师这束光的影响下变得更精彩，这才是真精彩，才是真正的放飞思维，张扬个性。

经过三年的研究，我的课题成果“语文三维创造性阅读探索”荣获广东省教育成果奖。

三、共享式阅读，照亮一条路

2016年底，我申请获批成为金湾区教师工作室主持人。作为主持人，我觉得自己肩上的担子更重了，我不仅自己阅读，还要带领一帮人一起阅读。我们制定读书计划，开展读书讨论，举办读书活动，以工作室为平台，继续在语文阅读的瀚海中自由遨游。

记得有一次，在海边，工作室特邀诗人石耿立教授进行主题为“浪漫珠海，诗意写作”的阅读沙龙活动。我们一群人用家乡话和普通话朗读诗歌，先是石教授亲自示范朗读，一首《济南南部山区的蛙声》就把我们带到夏夜的郊外，那别具一格的家乡话如外语如山歌，还有抑扬顿挫的语调，让我们走进济南南部山区，聆听大自然天籁之音，好一场美妙的交响乐！令人难忘的是温老师朗读《一个捡破烂的孩子》这首诗。他以饱满的情绪用心诵读，时而充满激情，时而声音洪亮，时而语速缓慢，给听众思考回味的余地，令大家联想到卖火柴的小女孩，其朗读能淋漓尽致地表达出作者内心的情感。接着每个人都进行了朗读，然后一起交流一起分享。这是一次充分交流、各抒己见的朗读研讨会，行进在读书的路上，一路欣赏，一路收获，我们领略到了的是读书的乐趣，文学的魅力。

2020年8月，我获批成为珠海市名师工作室主持人。目前，工作室依托“课题引领下工作室成员专业成长的探索与实践”课题，通过读书写作交流、课题研讨、听课评课、外出活动等形式，促进成员在课题研究、课堂教学、教材开发等方面的能力不断提升，综合素质不断提高，形成了人人主持课题，互帮互学、共同发展的教师成长共同体。

我是一个阅读着的孩子
阅读是一生的最爱
也是唯一的目标
每一次停泊
意味着另一次起航
每一丝眷念
遗落在阅读的路上

如今，阅读已成为我人生的姿态，我们都在努力读书，我们走在教育科研的快乐之旅上。

附：

名师个人简介——金培忠

金培忠，中学语文高级教师，现任教于金湾区金海岸中学，任学校办公室主任。近年来，先后参与了“散合式语文教学法”“语文个性化阅读与个性化写作教学研究”等课题研究，主持了“阅读心理对中学生阅读能力影响的行动研究”“语文创造性阅读及其心理培养的研究”等课题研究，课题成果荣获2015年广东省中小学教育创新成果三等奖。在《语文教学与研究》《广东教育》等杂志发表专业论文二十余篇。出版三本专著《冲浪中的语文》《语文三维创造性阅读探索》《左右教学右手科研》。

让阅读成为师生生命中最美的姿态

珠海市九洲中学　金　钰

苏霍姆林斯基曾说：“把每一个学生都领进书籍的世界，培养起对书的酷爱，使书籍成为智力生活中的指路明星，这些都取决于教师，取决于书籍在教师本人的精神生活中占有何种地位。”特级教师肖培东老师也说：“语文教师应该也必须是这个社会最爱读书最会读书的人。”

近年来，中国人的阅读习惯伴随着互联网的发展正在悄然改变，数字化阅读、碎片化阅读在青少年群体中的阅读习惯比例正持续增长。许多学生读书少，甚至不读书，学生的阅读量和阅读力每况愈下。手机上的媒体似乎有一种“魔力”，紧紧抓住了学生的眼睛，也捆绑住了许多老师，他们在繁忙的工作之余腾出来的那点时间，也被流行阅读占据了，长此以往，语文教师本身也将丧失阅读力。缺乏了书籍的滋养，没有了读书的动能，语文教学将会变成盐碱地，教育这方土地上生长的花朵们自然营养不良。

因此，在这个信息爆炸的时代，语文教师更应该有一份定力和判断力，引导学生沉下心来，养成读书和思考的习惯，把读书当作一种生活方式。只有阅读生态改善了，学生才能形成阅读力，提升表达力，涵养文化力。语文老师也应改变自己的角色定位，由读书的号召者、引领者，变成读书的参与者和推动者。

一、做一个爱读书、会读书的语文教师

著名特级教师钱梦龙曾经说过，老师自己爱读书，会读书，才有可能教出爱读书、会读书的学生。阅读应该成为语文教师生活中最重要的一部分，一个

热爱读书、会读书的语文老师一定会成为比较优秀的老师。语文学科教学是慢功，是硬功，因此，语文教师要耐住寂寞，静下心来潜心读书，专心读书。读书思考，本就是个人的事情。爱读书，爱思考，不仅能增添职业的乐趣，更能让自己的人生变得更加充实而从容。作为语文教师的我们，不应该让自己湮没在试卷题海中，埋没在简单的阅读写作应试训练中，而应当努力成为一名知识丰富、视野开阔、兴趣爱好广泛的“杂家”。

语文教师，读书不仅要“广”，更要“专”。语文教师要与时俱进，关注文化、文学、科技等方面的发展成果，还要懂得根据自己的知识基础，结合教学工作的需要，构建富有个性的阅读体系，使自己的观察视角、思维深度不断与时俱进，并有机地无形地渗透于自己的语文教学过程中。有了丰富的知识、专业的底气，语文老师的课堂才能变得更加从容、自信。倘若说到名篇名作，你大部分都能背出来；讲到某些知识，你都能滔滔不绝，信手拈来，又何愁学生不为你而折服呢？

语文教师，不仅要“善读”，更要“勤写”。阅读和写作，从来就是相辅相成的。叶圣陶先生曾说：“唯有教师善读善写，乃能引导学生渐进入善读善写。”从语文教师自身的发展来说，读写结合是提高自身文化素养的最有效的捷径。勤于阅读，重于反思，论文写作的素材库才会越发充实；以读带写，以写促读，自己的教学发展之路，才会越走越宽。要求学生写的，语文老师敢“下水”，敢示范，学生有法可循，在钦佩与感召下努力实践，写作能力的提升定是指日可待。所以说，我们语文老师要勤于写作，写起来“妙笔生花”，教起来自然能够“行云流水”。

二、做一个善引导、会启迪的语文教师

阅读对学生的成长至关重要。苏霍姆林斯基曾说过：“把每一个学生都领进书籍的世界，培养起对书的酷爱，使书籍成为智力生活中的指路明星，这些都取决于教师，取决于书籍在教师本人的精神生活中占有何种地位。”作为语文教师，我们更要善于引导和启迪，将学生引上阅读之路。

1. 激发兴趣，适时激励

要想让学生爱上读书、学会读书，首先要营造出浓厚的读书氛围，激发学生的阅读兴趣，搭建师生阅读交流的“悦读圈”。每学期伊始，我都会带着学

生一起阅读教材目录，用探奇的方式激发学生去阅读课文的兴趣；在课前演讲环节，我会设置读书分享活动，让学生平等发表自己的阅读感受，可以讨论、质疑，可以博采众长，互通有无，共同进步。我还曾举办过一系列读书分享会，利用班级博客发表学生优秀作品，指导并推荐了众多学生将好文章发表在了报刊杂志，每次语文读书相关的活动我给学生奖励最多的也是书，每学期都会评选出"读书达人"或"阅读之星"。学生有了阅读的兴趣和热情，再难的书也容易读进去。

2. 推荐好书，指导方法

学生的阅读兴趣调动起来，阅读习惯建立以后，就是挑选文章。这一步很重要，每学期我都会给学生列出阅读清单，鼓励学生每一个月至少读一本书既有必读篇目，也有选读篇目。挑选的都是一些既贴近学生生活实际但又有一些深度的、有阅读价值的书。

在选书时有这样一些原则：第一，部头不大但精神文化含量大；第二，既有"经典的正气"，又有"流行的活气"；第三，注重经典，兼顾门类，文、历、哲、科学都要涉及；第四，古今融汇、中外兼容、文理交叉。并且所选的书都是自己和历届学生读了以后印象深刻的书，每学期根据学生的反应及时调整书目。

推荐完了之后，还得指导。一要"沉下去"，在重要的章节，关键的部位，我会指导学生细读、精读、研读。二要"升起来"，在对作品思想的评价、作品特色的赏析、同类作品的比较等关键之处给学生切实的点拨和引导。我会推荐学生阅读一些阅读技巧类的书，比如《如何阅读一本书》《学习高手》等，会将自己阅读的一些方法和心得和学生分享，也会将一些名人的阅读方法推荐给学生，比如欧阳修的"计字日诵"读书法、苏轼的"八面受敌"读书法、梁启超的"三步"读书法。

3. 师生共读，多样评价

这里的"师生共读"指的是，在师生共处的三年时光中，师生共同阅读同样的书籍文章，共同书写心得体会。然后互相交流，互相促进。这样，既可以督促师生双方认真阅读，培养良好的阅读习惯，又能够增进师生感情，共同提高师生的理解能力。

这些年，我和学生除了共读必读名著外，还和学生共读了《呼兰河传》

《月亮与六便士》《平凡的世界》等书。共读结束后，我会发起读书接龙，报告阅读进度，分享阅读感受，力求人人参与，养成阅读习惯，共同营造班级阅读的良好氛围。

在师生共读完一本书后，我大多采用激励成长、着眼学生发展的多元评价方式。例如，有读书分享会、名著手抄报等展示性评价；有读书笔记、小组读书统计、教师评语等记录式评价；有“阅读之星”“读书达人”等评选为内容的个性化评价；有“读书积分”“好书奖励”为兴趣调动的激励性评价。师生共读，由学习层面的单一交互，逐渐走向了共融共生，其效果是可喜的。

总之，读书是一种乐趣，是一种有益身心的生活方式，更是一种美好的精神姿态。希望我们语文老师，都能做“种子教师”，用读书唤醒学生的生命自觉，让他们在教育这方天地里破土发芽，茁壮成长。让我们放下心中的杂念，捧起书本，和学生一起读书吧！

附：

名师个人简介——金钰

金钰，男，中学语文一级教师。从教14年，热爱阅读与写作，先后获得了广东省首届教师技能大赛一等奖、广东教育学会首届“初语杯”读书征文二等奖、珠海市“敬业杯”征文一等奖等荣誉。从教以来，组织开展了一系列师生共读学习活动，引导学生养成“爱读书、会读书、读好书”的好习惯，以阅读促写作，引导学生实现从“阅读”到“悦读”的转变。指导学生文章多次发表在《语文报》《中学生学习报》等报刊。

基于共生视域下的逆向阅读“四个不”

珠海市梅华中学　李　征

“凿井者，起于三寸之坎，以就万仞之深”。回望16年来的从教时光，如果说一个个荣誉称号和一次次的获奖是这段岁月里的微光，那么“逆向阅读”的强光便是这微光背后的“万仞之深”。

从“三寸之坎”到“万仞之深”，作为教育者，想要“育人”，必先“育己”。先有自身的“始于读，发于思，成于行”，而后才是向他人“传其道，授其业，解其惑”。师与生向来是一种共生关系，无论什么时候，教师的成长应与学生的成才、专业的提升共生共享。教育是回到人，去做看不见、难、慢且正确的事，这期间，技术无法解决教育的很多问题，但是读书却可以。因此，教师应该拥有“教书人”和“读书人”的双重身份，优秀的教师也一定是位追求与学生共生、共享、共同进步的优秀阅读者。

16年的从教岁月便是我漫漫16年的阅读岁月，也是我完成从“顺向阅读”到“逆向阅读”的一段旅程。如果说顺向阅读是一种被动的阅读方式，那么逆向阅读就是一种带有目标与选择性质的主动阅读方式；如果说顺向阅读是一种线性思维，那么逆向阅读可以说是创造性思维或者批判性思维的一种。这就好比运用逆向思维法对教学设计和教学内容重构，将平时语言教学的最终环节作为导入，促使学生主动参与，自主探究，在思维中学会思维。逆向阅读跟这个教学实践有相通之处，即读书“不是接受，不是追随，不是仰视，不是遵从”，是着眼于功用的带有创造性、批判性、生成性的目标先行、创建先行、行动先行的阅读。

一、读书不是接受，而是要有自己的创建

如果我问，你有自己的书单吗？那么你是报以我畅销书目、热门书目，还是网络推荐书目？如果分三个维度去有选择地阅读和查找，通识部分且作为语文老师应了解的中外文化经典有哪些是你读起来意难平或难释手的书目。专业部分的教育类领域和学科教学领域的经典书目或拓展专业视野且能给你带来启发以及最新教研成果的书目又有哪些？核心部分是自己感兴趣，希望有所研究，最好不完全是现炒现卖的书，有自己热爱的领域里的书目你又知道多少？早前的我喜欢看畅销书，看了一阵热闹之后便忘得七七八八，或者要上公开课了，临时抱佛脚，急急忙忙看一些名家课例，实际上我之前的这些做法都不是在真读书，可能更多的是追一下热点、热门，名家、名作，这个过程实际对于深度阅读、有效阅读而言是非常被动和低效的。于是我开始从三个维度有目标有筛选有系列地去阅读，去粗取精，博观约取，只有带有个人需要的系统阅读才可以说是具有主动性的阅读。参与建立并完善属于自己的阅读书目和阅读积累，才是逆向阅读首要的任务，创建属于自己的书单，做自己的老师，规划自己的阅读路径，明确方向，主动参与，设立目标，追求有效。教师如是，学生亦如是。

请首先明确自己的阅读目标和阅读深度，创建好属于自己的书单，再开始阅读吧。

二、读书不是追随，而是要有自己的参与

所谓不追随，这里指的是对教参的不盲从，不迷信作者，不沉迷教参，不迷恋已有观点做法，不人云亦云。阅读在于开悟、在于启发，在于自己的参与。课堂连着书房的境界，便是专业阅读的逆向参与方式。大阅读下的备课势必会有大视角中的课堂，比如面对教参《爱莲说》一文时，不论何种设计，如果教师本人没有深度的阅读解析便永远游离在教参和设计之外。当我看完《周敦颐集》《大宋清官周敦颐》《周敦颐评传》等书籍，会发现并梳理出周敦颐在中国思想史上的地位，远胜于文学史。周子所处的宋代，人文鼎盛，科技昌明，社会发达，乃华夏文明盛极之时，那是一片群星闪耀的天空。王安石、苏东坡、司马光、欧阳修，如许朝廷重臣，哪一个不是熠熠生辉的人文星斗？作

为思想史上的标志性人物，周敦颐不是一个书斋里的学者，自二十二岁为一县主簿至五十四岁筑庐隐居，世事沧桑，阅人无数，而他却始终像一朵清莲高洁自守，兀自芬芳。莲，就是周敦颐矢志不渝的价值观，亦是他凌波自照的精神面相。一个人的精神面相不是父母给定的，而是他在不同生命境遇里的选择和沉淀。莲的生命境遇，如水火两极。它生于至污的淤泥，又立于至洁的清涟，泥与水，这两种相反相成的境遇之力，给了一朵清莲最大的生命成全。周敦颐写莲的时候，他一定是参照着自己的精神世界在摹写。在他的笔下，痛与爱、苦与乐，都不过是生活开出的两种花而已，而他自己却是一朵独放的清莲。就这样，教一篇课文，深度认识一位作者，努力了解这个作家的全貌，成为我的习惯。同时这样一种阅读溯源与梳理使得我与学生在生动的历史面前还经典文本以生命的整全。

面对教学文本，请站在时空的坐标线上，致力于探寻它的内涵与外延，纵深挖掘，多维勾连，积极参与和创建，再开始讲授吧。

三、读书不是仰视，而是要有自己的发现

有一段时间，我感觉自己的专业发展进入了“瓶颈期”，课堂教学也感觉急需转变，就在内心焦虑和惶恐的时候读到一句话：“教师需要学点哲学，伟大的哲学家，往往就是伟大的教育家，孔子、朱熹、梁启超，柏拉图、卢梭等，既是划时代的哲人，又是万世之师。”基于此，我开启了关于哲学的阅读。哲学是发现，发现自我，发现他我，而阅读就恰恰是一个发现的过程。我曾经以为，哲学是寂寞地开放在人类智慧之树上的最高花朵，是为数不多的精神贵族对世界产生的“惊异”和“玄思”。他们所谈论的“世界本质”“宇宙规律”，对于忙碌如蚁的我辈而言，似乎玄而又玄，高不可攀。但即便如此，我在读伟大哲学家的专著之时，即便我对哲学知之甚少，我也不会一味地以仰视的姿态阅读，而是从发现自我反思自我的角度逆向阅读。柏拉图说，哲学开始于惊疑；苏格拉底说，哲学是一种生活方式；冯友兰先生认为，每个人都有他自己的境界，甚至可以说，每个人都有他自己此时此刻的境界；周国平说，哲学是没有标准答案的，它只是一个思考的过程。正如老子在《道德经》开篇所写的那句——“道可道，非常道；名可名，非常名”。老子这种先立后破的示道之法，对我的教育观产生了很大的影响。它让我愈发地认识到，教学要不

拘泥于常规，不要受制于自己，更不要以一己之见对他人妄加菲薄。从哲学的角度来观照语文课堂，会发现，重要的不是外显的质朴，抑或华丽，关键的是思想、思考和底蕴。

面对困惑与停滞，请让哲学打开一个视界，带来一种思考，发现那些明与暗，光与影，自我与他我，万事与万物的自愈和疗愈的精妙吧。

四、读书不是遵从，而是要有自己的功用

读书有用吗？那要看你怎么读。讲什么，学什么，借鉴什么、摒弃什么，批判什么，赞扬什么，这是师生读书中应保有的基本判断能力和功用。作为一名教师，光自己成为读书人还不行，还应该成为学生们课外阅读的点灯人。记得在我接手一个薄弱班的时候，班主任问我："李老师，这个班基础薄弱，学生们的语文成绩更是让人头疼，新学期，你有什么打算吗？"我不假思索地回答说："带着学生们进行大量的课外阅读，厚实他们的积淀，开展各种读与思的活动，激发他们的参与、表达和写作的欲望。"在我看来，阅读，是一道功夫茶，讲究泡茶的学问和品饮的功夫。课外阅读的整体推进与深化，需要教师教育观念的彻底转换，需要教师具有较强的内功和张力，需要教师掌握切实可行的指导方略，需要教师从自身阅读开始并关注到学生的日常阅读。基于此，我会示范先行，告诉学生读书不是简单的揣摩借鉴，更多的应着眼于功用，之后我便通过自己的藏书和各类自己创建的书目开始，带领着学生走进我的阅读时光和阅读成果。之后就是引导学生有效阅读，综合起来有几点做法：建立班级图书银行，解决书源问题；和学生一起创建阅读书目，提供阅读导向；创设读书分享会，分享阅读体验；坚持师生共读，实现教学相长；利用网络资源，推进亲子阅读；完善评价体系，推动长效阅读。那段日子里，我亲身示范，每天都会在班群里将自己阅读中手抄的部分、批注的部分与学生和家长分享，慢慢地一些学生和家长开始自发地参与到分享的行列，有心的家长将这些内容收集起来，印制成了班级阅读分享册，一册又一册，一个热爱读书的群体，总会有奇迹发生。这个班的班风越来越好，家长也日渐地懂得教育的方式方法，学生们的精神面貌和成绩大有改观。

面对今天浮躁的阅读，请带着学生从最朴素的阅读开始，借助阅读的功能性来开展各类阅读活动，让师与生的成长境界更加辽远。

读书，不仅在名家的思想里思考，更要在自家的思想里深思。将读书的动能转化为生产力、教学力、学习力、创造力、书写力、传播力，这便是逆向阅读要明确的阅读任务。如果说“人从书里乖”，那么，我更觉得“智慧在书外”。读书只有心得是不够的，还要有行得，就是行动上有所得到。立身以立学为先，立学以读书为本。师生的共生关系下，首先要做优秀的阅读者，之后才有优秀的教师和优秀的学子。阅读之路，高远辽阔，从“三寸之坎”到“万仞之深”，我见证着自己在教育教学中每一个微小的改进，每一个微小的改进都带来教育的力量，每一份教育的力量都需要你我共同去参与，但愿我们都能在阅读深处生长。

附：

名师个人简介——李征

李征，女，中学语文高级教师。从教十六年，先后被评为南粤优秀教师、广东省名班主任、广东省家庭教育研究会理事、珠海市教育科研专家、香洲区中学语文学科带头人、香洲区优秀共产党员、香洲区空中课堂先进个人、香洲区十佳风采教师、荣获教育部部级优课、现场赛课斩获新技术支持下的个性化学习应用成果全国一等奖、珠海市班主任技能大赛一等奖第一名、珠海市初中语文教师教学能力大赛一等奖第一名、独立主持五项市级以上课题、数十篇论文和多篇家庭教育讲稿被刊发。

读书，眺望另一种生活

珠海中山大学附属中学　尚　辉

“读书，证明你还没有向生活妥协，还在眺望另一种生活。”书籍不仅是进步的阶梯，同时也是乐趣的源泉，这种乐趣可能是一时的兴奋、愉悦，也可能是特定情景下的欣喜、满足，还可能是心底里偶尔涌现的恬适、自得……总之，读书其乐无穷。

读书，首先要多读，数量是基础。曾国藩有“看生书宜求速，不多阅则太陋”之语。那问题来了，看书就是看不下去，怎么办？开始不妨多读几类不同主题的书，总有一款你喜欢的。发现了自己喜欢看的书后，就多找类似的书来看，阅读量很快就能上来。通过读喜欢的书，积累阅读量之后，对那些开始不感冒的内容，就能够读下去了。久而久之，阅读面就会宽起来，阅读的兴趣自然会渐渐培养起来。

阅读量上去后，不仅能够接纳不同题材的书，还能逐渐甄别书的好坏，能选择好书来读。读到一本好书后，就要看看这位作者还有哪些其他作品，优先考虑阅读。如果接触到一本自己不了解的书，可以网上查一下内容介绍以及作者，有个大致了解；如果是专业类书籍，作者在行外不太出名，那可以看看这书的销量以及评价，也能略知一二了。一个人的精力有限，好书是看不过来的，只是现在随便一个人都能出书，有些是滥竽充数，所以看一本书之前需要做点甄别。

选择好书能让读书更有价值，快速开阔人的视野，而读书方向聚焦才能深化在某个细分领域的认知，让自己在这一点上出类拔萃。随着读书越来越多，阅读面越来越广，会逐渐发现特别感兴趣的方向（可能和最开始喜欢的还不一样），并以之作为长期关注、研究的方向。一方面要多读，而且要多读这方面的学术专著，至于怎么找相关的书，可以参考名家的推荐书目，其实还可以到网上去查，到圈子里去问，仔细看了一本之后，找书就不是问题；其次，一定要精读，特别是这个领域的重要作品，一定要精度、多读几遍，读的时候勤做笔记，特别是不懂的地方都记下来，并及时一一查询，这样才能逐渐吃透；再次，要及时把自己的想法写出来，可以是对书中内容的延伸，也可以提出不同的看法……在输出的过程中个人的想法才能真正理顺甚至深化。在工作之余，如果还能在某个方向保持长期的兴趣研究下去，日积月累，终将成为个人的一笔宝贵财富，可能是助力，也可能是选择，亦可能是一种深层次的乐趣，也再好不过了。

从“多读书”到“读好书”，再到“聚焦读书方向”，是一个层层递进的过程。当然首要的还是多读，而个人觉得最难的是聚焦读书方向，因为这也意味着选择，意味着舍弃，你不能再任性地想看什么就看什么，你必须把大部分读书时间用来读这个方向的书，只能这一个方向，否则就不是聚焦了。

另外，看书除了内容之外，不要人为地给自己设置限制，而且要有意识地读外国人的书、读古人的书。外文书，坦白说，因为翻译原因或者语言差异，读得总不如原版中文书那么顺畅，但只要内容有价值，还是去读，看看老外怎么想的。而古人的书，读后往往余味无穷，今人之语言文字较之古人，差之远矣！一是古人所用字词之丰富，比现在不知高出多少倍。二是古人的文字言简意赅，远胜今人。三是古人的文字使用手法灵活多样，组织形式能够较为齐整，读起来确实很有节奏感。四是之乎者也这些虚词让句子读起来更有韵律、更为悠远。当然，古汉语精深博大，其优点可能远不止这些。我的语文老师曾就古今汉语做过一个形象的比喻：古文是甘蔗，今天的汉语就是甘蔗渣。汉语之精华在于古文，老师洵不诬我。所以，建议大家有时间一定多读点古书，这会让你对汉语文字产生更浓厚的兴趣。当然开始不用读太久远的，因为越久远的越难懂，明清的四大名著精妙丰美、《曾国藩文集》言简意真，都是很好的起步读品。

最后要说，读书贵在有恒。不论现在是否读书、读书频率几何，不论是否抱有目的、出于何种目的去读，不论读什么主题的书，都应该坚持下去。形成习惯后，内心会感到一种恬淡的快乐。经年累月，还能帮助自己减少身上的躁气，增加几分静气。在最艰难的时候，或许也只有读书聊以慰藉，曾文正公在军营困顿之时，即使公务繁忙，依然每天读十来页，“非此更无以自怡”。所以，读书吧，坚持读书吧！

附：

名师个人简介——尚辉

尚辉，珠海市语文名师工作室主持人，高新区首批名师工作室主持人，中学高级教师。曾获课堂教学比赛全国一等奖，教学论文评比全国一等奖，“黑吉辽蒙”联合教学大赛一等奖，省送教下乡先进个人，市课堂教学大赛特等奖，市班主任能力大赛特等奖；多篇论文在国家、省、市级杂志发表或获奖；参与编写《诗意文集百名青年才俊谈读书往事》一书。参与主持多项课题研究，现主持广东省《初中古诗词群文阅读教学策略研究》；辅导学生获国家级、省、市奖项多次。曾获市政府颁发的“优秀教师”、市“骨干教师”、“教坛新秀”、“教学能手”、“优秀共产党员”等荣誉称号。

做学生阅读的摆渡人

珠海市金鼎中学　钟展波

著名教育家朱永新说过，“一个人的精神发育史，就是他的阅读史。”与学生在书海遨游，让阅读的光芒照亮孩子的心灵，不亦快哉！

一、读何书

阅读对学生成长至关重要，如何引导学生走进书籍的世界。我有一个简单的方法，那就是师生共读。教育家叶圣陶曾说过，“教师和学生是朋友。在经验和知识上，彼此虽有深浅广狭的差别，在精神上却是亲密体贴的朋友”。教师可以俯下身子，与学生阅读相同的经典作品，互相交流各自的心得体会，在交流中互相融合，互相促进。师生共读还有一个独特的作用：当学生看到老师手里和自己手里读着同一本书的时候，心理上的暗示与接近，会让他读起来更带劲，而且共读形成的氛围，对学生阅读兴趣的培养起到不可或缺的作用。

比如，我曾与学生共读作家汪曾祺的散文集《人间草木》，在阅读中，我们一边阅读，一边交流，一起感受作者的寻常琐碎，一起咀嚼不同的人生况味，一起体会平淡而有味的语言风格。师生在愉快的阅读中，收获极其丰富的体验。

有时我也会领着学生，从自己的兴趣出发，找到自己喜欢的作家，锚定对象，穷追不舍，在阅读中完善属于自己的精神体系。对这类作家，我们不仅要知晓其作品，了解其生平，还要发掘其思想，为我所用。阅读苏东坡，我和学生都有这样的体验，先读其文，后从文中见人。他是如此的不同，让人迫不及待地想进入他的世界。对他的阅读，从诗词到散文，慢慢到关于他的人物传记。透过文字，我们会浓烈地感受到他傲视苦难的内心和那颗有趣的灵魂，而这，恰恰能让我们在俗世中穿梭时，体会到他教给我们的生活智慧与勇气。

除此以外，我还习惯引领学生在阅读中寻找榜样，靠近伟大灵魂，以阅读滋养学生的心灵。在不同的学段，我会给学生推荐不同的文学作品。比如升入初三前，我会推荐学生阅读一些经典的人物传记，以其丰富的思想价值助力青少年的成长。如《苏东坡传》《富兰克林传》，让学生去感受作品的形象，体会高贵的人格，当他们在中考前面临挫折和困境时，就能从中汲取精神的力量。对不同性别的学生，我推荐的书目也不一样。比如，正值青春期的男孩子，我会推荐大仲马的《基督山伯爵》，让他们明白人在面对苦难和不公的时候，要心存希望，自强不息，学会等待，迎接希望。在书香氤氲中，潜移默化地塑造出男子汉坚毅的品格。

二、如何读

读书如练武，基本功扎实，方能克敌制胜。学生喜欢阅读，能广泛阅读，前提是要具备基本的阅读能力。因此，教师要关注学生阅读能力的训练。教学中，教师要着眼于学生阅读能力的培养，首先要树立文章的整体观念。语言是思想的载体，一篇完整的文章或作品总是表达一定的思想。课堂上，我会告诉学生，阅读一篇文章，要在四个维度上进行追问：这篇文章写什么，为什么写，怎么写，为什么这样写，即从语言文字入手了解作品内容，把握作者写作意图，体会作者谋篇布局的匠心。在此基础上，我还引导学生在阅读中发现问题，提出问题，不断推进自己的认知。经过系统训练后，学生具备一定阅读能力，为以后的深度阅读打下重要基础。

读书好比恋爱，教师指导学生阅读要以心契心，把自己放进去，交出真心，投入真感情。钱理群先生曾极力推崇主体投入地感性地阅读：以你之心与作者之心、作品人物之心，相会、交流、撞击，设身处地去感受、体验他们的境遇、真实的欢乐与痛苦，用自己的想象去补充、发展作品提供的艺术空间，品味作品的意境，思考作品的意义。如阅读小说《老人与海》，我们可以潜入作品，化身为那个老人，活在文字构筑的情境中，漂泊在莫测的大海，忍受无边的孤独，与鲨鱼殊死搏斗，最终拖着巨型鱼骨架，驾船而归。因阅读中“我”的在场，整个阅读体验丰富而充盈，这种真正深入心灵的阅读，无疑对作品意蕴的理解也更加深刻。

读书又像吃饭，教师需提醒学生反复咀嚼，将营养吸收，以强健自己的精神思想。所谓咀嚼，就是“熟读精思”。朱熹曾说：“大抵观书先须熟读，使其言皆若出于吾之口；继以精思，使其意皆若出于吾之心，然后可以有得尔。”读书不能深入理解，如同掘井至半，每每无功而返。读书并不在多，最重要的是选得精，读得彻底，与其读十部无关轻重的书，不如花读十部书的时间和精力去读一部真正值得读的书。《论语》是我喜欢向学生推荐阅读的一部经典。书中既有先哲的人生体悟，又有与弟子的精彩对话，其中有大量经典的语句，须熟读，精思，反复揣摩，方能尽得其妙。如“仁者不忧，智者不惑，勇者不惧”一句，心口合一，细细把玩，发掘其理趣，感悟君子的理想境界，获得人生的智慧。

苏霍姆林斯基曾说，“把每一个学生都领进书籍的世界，培养起对书的酷爱，使书籍成为智力生活中的指路明星。”诚如斯言。读书路上，作为教师，应做学生阅读的摆渡人，并与他们携手同行，共同成长。

附：

名师个人简介——钟展波

钟展波，任教于珠海市金鼎中学，曾获“珠海市名班主任”“珠海市教育系统优秀教师”“珠海市先进教师”等荣誉；获2021年珠海市语文命题比赛一等奖、2021年珠海市教师基本功大赛一等奖；主持市级课题一项，参与省、市课题各一项；有多篇学科论文获得省、市级奖项。

第五章

青年凤鸣

阅读是一束光

——读老舍《猫城记》有感

珠海市前山中学 曾小娜

读书是一种学习和交流，不论是一篇文章还是一本著作，都是读者与作者的对话。要想让这种学习和交流更加有效，我认为首要的是“主动进入”，美国作家艾德勒强调：一个读者比另一个读者更主动一些，他在阅读世界里的探索能力就更强一些，收获更多一些。因此在选择书本的时候，可以选择自己感兴趣的书，或者明确自己阅读的目的，这样可以促进自己主动阅读；其次是“养成习惯”，即阅读的习惯，及时地做批注、勾画，留下自己的阅读痕迹和阅读感悟，也可以留下疑问；最后就是“积极思考”与“展开想象”，这些思考要在一定的知识储备的基础上，可以查阅成文时代背景和阅读作者同时期的其他作品，有意识地联想和勾连，以此形成独特的读后感悟，并结合实际思考感悟，收获启发。

小说《猫城记》的情节环环相扣，刺激紧张的氛围张开了读者每个感官，深入其中的时候会迫不及待地想要汲取更多，让人想要一口气将所有文字都尽收眼底。小说以其独特魅力启发着一批又一批读者，经久不衰。

一、读故事、理情节

这是一部具有讽喻及科幻色彩的长篇小说。该书采用游记式的结构，以“我”飞离地球开始，以“我”返回地球结束，描述了“我”在猫国的一番奇遇。文中的“猫人”：自私、贪婪、猜忌、懦弱……所有猫人都为了迷叶和国魂（猫国的货币）活着。在他们的社会里，努力是没用的，奋斗是徒劳的，所有积极上进会在萌芽还没完成的时候就被扼杀，多数人从一出生开始便注定要贫困和落魄一辈子，而这些人在一个国都里像牲畜一样活着，最可悲的是，他们竟然有“人”的名字。

生命对于他们就像蝼蚁般不值一提，如果工人偷吃了地主迷林中的一条叶梗，他将被打死。人与人之间没有情感，只要有一片迷叶作为回报，猫人愿意“赴汤蹈火”出卖他人，哪怕是至亲。哄乱之中，他们会丑陋地将一切有阻挡嫌疑的人推倒在地。猫人最怕外国人，原因是500年来在国内兴起的自相残杀热潮已经把对抗外国人的心态抛弃，外国人成为他们心中的神奇，不敢靠近更不敢亵渎，这也是主人公“我”能够在猫国里一直生存到猫国灭亡的主要原因。

二、析手法、品内涵

与老舍的其他文章特征一样，《猫城记》文章的语言多是平白直叙，没有华丽辞藻，没有太多环境渲染和巧妙手法。小说的故事性极强，语言朴实但不乏风趣幽默。文章使用第一人称的叙述方式，更为直接和真实地描写了主人公的心理活动。文章语言最大的特点表现为：常常用零散的词句拼凑成一段话，一个情景或者一次对话，看似凌乱不堪、杂乱无章，实际上这种表达方式不仅能迎合读者在阅读长篇小说时的阅读习惯，更能加强文章的节奏感，形成紧张的氛围，使描写的对象更加鲜明夺目。

小说不乏想象夸张的成分，这种表现形式彰显了文章实中有虚，虚中有实的行文特征，有着强烈讽刺效果，让人回味无穷。

“死的人死了，活着的总得吃迷叶。”这是猫人的哲学，活着的价值就是吃迷叶，只要理由是迷叶，一切都是合情合理、名正言顺的。原本值得庆幸的是，这个国家里还有像小蝎和大鹰这样为数不多有良知的人，或许就是因为看透得太多，两个人游走在悲观消极地忍受和愤怒激进反抗这两个极端边缘。外国人入侵，大鹰为了让小蝎筹集更多士兵，作为众人憎恶的对象，甘愿自刎并将头颅悬挂在城门上。然而看客纵然有很多，只是无聊地张望，想要激起他们一致抗敌的共识，怕是比让猫人将迷叶拱手于人还难。最后，溃散的军队狼狈逃亡，猫国的文明就在意料之中消失了。

展开联想、细细品味情节之后不难发现，多处夸张的设计并非巧合，讽喻之处有迹可循。不论是对迷叶的痴迷、对外国人的恐惧还是做愚蠢的看客，这些情节内容都可以在当时社会的中国看到切切实实的影子。

文中有一句话：“我落下泪来，不是怕，是想起来故乡。光明的中国，伟大的中国，没有残暴，没有毒刑，没有鹰吃死尸。”作者所处时代的中国是怎样的？作者向往的中国又是怎样的？越是这样充满迷惑的语言，越是将讽刺的意味发挥得酣畅淋漓。作为小说的艺术，作者用更加夸张的形式将猫人的特性展现，但我们不难想到，那个时期国民的无知。若是不变，猫国的结局很快就会在当时的中国土地上上演。

三、探背景、明意义

要进行深度阅读，需要读者联系该作者的其他作品一起品味赏析，并思考文章的时代意义。文章出版于1947年，其实这距离实际成文有隔一段时间。除鲁迅之外，老舍是另外一个注重探讨国民性问题的近代作家。从《骆驼祥子》到《二马》，从《离婚》到《猫城记》，我看到了老舍笔下鲜活的人物角色，看到了老舍眼球中透射出来的血淋淋，伤痕累累的社会。

从文体的社会性入手，也可以从某些层面上加深对文本主题的认识。小说作为文学改革时期被强烈推崇的文学形式有其与时俱进的社会和历史意义，陈独秀先生尚且有一番见解：“小说不再是一种纯粹娱乐消遣的工具，它承担起了更加尖锐地剖析社会现状，人情世故，世间百态的责任。”这也是后面出现的谴责小说和问题小说的原因。小说用其自身的夸张和丰富的想象形式，将社会现状表现得更加淋漓尽致，将作者的情感表现得更加肆无忌惮，而《猫城记》也是如此。

联系当下、迁移思考是我们在深入阅读时可以尝试和运用的。《猫城记》给我带来的思考：一个国家，一个民族不能缺少敢于说话的声音，或许这也是作为文人的使命担当，用文字警醒世人。庆幸在那个年代我们有这样一群敢于斗争、敢于直面黑暗、口诛笔伐的勇士。

这段时间电视剧《觉醒年代》受到广泛关注和好评，我们在历史书和语文课本上认识的人物这一次跃动在了银屏上，陈独秀、李大钊、鲁迅、毛泽东……这些有血有肉的人物为我们演绎了革命救国的故事，某种程度上可以说这部电视剧让国人第一次直观地、深入地走进那个时代的革命故事。

从陈独秀创办《新青年》说起，《觉醒年代》呈现的也是一种使命担当。

由于杂志里文章辛辣，敢言人之不敢，很快吸引了大批有理想的知识分子，他们也愿意在杂志上发表观点。这里聚集了百年前最有才华的年轻人，也是因为这些年轻人的奋进与斗争，改变了一个时代的走向。同样的，《猫城记》也在用讽刺而夸张的笔法讲着真话，这是老舍先生的责任担当。读这本小说，我们能挖掘小说的深刻内涵，感受那个时代的文人战士们的勇气，由此便能发现有一束光，在引领我们前行，而光的源头，早在百年之前。

青灯一盏暖书香，经典一本耀远方

珠海市文园中学　黎淑波

虽然工作已经有8个年头了，但当年向导师汇报读书的情形仍历历在目。在遇见陈一平先生前的阅读确实是随意盲目的，读多少、读多快、读多深都没人过问。陈师规定我们要多阅读元典，随手把阅读的感悟或疑惑记录在读书卡片上，并且会逐张检查我们的笔记然后一一点评。学生时代的阅读自从有了陈师的督促与点拨，我如大雾中的航船找到了光明与方向。

特别喜欢斯蒂文森《点灯的人》，李利每天傍晚手拿提灯和梯子点亮街灯给他人送去光明和温暖。从事天底下最富书香味和诗意的语文教学工作的我不正是孩子们的点灯人吗？跟孩子们共读一本又一本好书，让孩子们在光亮中看见一个又一个奇妙的世界，给孩子们送去光明与启迪。

一、初步探寻临深渊，核心问题最关键

本人于2016年开始关注整本书阅读教学，2017年第一次尝试整本书阅读教学设计。凭借《〈汤姆索亚历险记〉阅读汇报课》侥幸获得当年“一师一优课”部优，从此战战兢兢走上探索整本书阅读教学之路，时常为找不到切入口而倍感焦虑与惶恐。当年主要着眼于给学生们量化整本书的阅读任务、课前巧设提问检测阅读情况和课中围绕核心问题进行文本分析。核心问题的设计最为关键，课堂设计的第一个问题是“通过复述汤姆的五次冒险经历分析汤姆的性格特征”；第二个问题是“汤姆离家出走冒险闯荡的原因分析”。整本书阅读教学第一阶段的尝试虽然能在课堂上围绕核心问题展开教学，不至于支离破碎分析情节，用自己的分析代替学生的阅读，学生的参与度也较高，但这样的课

还是以教师为主体，学生的主体性地位难以充分体现。

二、深入文本找突破，主题活动贯始终

2018年执教《朝花夕拾》时则主要通过以“活动”体现学生的主体地位。全书阅读教学共分三个课时。第一节课为导读课；第二、第三节课为赏析课。第二节课围绕“温馨的回忆”这一艺术特色，共设计了三大活动：印象最深刻的《朝花夕拾》人物演讲；看图识民俗；鲁迅童年是快乐的还是痛苦的辩论赛。第三节课围绕“理性的批判”另一艺术特色，也设计了三大活动：观剧评“教”（观看《五猖会》课本剧，了解鲁迅对封建教育的批判），看图议“孝”（学生分享二十四孝手绘图及其梗概，全班讨论鲁迅对封建孝道的批判），绘图知“世”（用思维导图的形式梳理鲁迅的求学经历，掌握鲁迅对社会弊病的批判，了解鲁迅的心路历程转变）。作为整本书阅读教学第二阶段的尝试最为成功之处在于围绕主题设计了几大板块的活动，充分调动起学生的参与度，教师的作用只是穿针引线而已。虽然教师在课堂上成功退居幕后，把课堂交给学生，但是全书主题的选择和活动的设计还是由教师一双隐形的手在把控，而且学生的前期阅读也缺乏管理，导致部分学生的阅读失真。

三、师生共读乐分享，专题研究自由读

2020年之后，我开始寻思如何将整个阅读活动交还给学生，充分展示学生的个性化思考，而教师的作用更多体现在对过程的管理。本阶段的工作主要分三步走：第一步学生按计划通读全书，用批注或完成自学案的形式来落实初步阅读；第二步专题研究，将整本书划分为10个左右专题，学生自由选择其中一个专题进行深度阅读并绘制思维导图；第三步小组汇报阅读成果。

如在阅读《海底两万里》时我一共设计了12个专题：“漫游路线”——画出路线，标记每个节点主要事情；“人物形象”——四个主要人物、性格及相关情节介绍；“海底漫步”——漫步地点、参与人员、特别的事物、特别事情；“遇险”——遇险地点、险情、如何脱险；“逃跑计划”——内德兰德几次逃跑的地点、计划、结果等；“艺术特色”——本书的艺术特色小结及具体例子；“海底植物”——名称、外形描述、出现海域；“海底动物”——名称、外形描述、出现海域；“主题”——结合具体例子分析本书主题；“强大

的对手”——所遇的对手是谁？怎样强大？“我们”如何对付他（它）？“超前的科学技术”——有哪些幻想如今成了现实？哪些还没有实现？“鹦鹉螺号平面设计图”——构造、设施、能量来源等。每个学生确定自己的研究专题后，大概用1个月的时间阅读并绘制思维导图的初稿，然后进行小组内的交流与分享，最后完成一份用作小组汇报的作品并在课堂上向全体师生汇报。

后来也是以此方式完成了《鲁滨逊漂流记》和《儒林外史》的阅读。到阅读《简·爱》时，孩子们已经习惯了这种读书方式，并且能合作设计本书的研究专题。他们提出的关于本书的阅读专题分别是“简·爱的亲人”“打击与希望”“简·爱四个阶段的成长”“罗切斯特一家与简·爱”“主题分析”“艺术特色”“简·爱的老师们”“简·爱与罗切斯特的爱情”。孩子们研究自己提出的问题，学习兴致空前高涨。

部分书目则适合以选读的方式进行，如《昆虫记》和《傅雷家书》。阅读《昆虫记》时，每人选择自己最感兴趣的昆虫研究，阅读相关章节并制作手抄报，内容包括“手绘昆虫插画”“昆虫生活习性介绍”“精彩语句分析”“我的阅读感悟”四大部分。每回提前一周公布下周的阅读篇目，全班同学一起完成阅读。“昆虫小达人”每天课前进行读书汇报，并与现场同学进行交流互动。而阅读《傅雷家书》时也是让孩子们先确定自己的研究专题，然后再选择相关章节进行深度阅读与研究。

这些年在整本书阅读教学上的摸爬滚打，虽然没有取得显著卓绝的成绩，但是自以为做了很多有趣、有意义的事情。经典名著在一个个读书活动与一次次专题探究中变得鲜活可爱了，与孩子们的隔阂消失了。通过整本书阅读的教与学，我的教学生涯和孩子们的读书生涯竟然可以用一本本经典名著来丈量。虽然我们无法改变人生的长度，但我们可以通过阅读经典来增加人生的厚度。

书香温暖了我们的岁月，经典给了我们诗和远方。

阅读，心灵地图上的“放牧”

珠海市凤凰中学　李帆

作为一名语文教师，我对语文教学的理解是：教学生学语文，用语文来教学生。而“学语文”“用语文”的那把钥匙就是阅读。几乎每届都会有学生问：“怎样阅读才能拿高分？”其实“拿高分”充满了功利主义色彩。清风明月，美食风物，天文地理，人生百态，绝不能用“拿高分”来评估阅读的质量。阅读是对美的发现，对生活的感悟，对幸福的体验，是精神世界的丰盈。我常常对我的学生说，不要紧盯着分数不放，“嗜欲深者天机浅”，太功利就会缺乏灵性，反而提升不了阅读能力。不如把阅读当作一场“放牧”，用自由的心态做最认真的事，这就是阅读的目的。而我，正努力成为学生阅读路上的“牧羊人”，与学生一起遇见水草丰美的牧场。

苏霍姆林斯基说：“在儿童心灵深处，都有一种根深蒂固的需要，那就是希望自己是一个发现者、研究者和探索者。”要让学生真正读起来，就要先让学生保持一颗对阅读的好奇心和探索欲。对于阅读的引导者来说，这其实是一件比较难的事，因为往往我们课堂上的一个阅读要求、一次阅读任务就浇灭了学生的热情，而我们自己还不自知。所幸这一年我带的是初一，在刚上初中的孩子身上我感受到了“初生牛犊不怕虎”的热情，于是我们的阅读就先从统编版七年级语文教材开始，我的任务就是鼓励学生读起来。

一、你若心有所向，我必与你素履以往

七年级下册第一单元讲述的是名人故事，这些人物都在中国历史上做出过杰出的贡献。我让学生选择不熟悉的人读起，大部分同学选择了先读“两弹”

元勋邓稼先，正如文中说他是“鲜为人知的科学家”。这篇文章比较长，但我还是坚持让学生分享阅读感悟，一节课不够就两节课。首先，大家要为这篇文章策划一个阅读分享的方案。定主题、定目标、定分享的话题、定分享的方式和加分项。通过讨论，大家决定以“隐秘而伟大的科学家——邓稼先”为主题，目标为了解邓稼先其人及本文的艺术特色。分享的话题有：集记叙性的句子，把握人物事迹；集议论抒情句，了解人物精神品质；集文中引用的古文、诗歌，理解作者表达的感情；谈谈文中小标题的作用和联系；谈谈文章选材的详略。分享方式以学习小组为单位，为了避免分享时小组选题太跳跃，也为了照顾组里对文章不太熟的同学，大家决定按照文章顺序，从第一个部分开始探讨，每组一个部分。加分项用于台上、台下相互提问。正所谓“磨刀不误砍柴工”，在此过程中，有的学生查看了本单元学习的“前言”，了解了学习目标，有的学生筛选了阅读时遇到的问题，有的学生看了阅读思考题。

自己定阅读的要求，自己读起来，把阅读的主动权交到学生手里，阅读要有自由的心态。

二、你若盛开，我必送你以清风

当然，要上台也必须有备而来，细读文本，围绕话题进行分析，每个小组成员都要参与进来，要么是做成PPT，要么在课本上做好批注投影在平台上。从批注的角度、PPT的制作规则、书写的规范、上台解说时的站位、姿势、谈吐、条理……这些提升“秘笈”都在之前印发给每个小组，每次上台都是一次训练。

终于迎来了分享的“高光时刻”。第一部分《从“任人宰割”到“站起来了”》是文章的“小引”，对历史进行了简要的回顾。我在初读时只对其内容进行了概括，对这部分在文中的作用进行了批注，然而学生的表现让我惊喜。小何同学找出了几个关键词，并加以理解：“最黑暗最悲惨的时代”中两个“最”字突出了中华民族遭受的屈辱程度之深。“租借”实际上就是“掠夺”，全都加引号，表达了作者对列强的愤怒和对祖国屈辱历史的痛惜。“千千万万人”指广大中国人民，“英雄人物”指像邓稼先那样的人，表明伟大时代与广大人民、众多英雄的努力是分不开的，为引出邓稼先做铺垫。小何的发言赢得了掌声，我适时地表扬他“咬文嚼字、入木三分”。这时台下有人提问了：“邓稼先的贡献在第二部分已经有记叙，这一部分是否多余？”全班鸦雀无声。

于是我将百度上找到的20世纪五六十年代中外历史上的几件大事进行了展示，学生们马上就发现了，在中国刚结束战争恢复生产的时候，西方国家此时在科研上已经喜报频传。中国科研人员在巨大的困难面前还能做出成绩，这是中华民族自强不息精神的体现，第一部分正体现着这样的精神。我又简要总结：时代造英雄，写英雄不能少了时代背景，也不能少了造就英雄的文化土壤，这也是人物传记的一个特点。大家读一读顾迈男的《“两弹”元勋邓稼先》或收集“两弹一星”科学家的资料，与其他同学分享。

为学生筹划展示自己的“高光时刻”，搭建阅读的“支架”，将问题的研讨引向深处，阅读的过程就是发现自己成长的过程。

三、你若放歌，我必与你踏歌行

阅读了《邓稼先》《“两弹”元勋邓稼先》两篇关于写邓稼先的文章，如果要为家乡的某位名人或自己家中某位德高望重的长辈写一篇简单的人物传记，你会怎么写呢？除了之前写人的方法，还有什么补充？有学生说要将人物放在一定的历史背景下，要有抒情或议论的句子，有学生说可以拟小标题。有了例文，有了方法的指引，学生的习作有了进步。小奥同学写《“医痴”叔公》，三个小标题很精彩：（1）倔驴？倔驴！（2）“你们先吃”；（3）妙手回春。小俊的作文《我的爷爷》将爷爷的人生转折放于历史背景下，写出在命运坎坷时，爷爷不焦躁、淡泊的人生态度：1969年，命运再一次“垂青”爷爷。公社分配了一个读北京医科大学的名额，书记认为只有他符合资格，但地主成分又一次让他无缘通过政审。就因出身成分“问题”，爷爷几十年来在穷山沟里当一名赤脚医生，但仍然兢兢业业。

学生总是喜欢让我帮他们润色作文，没有思路的时候，有的学生就约我一起聊聊，希望我能帮助他找到“千篇一律”中的“与众不同”，而我就用课本上他们熟悉的例子。

喜欢阅读并大量阅读，热爱写作并勤于动笔，用自由的心做认真的事。顾城的诗：“走了那么远，我们去寻找一盏灯/你说，它就在大海的旁边/像金橘那么美丽/所有喜欢它的孩子/都将在早晨长大。”阅读就是那盏灯，指引我们在心灵地图上的“放牧”。

博观而约取，有的而放矢

——我的阅读案例谈

珠海市广东实验中学金湾学校附属初中　穆艳芳

伴随着漫长的阅读史，我的阅读理念与阅读方法也在实践中不断深化与更新。从最初毫无方法的散漫式阅读，到后来有问题意识却缺乏聚焦思维的“大水漫灌”式阅读，再到现在聚焦于某个主题而开展的广泛“罗网”式阅读，我越来越体会到阅读方法的改善所带来的高效与幸福感。当然，我这里所说的阅读，并非消遣式阅读，而主要是指为全面了解某个问题（于本人而言主要是教育教学问题）而开展的主题阅读。以主题为支点，围绕主题涉及的核心细目列出书单，在书单目录中选定阅读区域，通过精读与略读策略明确相关知识概念，思考相互关系，找出解决问题途径，或者为进一步扩大阅读范围开辟道路，“读写结合，有的放矢”，这是我目前获益匪浅的阅读理念与方法。

一、博观——指向问题

随着对语文学科教育教学的沉浸，我对语文阅读教学的困惑也越来越多，尤其是文本解读及其与课堂教学内容转换问题常常困扰着我。于是我以“文本解读”“语文课堂教学内容”为关键词搜寻书目，最终确定以《名作细读》（孙绍振著）、“语文教学教什么”系列书籍（王荣生主编）为阅读对象，尝试寻找解决问题的方法。但厚厚的一本本书籍，与紧迫的阅读时间形成反差，如何才能有效达成阅读目标呢？我根据阅读教学根本需要，从阅读文本解读经典作品《名作细读》入手，先仔细揣摩目录，根据需要，从中选取必读章节，再通过精读、细读策略，圈点勾画批注作者的重要观点，并撰写阅读笔记。

如我读第四章“童心、童趣和心灵宝库”之“还原法分析和关键词解读”，先记录作者观点：

孙先生笔下文本细读的方法——还原法，就是揭示作品与现实矛盾、不统一的地方。

用“还原法”解读文本一是要解读关键词。还原关键词字典语义也就是工具性的规范意义和用法，在此基础上深入体会作者赋予的个性化体验和意义。二是要“去蔽”。即层层剥离蒙蔽于语义上传统认知。

二、约取——体悟反思

同时针对作者观点加入自己的体会与感想：

关于“去蔽”，孙先生所举的例子是《木兰诗》中关于“英雄”的定义，我由此想到的是课文《桃花源记》中所衍生的“世外桃源”，这个词我们现在往往用来指“不受外界影响的地方或者幻想中的美好世界”，尤其是“美好世界”深入人心，初读时，“土地平旷，屋舍俨然，有良田、美池、桑竹之属，阡陌交通，鸡犬相闻”这样的描述并没有引起我多美的文学想象，惯性经验，我并没有多重视。后来无意中布置学生做一个小练习，请他们发挥想象，写写作者笔下的“世外桃源”。结果学生交上来的短文几乎千篇一律，都是描写自然环境如何美好，山如何绿，水如何清，小桥流水人家一类。但我们回到原文中，不带任何“眼镜”去看，作者笔下就是一幅正常的生活画卷，安静，有序，该干活的干活，该怡乐的怡乐，作者并没有突出此地有多美，仅仅是“正常、有序”，再结合后面作者在文中为什么只说“战乱”，而不说别的情况，我们即可推断，在当时社会背景下，“正常有序”的生活已成为平民的一种奢望，如何不叫向往田园之乐的陶翁心痛呢？层层去蔽之后，我们发现桃花源仅仅是反映了当时普通人民对和平、正常生活的向往，由此也更能体会陶渊明对战乱带给社会痛苦之痛恨了。至于学生的问题“这个地方到底存在不存在？”，用还原法解读“处处志之”，而最终“寻向所志，遂迷”，结合现实便可迎刃而解。

三、有的放矢——深化阅读

这种聚焦阅读的方法效率高，收益大，我很快掌握了作者主要观点，同时也进一步思考：细读所产生的内容是否都适合阅读教学？阅读教学专家对此又持何观点？于是我接着读“语文教学教什么”系列书籍，同样的方法，带着思考进入，此系列书籍对文本解读与阅读教学的观点便逐渐清晰：

《阅读教学教什么》认为，选取教学内容，在作为一个普通读者用心抚摸文本之后，要发挥专业人员的作用，作为一个研究者去研究文本。如何研究呢？首先依据“文本体式”来分析教什么。如小说教学中，小说的解读方式，即如何让学生进入小说世界应该成为教学的主要内容；散文的教学要以体会作者个性化的体验为主。让我印象尤其深刻的是回忆性散文的教学，我们要教给学生的是文中不断交织的当时当地的“我”和写作时“此时此地”的“我”的叙述视角，以及体悟作者独特的心灵轨迹。其次，“识人”，认知作家写作风格。最后，“断文”是指敲定“这一篇”的文本特质，即“这一篇”的独特价值。接着作为语文老师的文本解读者审视文本，阅读教学的目标是教学生学会阅读。王荣生教授用三句话解释这个目标：学生不喜欢的，使他喜欢；学生读不懂的，使他读懂；学生读不好的，使他读好。这三句话有着逻辑上的递进关系。这要求我们在文本解读时，作为普通读者、作为研究者解读之后，要从学生的角度出发，再次进入文本，确定学生不喜欢却是素养提高之处，学生读不懂、读不好却是文章的关键之处，而这些恰是老师能够引导、疏通之处，从文本特质及学情角度选择教学内容，即“定点”，选取合适的教学内容。

四、“写”为载体——持续阅读

阅读至此，我对文本解读及教学内容的选择从理论上有所领悟，当然实践上还需进一步检验、论证，这是另外一个话题。随着对问题了解的深入，又有新的问题浮出水面，比如，课标强调：“语文课程致力于培养学生的语言文字应用能力”，课堂教学如何有效落实课标要求？对于尚未较好掌握阅读方法的同学，我们如何提供阅读思考支架？针对上述问题，我同样贯彻“博观而约取，有的而放矢”的理念，以主题阅读方法择要阅读了《语文课程与教学内容》、《精致语文：听徐杰老师评课》、《语文：深深浅浅之间——肖培东语文新课品读》、郑桂华教授课堂教学实录等，重读《名作细读》，并写下《语言形式——走向文本深处的密码》《〈名作细读〉之质疑路径探究》等阅读思考笔记，阅读成效较之前大幅度提升。

或许目前的阅读方法，仅使我触及了阅读奥秘的万分之一，但这万分之一，已使我有幸品尝到了优秀思想成果的甜蜜，更开阔、更辽远的世界又有什么？尽管撑一支阅读的长篙，在满载星辉的文字游船里，放歌漫溯吧！

亲近经典，沉淀思想

珠海市斗门区实验中学 彭晓红

惬意的清晨，轻风吹拂，阳光熹微。一杯茶，一本书，伴着一颗如海绵般富有吸收能力的心灵。这是我能想到的最幸福的时刻。读书陪伴我的成长。在我不同的人生阶段，读过不同种类的书。小时候容易为情节所动，《三个火枪手》那扣人心弦的情节至今难忘；青少年时期故作深沉，《苏菲的世界》那哲理的故事启迪人心；大学以后阅读面豁然打开，古典小说、散文诗歌、历史故事、科学前沿、论文专著无所不读。越读越是感叹生命表现形式的丰富，越读越是明白自我的肤浅。于是，与书结缘，与凝结于书中的时空结缘，更与那“有血有肉”的书中人及其思想结缘。思想的碰撞激出热烈的火花，我的思想也在这日积月累的读当中得以生根发芽，逐渐壮大。亲近经典，沉淀思想，在成长过程中有书为伴，遇到困难，披荆斩棘，留下的是充实与幸福。

一、选书有妙招

《庄子·养生主》里有句话说：“吾生也有涯，而知也无涯，以有涯随无涯，殆已。”意思是说人的寿命总是有限的，但知识却无边无际。如果我们用有限的生命去追逐无边的知识，那我们就会很危险了。现代的传媒出版业蓬勃发展，日新月异。加上互联网强大便捷的功能，海量信息不断朝我们席卷而来。现代青少年得益于时代发展，获得文字资料的途径多如牛毛。这是时代的优势，可同时也滋生了当下学生不得不面对的新问题——在有限的时间内，我该读什么?

青少年处于三观形成的重要时期，选书当然要选取内涵丰富，思想纯正，启迪智慧的读物。统编语文教材提到的必读书和自主阅读推荐书就是很好的读物。读《水浒传》，顺带读一读《世说新语》《聊斋志异》，进而读一读有名的古典作品，如《镜花缘》《红楼梦》《儒林外史》之类的就极好。这类书籍是经过百年时光的淘洗，受到读者一致推崇的好作品，也是我们民族文化的有机组成部分，值得新时代的学子继承与发扬。

然而，有时经典名著因其思想精神高远，难免晦涩难懂。学生的生活阅历较浅薄，要与作者产生共鸣实非易事。所以，我觉得畅销书也是可以适当涉猎的。当当、豆瓣、亚马逊等网站往往会遴选每年的畅销书，一些图书共读的网站不时也会推出主题书单。我们可以根据自己的阅读兴趣从中选取阅读材料。一些优秀的畅销书，文笔优美，内容紧跟时代潮流，可读性强。比如说小说类的有哈利·波特系列、三体系列；历史类的如《混子曰》系列、《明朝那些事》系列、黄仁宇的《万历十五年》；散文类的如余秋雨的《文化苦旅》、毕淑敏的心理随笔等；平时我还会鼓励学生多读读《读者》《意林》之类优秀的文化期刊。读书讲求“开卷有益”“博采众长”，在乐此不疲的阅读中，学生的知识面被不知不觉地打开，阅读能力在不断增强。

二、读书有良方

选好了书，接下来就是读的问题了。陶渊明说：“好读书不求甚解，每有会意便欣然忘食。”苏东坡说：“旧书不厌百回读，熟读深思子自知！”到底书该略读还是精读？该读出深度，揣摩出意味，还是浅尝辄止？遇到读不懂的书该怎么办？有没有快速掌握一本书的精髓的读法……也许，我们还能在读书的问题上提出很多的疑惑。我要说，与其过分讲究读法，不如先耐着性子翻开书看看再说。

翻书浏览全书的过程中，我们可以确定书的类型，进而选择合适的读法。

文学类的书籍适合沉浸式阅读，发挥想象力，想象场景气氛，想象人物形象，在人物的恩怨纠葛中与书中人物悲喜同频。读林黛玉，我们可以想象，一个十多岁的女孩，父母双亡，寄身在豪门大户中。知心体己的人寥寥无几，无时无刻不在小心翼翼。她的心脆弱敏感，外在表现出来的刻薄言语不过是一个无依无靠的小女孩用以保护自己的面具。她渴望关爱，宝玉是她心灵唯一的寄托。无奈命运作弄，有情人难成眷属。读者爱黛玉，爱她的美，爱她的灵动，爱她的纯粹无瑕。所以，我们读文学类作品，会关注情节，关注人物的塑造，关注细节，关注作品的艺术表现。此类作品就像博物馆里那价值连城的珍品，宜深深凝视，细细揣摩，宜慢读。

实用类的书籍则适合快读。抓住作品的框架脉络是首要任务。任何一本书都有自身内在的体系。抓住这一体系，就等于拿到一张阅读的地图。读实用类书籍，研读目录法和思维导图法都是非常实用的。我们可以根据目录绘制思维导图，搞清楚各个章节之间的联系。然后再细读各章内容，读后争取用简短的话语概括其要点，最好把要点压缩到极简。这样，我们就可以将一本几百页的书压缩成一张百字以内的思维导图。一个一个经过压缩提炼的小标题，就像一个个灵活的开关，可以瞬间打开我们读书时留下的种种印象。

遇到读不懂的书，我们该怎么办呢？八年级时，我曾带领班级同学阅读《星星离我们有多远》和《寂静的春天》这两本科普著作。这两本书都远远超出学生的理解范围，就算是成绩优秀的学生都会感到力不从心，频频抱怨，试图弃读。在这种情况下，树立信心是很重要的。我告诉学生：不要试图立即深刻把握全书，遇到不懂的难点应该要有攻破它的决心。我们可以将难点圈点勾画出来，可以小组讨论，可以上网搜索相关资料，对疑点进行补充。允许不懂的存在，先把能懂的先读懂。读完第一遍之后，我们还能针对第一遍存在的问题再读第二遍，乃至第三遍。当我们用心研读，带着问题去读，从书中寻找线索，那么距离读懂这本书的目标就会越来越近了。接触难度高的书，是一种难得的阅读体验，学生会在读的过程获得破解疑团的乐趣。

亲近经典，沉淀思想。这是一个攀登知识高峰的过程。在这个过程中，我们有时会酣畅淋漓，获得阅读的快感；有时又会苦恼纠结，体验阅读的困难。阅读经典，就是经历人生百味，让生命的体验变得无比宽广而深入，让我们的思想变得深沉而蕴藉，遇事不慌，从容有度。这大概就是阅读给我们留下的最好的礼物了。

快乐人生，从读书开始

珠海中山大学附属中学　王 焕

我喜欢读书，一为解惑，二为乐趣。“书籍是贮存人类代代相传的智慧的宝库”（季羡林语），我深表认同，作为个体，人生短暂，书籍可以丰富人的阅历，增长人的知识，陶冶人的情操，可以让人从愚昧走向智慧，从狭隘走向豁达，从自私走向无私。

我读书，有咬文嚼字式的，如《义务教育语文课程标准（2011年版）解读》《温儒敏论语文教育》《深度教学研究（第一辑）》《散文文体自觉与审美诉求》《温儒敏谈读书》《跟大师学语文：怎样写作》《文心雕龙讲疏》《蔡澄清口述：点拨教学法的前世今生》等专业书籍；有不求甚解式的，如《肖申克的救赎》《张文宏说传染》《结构性改革：中国经济的问题与对策》等各类杂书；有循规蹈矩读的，如《邓稼先传》《干校六记》等，也有选读的，如各类课例；有学生、同事荐读的，如《三体》《听徐杰老师评课》《顾之川语文人生随笔》等，也有自己偏爱的，如《冯友兰中国哲学简史》《吕思勉文集：中国近代史》《万历十五年》《中国红军史》《透过地理看历史》《中国政治制度史纲》等。不管是什么书，我觉得有意思的地方，会写上旁批（为了自由书写之乐，我多自己买书）。读书，让我快乐。

一、为导读而读

《义务教育语文课程标准（2011版）》在“教学建议”部分指出：“要重视培养学生广泛的阅读兴趣，扩大阅读面，增加阅读量，提高阅读品位。提倡少做题，多读书，好读书，读好书，读整本的书。”

怎样引导学生去阅读整本书呢。首先，我会自己读一读这本书，多角度了解作家的主要经历，要知人论世。然后，要寻找学生可能感兴趣的内容，激发学生的阅读兴趣；还要找到消除学生与作家、作品隔阂的难点，适时点拨。对于趣味性较强的书，如《西游记》和《昆虫记》，其自身就有一种魅力，我选取其中的精彩部分，读给学生听，用精彩的故事吸引学生，自然能勾起学生的阅读欲望。

对于那些趣味性相对欠缺、阅读有一定难度的文学作品，比如《朝花夕拾》中的《狗·猫·鼠》《范爱农》等作品要帮助学生梳理内容，降低阅读难度，引发学生的阅读期待。在读《红星照耀中国》时，发现学生容易把朱德、彭德怀、贺龙等人物混淆，于是，我就带着学生做思维导图，引导他们发现三人肖像、出身、人物特点、作者印象等，再引导他们寻找领袖人物身上共同的特质，最终将人物形象区分开来。这样做，既为学生解了疑惑，也让学生沉浸在读有所得的喜悦中。

二、为解惑而读

有人说：“幸福就是人们生活得舒心、安心、放心，对未来有信心。”家长把孩子放到学校，我就要尽自己所能让学生和家长舒心、安心、放心，对未来有信心。通俗地说，就是能游刃有余地做好本职工作。

书到用时方恨少，在平时的教学工作中，总是会遇到不少的困惑。此时，我会反复研读“教参”，去知网查找相关资料。著名教育家吕型伟说：“教育是事业，其意义在于奉献；教育是科学，其价值在于求真；教育是艺术，其生命在于创新。”因此，教师不可能很轻松，因为没有人可以随便成功。

在教授汪曾祺先生的散文佳作《昆明的雨》时，为了便于学生理解昆明在“西南联大”学子中“第二故乡”的分量，感受这篇散文平淡文字背后的深情，我观摩了不少公开课，也参阅了大量的教学设计，但我都不大满意。于是，我阅读了有关汪曾祺、巫宁坤、朱德熙等人的出身、求学经历、工作生活经历的资料，也阅读了与三人有关的文章，最终选取巫宁坤先生所写的《花开正满枝——汪曾祺辞世十周年祭》、汪曾祺先生的《木香花》等作品片段作为链接资料，引导学生感悟“淡而有味”的语言，较好地完成了教学设想。这样从文到人、再从人到文的设计，帮助我进一步拉近了学生与作家、作品的距离，相信会有更多的学生去阅读汪曾祺先生的作品。

课堂上，爱思考的学生不时会天马行空地提出很多问题，其中一些问题很有价值，可是我有时会一下子回答不上来，这时我就会回去查阅文章或者书籍，第二天上课时，再为学生解答，这样，学生会更加踊跃思考。而这些疑点、难点的解决实际上也是老师不断丰富学识的过程，教学相长，大概也就是如此吧。

三、为乐趣而读

我一直喜欢散文，遇到文质兼美的文章，总是很满足。我惊异于刘湛秋、端木蕻良丰富繁密的语言，也感叹于刘成章诗化的热情洋溢的语言，我同样喜欢汪曾祺淡而有味的语言。有时因为一篇文章，我会去找某个作家的整本书，或者所有作品。曾跟学生一起读了《草房子》《青铜葵花》等作品，跟学生交流作品时，孩子们会很得意——原来老师的有些读书感受跟他们是一样的。读《自得其乐》时，孩子们更觉得有趣极了，比如里面有一篇文章《跑警报》。跑警报不是应该很紧张吗？可是有人把跑警报当作“谈恋爱的机会”，有人在宿舍内洗头，还有人在飞机轰炸时若无其事地煮莲子吃，太想不通了，可是这种笔法的背后是一种幽默诙谐，传达出对中华民族顽强精神和坚韧性格的歌颂、赞扬。读完之后，孩子们笑容满面，我也乐见其成。

“人可一日无食，但不可一日无书”，诚然。

闲暇时光，悦享阅读

珠海市第九中学　吴燕文

读书很纯粹。回首年少时的我，常常猫在被窝里，打着手电筒如饥似渴地阅读；与同学在教室里长吁短叹书中人物的命运；骑车十几公里去借书，把借到的书成捆地绑到后座，满怀喜悦地运送回家……那些温暖的记忆至今仍历历在目，那种心无所缚，身处其中，历岁月变迁，观世间百态，察人情冷暖，悟生命真谛的愉悦满足是最刻骨铭心的，也于无形中铸就了我生命的底色。纵使风吹浪打，回首向来萧瑟处，也无风雨也无晴，闲庭信步。

而成为一名语文老师后，当我情真意切地跟学生分享那些美好的阅读回忆时，学生的哑然让我陷入了沉思：在激烈的内卷下，所有的关注高度地集中到升学上，很多孩子如上紧的发条一样连轴转，机械地重复着高强度的学习，设问有多少学生能愿意真正走进阅读的世界呢？遥想自己的阅读经历，今观孩子的阅读现状，作为孩子成长路上的同行者，我深知能给予孩子们的终归有限，但求在美好的青春年华，相携悦读，让孩子们播下一颗读书的种子，静养一个良好的习惯，拥有一份纯真的乐趣，铸就一抹从容的底色。

一、兴趣——打开阅读的大门

名著之所以成为经典是因为它体现了人类共同的价值追求，超越了时空的界限，引发我们思考生命的本质，生活的意义，人类的意义……然而由于时代的不同，阅读者的教育背景不同，势必会出现阅读上的障碍，从而产生心理上的抵触。初中生的年龄心理特点，这种情况会愈加明显。曾经有学生抱怨：

“这些书离我们很远了，不好懂。”

“平时的学习真的很累了，休息时间，还要做名著阅读的任务。没趣。不如玩玩游戏，看看《盗墓笔记》《鬼吹灯》之类来得放松！”

“这阅读的时间，不如做多几道数学题，分数来得快！”

……

直白的话语客观地道出了名著阅读推行困难的原因，兴趣的缺失，功利化的学习是制约着名著阅读开展的关键因素。那怎样打破这种局面呢？

记得那次课间，几个女生聊着霸道总裁与小萝莉的剧情，一旁的我打趣道：“这桥段、这人设、这悬念，我的个神啊！咋跟《简·爱》一样一样的呢！”学生“噗嗤”一笑，露出怀疑的神情。我轻描淡写地把情节、人物、悬念跟学生们进行比对，学生哈哈大笑。没想到两星期后，几位学生竟然跟我说将《简·爱》细读了一遍。

记得阅读《水浒传》时，我们开展了一个“违背人之常情的林冲”的话题研读活动，有学生回家就林冲的所有章节中的细节，与父母进行了深入的交流，比如：林冲妻子被高衙内调戏时，他为何不直接破门而入，是什么样的心理呢？林冲为何发配沧州时写休书呢？

当阅读与生活相碰撞时，阅读的生命力就诞生了。语文的外延即生活，只有构建与学生实际生活体验相联系的节点，使之“共情”，才能消除学生对名著阅读的陌生感，激发阅读的兴趣，培养阅读的动机，才能真正地打开学生阅读世界的大门。

二、闲读——走进阅读的世界

温儒敏教授在自己谈读书的专著中指出：培养读书兴趣，是阅读“牛鼻子”，而兴趣的培养要摆脱功利性，甚至可以是漫不经心、带有娱乐性质的阅读，放手让学生读“闲书”，让学生去书海中历险，可以“连滚带爬”地读书，兴趣培养起来了，阅读量上去了，以量带质，逐渐引导走向经典、有内涵的阅读，语文素养也就能得到提升。

记得阅读《西游记》时，学生提出的各式各样的问题：为什么妖怪们都知道吃唐僧肉可以长生不老？为什么有的妖怪犯事后被所属神仙带走，有的被打死了呢？为什么红孩儿和哪吒都用三昧真火呢？为什么里面出现的食物没有季节变化的呢……一系列看似与备考无关的问题吸引着我们去书中找佐证，去查阅资料，去辨析。

在自习课时，我们观看电影《简·爱》，在观赏时，学生纷纷指出了电影情节中与原著中的不同之处。在复习课中，没有明确的考点、新颖的题型、严谨的作答训练，我们只是和学生一边聊原著与电影的区别，一边对原著中重点情节进行梳理、圈划、批注。当谈到童年的简·爱时，一位有类似经历的女生在书上批注：我要努力，争取自由，为自己争取幸福。当谈到何为经典时，一位男生发言：《简·爱》让我看到人性中的光辉、温情、不屈、坚强、对爱情的追求等穿越时空，无论国界……

学生五彩斑斓的思想，千奇百怪的想法，在真真正正走进文本，认认真真阅读，与人物对话，与作者交心中，去思考，去总结，去体悟，最终不断修正。我想，这才是名著阅读的意义所在。

于是，我开始大胆地与学生，利用闲暇时间，无关考试，一起安安静静地读读书，一起开开心心地聊聊书，精简作业，给阅读时间，早读时的静心读书，午休前的名著奇葩说，辅导课的名著品头论足，灵活机动的阅读小随笔，我们一起把阅读变成了紧张的初三生活中难得的轻松时刻，变成了日常生活中的一部分。这样真好！

“知止而后有定，定而后能静，静而后能安，安而后能虑，虑而后能得。物有本末，事有终始！”抓住读书的本，安静阅读、思索，读书很纯粹！

以《再别康桥》为例浅谈文本层次理论在中学阅读教学中的渗透

——再读童庆炳《文学理论教程》所感

珠海市前山中学　徐诗扬

偏好于阅读理论类著作，常折服于理论的内在魅力，在阅读过程中习惯于与自身教学经历或当下教学现状相联结，将思考所得或诉诸文字，或与三两好友分享探讨，以此消释内心疑惑，并加深对问题的思考。关于《文学理论教程》，在大学期间有所接触，许是当初未触及一线教学，因此未得其旨。现工作之余重新翻来细心研读，始觉其之于教学的指导价值。童庆炳教授所主编的《文学理论教程》对中西方的主要文学理论成果进行了梳理和综括，牵涉较生涩的内容，常常辅以例文讲解，且语言平实，因此较其他相关理论性著作，读来更加通俗易懂，是一本较为理想的开启文学理论世界的入门著作。

一、文本层次理论运用于中学阅读教学中的必要性

文本层次理论是在历史的长河中形成和不断完善的。早在先秦，王弼就基于《周易·系辞》对“言、象、意”作了进一步阐述。他认为这三个要素是构成文本的有机成分，缺少任何一个都无以为文本。“言、象、意”的观点可以理解为中国古代学者对文本构成的初步探索。当代文艺理论家童庆炳在其主编的《文学理论教程》中阐明，文学文本由言语、形象、意蕴三个层次构成。三个层次由浅及深，共同构成了文学作品的基本结构。童庆炳对前人关于文本层次的探讨进行了综合，并在此基础上对相关理论做了适当的补充和完善，有利

于文本层次理论贯彻到具体的阅读教学实践中。

文本层次理论是对文学审美结构探索的理论成果，在文本层次理论的指导下，教师和学生既能从宏观上把握文本的各个构成要素；又能多层面、全方位地分析文本，领悟文本各层次的审美意味及内涵。这对于实现选编课文的文学价值，培养学生的语文核心素养具有现实意义。

二、文本层次理论与中学阅读教学的融合

如何将文本层次理论的研究成果运用到中学阅读教学中去，实现理论与教学的有机融合，从而提升阅读教学的有效性？本文试以《再别康桥》的教学为例，分别对选文的言语、形象和意蕴层的教学展开探析。

三、拨云见日析言语

文学言语层是读者在面对一部作品时首先感知到的言语系统。文学作品中的这种“言语”与一般的言语有着显著差异，它是由作家根据“内在的尺度”选定的、按照艺术逻辑组织起来的言语材料。要引导学生完成一部作品言语层面的学习，教师可以从文学言语本身固有的特点出发。文学语言具有内指性，它所指向的不是外部世界，而是作品所开拓的艺术世界，所遵循的逻辑也只需与其中的整体气氛相一致，允许与现实相背离。

《再别康桥》中“那河畔的金柳，是夕阳中的新娘；波光里的艳影，在我的心头荡漾”一句，所表达的侧重点已不再是现实事物，而是由这些事物所引发的存在于诗人内心的情感思绪。在教学过程中，教师应以审美的逻辑引导学生理解诗句的含义，而不是任由学生凭借生活经验和逻辑误解文本。由于“文学言语中蕴含了作家丰富的知觉、情感、想象等心理体验”，因此一部文学作品的言语往往倾注了作家自身的情感体验。师生抓住文学言语的这个特点，对《再别康桥》进行言语层面的解读，能初步感知诗人所流露出的情感因素。当师生已具备这些阅读经验并形成思维习惯时，则不难看出诗句“那河畔的金柳，是夕阳中的新娘”中的“柳”“新娘”等意象，已被诗人对于康桥的爱恋之情所浸染。

以文学语言的本体特性出发进行阅读教学，学生有望触及文学语言的艺术魅力，潜移默化地提升个人的审美鉴赏能力。

四、按“图”索骥品形象

文学形象是读者在文学语词的引领下，通过联想在脑海中开拓的艺术世界，是作家寄托情感的载体。因此，在阅读教学中，要追溯作家的思想情感与创作意图，就有必要借助作品中情感化的形象。

文学形象看似有别于现实，但由于它扎根于其中，因此本身带有一种超现实的艺术效果。如《再别康桥》第五节，“满载一船星辉，在星辉斑斓里放歌”。“星辉”可载于舟楫，虽然其中蕴藏的逻辑与现实生活相悖，但读者并不会指责其为无稽之谈，反而能够更加切实地体会到诗人所寄寓的情感：对过去康桥游学生涯的留恋，以及美好未来的向往。

审美意象是文学形象的高级形态之一，若要准确把握文学形象，就必然脱离不了对文本意象的分析。究其根本，存在于文学文本中的意象是一种“表意之象”，即作家用以抒发自身情感意绪的高级形象。那么在教学中，老师要想引导学生探讨作家在作品中所流露出的情感，就势必要抓住文中这些特殊形象加以分析。

五、渐入佳境探意蕴

文学意蕴层，即作家赋予作品的各种情感、思想因素。历经言语层、形象层的学习，学生对文章的意蕴有了初步的了解。然而，要充分实现一部优秀作品的育人价值，仅停留于言语和形象的分析是远不够的，教师还应引导学生对作品的意蕴层加以深入分析。在该层次的深度停留，学生能够感受到优秀文学作品所带来的思想深度和艺术魅力，体悟人生真谛，提升精神境界。

文学作品富有审美意蕴。文学从根本上说，是一种审美意识形态的形式，因此具有审美属性，能够给读者带来美的享受。学习者在品读优秀文本的过程中，能够陶冶自身性情，提高个人的审美鉴赏能力。在《再别康桥》一文的教学中，众多学者提出“三美”的鉴赏方法，即该篇诗歌的音乐美、建筑美、绘画美，这便是从审美意蕴的维度出发解读文本。各种美的因素从多个角度激发学生的感觉器官，不仅能够让学生切实触及诗歌中所流露出的情感意脉，还能以此唤醒学生对美的感知，有效提升对其他文学作品的审美鉴赏能力。

需要注意的是，在具体的教学实践中，老师应根据不同的文本以及应达到的教学目标，可在兼顾作品各层意蕴的同时，有所侧重。如此一来，教师能尽量避免将文本主题的解读局限于某一角度。

总之，文本层次理论与阅读教学的有机结合，能尽可能充分地实现优秀文学文本应有的教育价值，引导学生从作品中汲取更多的营养。同时，这也有助于学生掌握有效的文本解读路径，积累一定的阅读经验，进而拓展阅读的广度和深度，提升自身语文学科核心素养。

参考文献

童庆炳.文学理论教程［M］.北京：高等教育出版社，2015：221-229.

击石乃有火，不击元无烟

——在阅读中沉淀，在教学中成长

珠海市前山中学　薛　敏

从读书时起，就很喜欢泡在图书馆看书，会为书中人物的生活际遇而悲伤喜悦。工作后，阅读方向就更多的转为了各种专业书籍。我很认同一句话，“当你有无力感的时候，就是你该看书学习的时候”。所以，每次在工作生活中遇到瓶颈时，我就会买书、看书，“书中的意念像一股无形的动力，影响你的思想和心态”。它能让我获知足够的智慧以抵御工作生活中的困难。

一、沉淀式阅读的必要性

在日常的教学中，我总是会发现明明很简单的问题学生就是无法理解，明明很容易的句子，学生就是缺乏感知能力，不能透过现象看本质，这些文字在他们面前只是拼凑的句子，其背后的深刻内涵根本无法探究而知。

带着困惑，我阅读了王荣生教授主编的《阅读教学教什么》。本书开篇就提到“这是值得你慢慢读的书，这是需要用笔来读的书”。诚然如此，读书的过程仿若置身培训讲堂，听王教授娓娓道来阅读教学的真谛，更让我不断反思自己的语文教学。

对于困惑我很久的问题，本书开篇以理论高度给予了回答：阅读的核心就是理解，理解分为表层和深层，我们的学生往往停留在显性的表层理解，并未走近作者去深刻理解文章背后的意蕴。

比如，在讲授《秋天的怀念》时，我苦口婆心地告诉学生文中的母亲如何在艰辛的情形中鼓励儿子坚强，甚至利用范读去引导学生理解，可学生听到文中的“我”捶打着自己的双腿喊着，“我可活什么劲儿！”时居然会笑出声来。

学生发笑是因为他根本没有走进作者去体会他的苦痛，学生的理解与作者表达的内容之间产生了一个隔膜，二者无法互通。

我们知道，阅读教学的目的就是要教会学生理解和体悟作者，通过沉浸式感知自然而然走向深层次阅读。这必然要求我们老师先沉淀下来真正读懂文本，通过细细品味、认真解读、多角度比读来丰富阅读体验。在此基础上，在教学中利用智慧手段逐渐培养学生的阅读能力。

二、沉淀式阅读教学的通道

“如果说学生现有的语文和生活经验是阅读的起点，那我们要达到的学习目标就是阅读的终点”，要培养学生的阅读能力就需要明确阅读教学的基本路径，即“建立学生与课文之间的链接点或链接通道”。

首先，我们要引导学生做好课前预习。在预习阶段，教会学生利用批注式阅读对文中的关键字、词、句、段甚至标点符号进行圈点勾画，把自己的初读感受和无法理解的部分记录下来。接着结合课下注释和自己查阅的资料，把握作者和写作背景，接着再读文本，看自己是否能解决部分记录的问题。

比如课文《一滴水经过丽江》，认真预习的同学在课前已经理清了一滴水的前世今生之旅，而没有预习的学生居然会认为丽江是一条江，还真是令人啼笑皆非。

其次，要充实学生的阅读体验。在课堂上，适当展示学生和自己做的预习批注，让更多的学生明确，学一篇新的课文，不是简单的在课堂读一遍就能明白的，它需要付出大量的前期工作。接着，在课堂上适当补充一些与作者和文章相关的链接资料，可以是文字、文章，也可以是视频介绍、改编的电影。

比如在教授《秋天的怀念》时，可以推荐学生先阅读史铁生的《人间》《奶奶的星星》《我的遥远的清平湾》，学生通过阅读会丰富他们的知识，了解到母亲去世后，他选择“好好活儿”，是为了母亲的爱，为了所有爱他的人，他要用行动诠释“世界吻我以痛，我要报之以歌”。也不至于让学生简单认为母亲一死，“我”就能活下去了。

最后，要丰富学生的阅读方法。教会学生不同的文章采用不同的阅读方法，也是阅读教学的必行之举。我们需要教会学生基本的泛读、跳读、精读等方法，也需要引导学生具体问题具体分析。

比如，对于写人类文章，主要抓住人物的外貌、语言、动作、神态、心理描写的语句揣摩人物情感；抓住文中的一两件典型事件来感悟人物形象。

对于记事类文章，学会抓住文章中的“时间、地点、人物、事件”以及文本结构来概括大意，总结中心。

对于咏物类文章，明确所写之物及其特点，抓住物体与作者想要表达的情感背后的联系，体会作者采用的写作方法。

对于写景类文章，了解作者所写之景及其特点，带着“一切景语皆情语”的思路去赏析语句，把握“借景抒情”的写作方法。

当然，文本解读并没有特定的方式方法，我们能做的只是教会学生尽量用恰当的方法贴近它，进而能够分享作者在日常生活中感悟到的人生体验。

阅读教学是一条漫漫长路，我们需要做的就是在阅读中不断沉淀，进而在教学中逐步成长。

让我们一起读书吧

珠海中山大学附属中学　岳拥华

我是一名语文老师。多年来，致力于阅读教学，教天地人事，育生命自觉，联家校阅读，滋润学生的成长。

五年前的一次公开课，学生妙语连珠，点评时我自感人文素养僵化、退化、惰化，顿感惶恐。师长谆谆告诫“语文教学像极慢热、恒温煲靓汤，慢下来，阅读是教师最好的美容师”。真是醍醐灌顶！人生困顿好读书。我如饥似渴重扑专业、教育、文化、文学、哲学书籍的怀抱。再去解读教材，点评课堂，推介阅读，指导写作，我底气十足地引领学生的精神成长，带领课题组发起“我们一起读书吧”活动，共读乐写，读书成了日常最好的修行。

一、阅读，滋润学生成长

亲近阅读，指导学生时，我重视规划，开展群读，指导个体，联动家校，以读促写，推动我们一起读书吧。

首先立路标，做好顶层设计，提前规划。

我校学生多为外来打工子女，入学时我班人手一张三年阅读布点图，做到家长支持借书买书，学生读书有目标、有路径。课时按课文阅读、课外阅读、写作“532制”设置，侧重阅读，以读促写。坚持三个学段朗诵优美篇章、讲述名人故事、时评即兴演讲的课前活动。课内阅读紧扣教材设置情境，进行话题探讨。课外阅读七八年级鼓励多读诗歌、小说，八九年级兼顾名人传记与散文。

接着配任务，以“吧”形式，推动群体整本书阅读。

七年级“荐书吧”，投票选出12本书共读，每月一本。读《呼兰河传》每天定时定页码，先快速阅读，画思维导图。月中“分享吧”，围绕萧红的童年与我们的童年话题，分组找寻文段，收集资料，对比新旧时代童年异同，谈阅读心得与体会。月末“汇报吧”，开展读书汇报课，如名著知识竞答、手抄报评比、读书笔记秀、专题征文展。

对必读名著，暑假“影视吧”倡议观看同名影视剧，对经典情节趣配音。八年级《红星照耀中国》难读，初读后师生观看同名电影，进行电影、原著大PK，火眼金睛找异同，引导学生多角度看名著，提升高阶思维。假日观看《觉醒时代》电视剧，让学生了解中国百年巨变，理解革命创业艰辛，既降低了阅读的畏难情绪，又激发了纸质阅读兴趣。

九年级学业繁重，学生的阅读需与时间赛跑，找好支点打通课内外。学完《智取生辰纲》后，聚焦杨志的命运悲剧，整合《水浒传》中有关杨志的章节开展群文阅读，引导学生探究，对英雄起义感兴趣的很多学生不知不觉阅读完整本书。

在群体“共读吧”的带动下，推进个体阅读时，我尊重个性喜好与原始家庭的地域文化特点，避免选择偏差。读《朝花夕拾》时也推荐《城南旧事》，让学生了解、关注不同性别作家笔下不同地域儿童的别样童年。

微信“书香吧”定期开展家庭亲子阅读活动，展示阅读场景，及时跟家长交流沟通，反馈阅读成果。学期结束后，“反思吧”总结阅读情况，聚焦困惑，与家长商讨改进措施，避免踩西瓜皮。

然后找路子，个别指导，帮助每个学生真正读起来。

教育学者朱永新先生说：“没有阅读，就没有学生的精神成长。”然而不同的家庭环境，让阅读丰盈孩子的人生并非易事。爱上阅读，首先要帮扶学生选好书，这离不开教师的个别指导。

对有良好阅读习惯、自律性强的学生，我放手让他们完成必读名著后，依推荐书目，去自主阅读，读书笔记班级漂流，做好阅读标杆。对偏理科语文薄弱的学生，我尊重个人喜好，列出人文社科书目供其选择，避免其知识面窄。进入市一中后，不少学生和我分享：多亏初中拓宽阅读视野，这对高中发展兴趣、规划职业生涯大有裨益。真是倍感欣慰。

对不爱阅读又有特殊爱好的学生，我主动借书送书。上《美丽的颜色》时，我主动借《居里夫人自传》给获科创省级奖励却成绩一般的学生，鼓励他带领校科创组了解华为创业故事、中国科技腾飞举措，再送科普名人名著系列。该生意识到需加强文化科目学习，发奋努力，考上了心仪高中。

对顽劣不学的学生，我拿出球星系列珍藏，和孩子一起追星，努力从读一页开始，一篇一章一本，坡度提升。通过了解球星，关注球类运动，孩子有了阅读乐趣后，又陆续找我借书看。我相信：比起无所事事，孩子愿意读书，这就对了。

对心理偏常生，我引导从电子阅读开始。走进学生内心，推荐微信公众号，听喜马拉雅、少年得到。学生找到自我后，消除与家人因手机使用问题产生的敌对情绪，理性认识自己与他人的关系，找到完整自我。科学合理利用网络，阅读个性化，适合学生的就是好的。

学生说没有时间阅读，我有意创造机会，出现在午休前闹哄哄的教室亲自读报。学生接力剪辑过期报纸，开始轮流读报。慢慢地，捧起书刊浏览，夹缝里挤时间安静看书，班级阅读氛围相互感染，我心里偷着乐。在学校读报栏前，我班学生驻足浏览的身影最多。

对家长反映孩子阅读多成绩不理想的问题，我主张珍惜每天睡前“三个1”：读一则文言小故事，看一篇经典文章，背一首古诗词，持之以恒见分晓。倘若从训练阅读题开始伪阅读，成做题家，那必将是本末倒置。

经过三年实践，我们的阅读渐趋序列化，学生爱阅读，乐吐纳，作品时有发表，参赛屡获奖励。家长愿意在家长会、家庭教育讲座中分享亲子阅读心得，年级阅读氛围浓厚，所教班级中考成绩在区内名列前茅。因推广阅读活动，我曾八次被评为市区级优秀指导教师，学生也珍藏“我们一起读书吧”的最美青春回忆。

二、阅读，任重而道远

如今，喜沐“双减”春风，学生将有更多时间去思考、咀嚼知识。我深信最好的培训班就是家里的书房，最好的班级文化建设就是教室里与书为伴，最好的校园传承就是学生腹有诗书。当阅读如同刷牙洗脸成习惯，触动思想和灵魂后，每个孩子都是阅读火种，能擦亮星空。

停下脚步，我就是一名普通老师。深感为学生阅读行“煲靓汤”之事责任重大，时常勉励自己夯实评价，深入研究，爬阅读新台阶，让学生因阅读受益，温润成长，美丽生命。

让我们一起读书吧！

笑看思维火花的摇摆

珠海市第九中学　张晓平

周末读书会，是我从教以来始终坚持、坚定去做的事情。思维导图式的任务引领，读书分享会富有仪式感的相聚，学生们自愿原则，两周一次，每次1—2小时。选择宁静清晨或静谧午后，孩子们约上三五好友，或茶馆，或郊外，或公园，或凉亭，只要是安静的所在，坐下来，分享零食，分享精神食粮。此读书会已然成为我和学生周末放松的一种方式。教育的职业不断向我发出召唤：阅读是一个不断行走的过程，这条修炼的路途，必是与孩子彼此成全的过程，我想共读无所谓成功或失败，因为师生共同发展的教育幸福本身就是一种享受。

一、构筑阅读平台

初一开学了，孩子们的眼里什么都是新的，稀奇的。像一群孩子赤脚淌过的溪流，等一切沉淀下来，我就能看清楚里面颗颗精致的鹅卵石。语文老师时时挂在嘴边的阅读二字终于要付诸行动了。利用问卷让学生们自主选择书目，民主选择是为了更好地激发兴趣；运用思维导图统筹读书任务，明确目标是为了按时保质保量完成阅读；使用“书会流程表”记录交流讨论的内容，是为了将我们闪现的思想火花牢牢攥住；按书目原则分组，既避免了班级小团体的蔓延，又平衡了班级的人际关系；通过宣传召集家长参与，既保证学生外出安全，组织统筹、记录分享都有一个得力的帮手。接下来是选择一个最好的时机：初一新生参加完第一学期的期中考试后，会有家长会，沟通孩子外出事宜；会有更多的课上和课余时间，做好宣传和统筹；对孩子们，会更加了解。于是读书会可以顺利开始了。

构筑阅读平台，使阅读成为生活的常态。

二、打造阅读阵地

我们两周来如火如荼进行的是《苏菲的世界》。哲学于初中生而言是陌生的，但哲学对每一个人而言又是那么的重要。正如学生说的："天地玄黄，宇宙洪荒，寒来暑往，秋收冬藏"，我们总会在某一时刻问起那些问题：我是谁？世界从何而来？

昨天周五，我们已经定好今天流程表的记录内容：章节归纳、分享句段、提出问题、范文仿写。熟悉和回顾所读章节的具体内容，有助于环节二句段理解感悟的分享；学生提出切身遇到的问题，及时反馈及时引导，为更好地深入文本扫清障碍。而作为引导者的家长或老师只提供解决问题的方法和路径。最后的短时写作形式很多，目的是读书会热热闹闹分享，也要安安静静反思记录，从流利的口头表达向流畅的书面表达提升。今天我们五人小组加上同学A妈妈，《苏菲的世界》已共同读完"亚里士多德"的相关章节。

同学A简单概括了前面几章的主要内容，重点谈到了这位希望澄清我们观念的严谨的逻辑学家亚里士多德。其余同学简单补充了之后，家长做好记录，进入环节二。每一次相聚，分享句段的环节最吵闹。

果然，同学B说："'人类是寄生在兔子毛皮深处的微生虫，但是哲学家一直沿着兔毛的顶端往上爬，想看清把它变出来的魔术师到底长什么样子。'这句话如一记重锤，我似乎突然醒悟过来，然后灵魂出窍，跳到自己的头顶，开始俯瞰自己的生活。我多么像那心安理得地活在兔毛下的微生虫，我感觉自从进了课堂，忙忙碌碌的生活早就将我所有的好奇心冲刷得一干二净。我相信每个人都曾有意无意地思考过那个问题，我是谁？世界从哪里来？但是后来，也许因为各种说教，也许是现实的种种任务，它剪断了我们向外界探索的触角，我们开始麻木地迷失在兔毛底下。而今天，我感觉我又醒过来了。"

同学C大声接着说："你说得很好，我也有同感。但是我更有感触的是这句'花园中一切都清朗宁静美好。鸟儿们唱得如此起劲，使苏菲忍不住想笑。草叶上的朝露宛如水晶一般闪闪发光。这世界如此美好，令人不可思议。苏菲再一次深深受到感动'。在苏菲的精神世界打开了另一个窗口时，她深深为自己的存在所感动。我选择的这句话也许在书中并不起眼，但是它真正触摸到了我的灵魂。因为我觉得每个人都要深深记住那种被生命的奇妙震撼的感觉，感受自己的存在多么的了不起。当你情绪低落，当你遇到挫折的时候，这种体验能够帮助我们走出低谷。”作为老师，当我在现场听见学生这番话时，不禁泪流满面，我为我的学生骄傲！

同学D接着说：“你们说得都很好，尤其是C，但我说一段更具体的，‘她突然有一股无法抗拒的冲动，想要把房间清理一下。首先她把所有的衣服都拉出衣橱，丢在地板上，因为她觉得有必要从头做起’。苏菲读完亚里士多德关于逻辑、自然的层级的说法，备受启发，看见零乱的房间时浑身充满力量的感觉我特别有同感！我认为这就是成功的阅读带给我最好的体验。阅读的习惯会不断地给人力量，同时，长时间的不阅读则会让人头皮发麻，感觉空虚。”

……

五个孩子陆续分享，有些孩子不止谈到一处，你来我往，时光在思想火花的碰撞中悄悄溜走。我感觉自己坐在一个荒原上，静谧的夜空下只有眼前这一堆篝火，火苗在尽力燃烧，哔哔啵啵的声响里，我看见那一个个跳荡摇摆的精灵，那么鲜艳，那么耀眼！

信息化时代，这样的阅读分享成为我凝聚人心的主阵地。作为组织者，读书会的阅读形式仍然有许多不足。前期的准备非常烦琐，从自读到导读，从感性到理性的提炼，制作问卷调查、思维导图、流程表格，仍然不够完善。为了让学生养成固定读书的习惯而固定时间坚持召开的读书会，同时也给老师和参与的家长提出难题。为了读书会顺利高效进行，必须对参与的家长定期定向培训，与家长沟通不到位常常需要麻烦班主任，是阅读仍未深入渗透到学生和家长心中。中途出现问题如果得不到及时解决，往往会带来后期读书会学生参与度不高覆盖面不再广的问题。环节四10分钟计时写作，奋笔疾书、文思泉涌的虽然不在少数，而对写不出来的孩子，如何更加有效地引导仍然很关键；读书会结束及时整理笔记分享到群里张贴到班级，既作为当天参与同学大胆发言、分享的鼓励，也是对坚持阅读的一种宣传，而笔记如何更加省时高效、形式多样、吸引后来者，仍然需要不断求索。

三、夯实阅读积淀

张爱玲说：“仪式感能唤起我们对内心自我的尊重，也让我们更好地更认真地去过属于我们生命里的每一天。”夯实阅读积淀，提升核心素养。读书分享会的展开让很大一部分学生养成了读书的好习惯，交流讨论锻炼了学生的思维能力、口头表达能力。作为坚定的“发展学生核心素养”的追随者，我想，只有始终保持省察的生命状态，不断完善影响学生阅读的方式方法，才能有朝一日实现“那轰然一响，我们也是星辰”。

探究式阅读，走向阅读深处

珠海市前山中学　朱 婷

因为阅读爱上语文，因为语文更爱上阅读。学生时代，总喜欢泡在图书馆，随手拿起一本书可以读许久，读到兴致所在会随着书中的人物而喜而忧，读到精彩所在也会忘了时光的流逝。那时的读书更多的是一种享受、一种内心的充盈。工作之后，读书变得有选择，因为喜欢之外还多了因为需要，读书开始变得有深度。读书更多时候是对自己专业的深入、对自己教研的深入。带着目的去读书、带着问题去读书，带着思考去读书，这种探究式阅读让我在阅读中进步，在阅读中不断收获。

一、探究——走向阅读深处

探究式阅读，要求阅读者在阅读的过程中关注并思考文本所展现的语言现象和文学现象，并且能有自己独特的见解和发现。探究式阅读的开放性、主体性和探究性决定了阅读的真实有效性，它强调的是个体对文本的深入细致的理解把握和探究。探究式阅读的关键是问题，带着问题去阅读，在阅读中去解决问题。可以说探究式阅读是一种解疑性质的阅读，因为有问题，有困惑所以有探究。由此，探究性阅读中，细读是第一位的，作为读者，首先要对你所读的文本有深入细致的把握，通过细读去发现问题。细读是基础，在这个过程中读者发掘出问题，带着问题去解读，而在解读文本的过程中又会有新的发现，在发现的基础上进行进一步的探究，而探究的过程就是一个自我内化、自我提升、自我阅读丰富的过程。

二、探究式阅读五部曲

带着问题去阅读，我将自己探究式阅读的环节设定为细读—解读—发现—探究—丰富五部曲。通过细读，深入解读，在解读中发现问题，再深入探究，最后达到阅读的丰富。

1. 细读与解读

在教学《紫藤萝瀑布》一文时我在细读完课文后同步阅读了宗璞的另一篇文章《好一朵木槿花》，在细读之余我的脑海里不时蹦出的是难道宗璞有紫色情结？淡雅高贵的紫色，最是恰合女性作家。细读文本，木槿花两次开花，重压之下顽强挣扎，不畏艰难。作者在平静的叙述中蕴含着炽烈的情感，将情感的投入与哲理的体悟紧紧地结合。花开花谢，花荣花枯，人世沉浮漂泊，不可避免，但人生遭遇到不幸的时候，不能让悲痛长压在心头，要面对新生活，振奋精神，努力向前。这一切和紫藤萝瀑布中所传递出的情感又是何其相似？宗璞或许就是格外偏爱生活中的这一紫色小花？就是想通过这一淡雅别致的紫色小花传递给我们生命的坚韧与顽强？

2. 发现与探究

带着疑问，我查阅了宗璞文集，发现了宗璞的花系列文章，《丁香结》《报秋》《水仙辞》，细读《丁香结》，深深感悟到我们生活中多的是难解的结，也许有些是永远解不开的，不过总会有人去解。我们的生命既有春光无限，也有愁肠挂肚。像宗璞先生一样，我们既要有赏花的情调，又要有解结的心志。生命给你芬芳的丁香的同时，也给你幽怨的“丁香结”。

细读《报秋》，宗璞先生在文中将太阳花与玉簪花对比，反衬出玉簪花生命力之强。玉簪花与文中的“我”对比，表达对时光易逝而自己一事无成的惋惜，对人生该有所作为的期待。

细读《水仙辞》，作者借物喻人，陈澄莱的美好品质促使她一生不求回报地尽力做好能做的一切。她热爱生活，工作认真、尽责，她淡泊、不求名利，但她也是脆弱的。她是生命中的你、我、他……

3. 丰富

通过探究，我看到一个优美温婉的宗璞，一个爱花的宗璞，一个不屈服的宗璞，一个具有兰气息、玉精神的宗璞。在宗璞先生的笔下，每一朵小花都自有它的生命价值，每一朵小花都芳香自如。“它们不富贵、不骄奢、不夺人耳目，但却有一份清白、高雅、坦诚、温馨，一种坚实的甚至抗争的生命力。”她笔下的花是富有生命力的花，有着独特生命力的花，这一力量足可以打动我们，震撼我们。探究之余，我也忍不住静坐下来，写下了自己的一篇花作。

美丽异木棉

秋风起，天渐凉。校园里不时花瓣飘落，飘飘扬扬，稀稀疏疏。不由得让人心生起“花自凋零水自流”的忧叹。

近日来心中总是低落，孩子生病总不好，生活的一地鸡毛，工作的琐碎繁杂，自己的学习跟进，总感觉事情一件接着一件，压得喘不过来气。跑步、瑜伽、音乐，似乎都不见效，心中很想大喊，想肆无忌惮地大吼一声，大哭一场，也许就好多了。只是，工作时，不允许；生活中，亦不能够。

秋风收紧了空气中所有的水分，却催生了那一树的粉黛。不知何时，抬眼间，为那一树的粉黛所感染，只见那满树的粉嫩，满眼的惊喜，隔着车窗仍能感受到那满满的生命活力，虽是一瞬而过，却让疲惫的心得到一丝的抚慰。

再见满树的红艳又是一个周末，坐在车中远远看到了那一树的红，红得热烈，红得张扬，红得让人不忍离去。那一树的火红，茂密错交的树丫上密密层层开满了成千上万的花朵，像跳动的红色音符，给人们带来了一份跃动的惊喜。静静地站立一旁，傻傻地看着那一树的红艳，一阵秋风拂面而过，随风飘落的花瓣在空中悠悠扬扬的起舞、旋转，忍不住伸出手接住那一片花瓣，小小的花瓣虽然柔软却依然红得灿烂，依然不遗余力地展示着自己的美丽。

秋风四起，那一树的花独自盛开，一树的粉黛，一树的红艳，一树的坚忍，一树的明亮，一树的勇气，一树的矢志不渝，让所有的踌躇，所有的苦闷，所有的不解，都随风吹散。

愿今生就活成一株美丽异木棉：美丽灿烂，坚定执着。

带着问题去阅读，在探究中丰富自己的阅读，阅读也变得更加有意味。如果说阅读给你打开了一扇门，那么我认为探究式阅读是一种让你不断打开一扇扇门的阅读，在这一次次阅读与探究中你收获的是一次次自我的提升，一次次自我的沉淀，一次次自我的认知的拓展。